刀锋上起舞
直面危机的中国经济

管清友　傅　勇
程　实　张　明　著

ZHEJIANG UNIVERSITY PRESS
浙江大学出版社

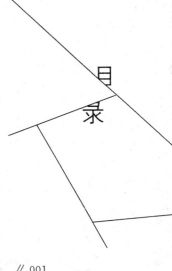

目录

第十三章
"一万年来谁著史"
　　——历史长周期视角的中国经济变迁及其演进

后　记
如何不浪费这次危机？

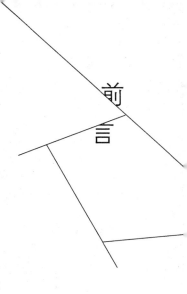

双重"逆转"与历史轮回

——中国经济的现实与历史维度观察

1

少时读史，总是想当然地以为只要是"变法"或改革就是好的。后来知道，其实不然。一项政策，若从历史尺度来看，当下收效甚好未必利于后世；若从动机与效果来看，好的动机未必收到好的政策效果。

例如，载入煌煌史册的王安石变法，在当时确实起到了"富国强兵"之效果，然而却被后世很多经济史学家们评价为"经济上强化国家垄断，政治上加强中央集权"，甚至很多学者认为，北宋有"靖康之耻"乃至衰亡皆始于王安石变法。王安石变法之初衷是"因天下之力以生天下之财，取天下之财以供天下之用"，他希望"不加赋而国用足"，但其政策在当时即遭到司马光等人的反对，认为变法"不过设法阴夺民利，其害甚于加赋"，并指责王安石欺君罔上，其变法思路和言论"乃桑弘羊欺武帝之言"。

中国历史上，对改革家的评价向来是很高的，这种现象充斥在历史教科书以及我们的思想意识里。梁启超甚至称王安石为三代之下第一完人，无产阶级革命导师列宁也把王安石称为"中国 11 世纪伟大的改革家"。但若以历史的眼光来看王安石,他无疑是一个悲剧性人物。尽管他的变法动机是好的,其人格也有崇高之处,但后世的经济史学家大多对其变法评价不高。同样的悲剧也发生在晚清时期的李鸿章身上。李鸿章为大清帝国"劳劳车马未离鞍"地操劳一生,临终前仍惦记"海外尘氛犹未息"。然而他主持的洋务运动,以国家垄断的手段求富求强,导致经济上出现严重的国进民退,晚清救亡图存之路误入歧途。由是观之,中国历史上,凡是打着"富国强兵"旗号所推行的改革、政策,无论是商鞅变法、桑弘羊理财,还是王安石变法、洋务运动等,其短期效果往往立竿见影,而其长期的经济后果则往往是负面影响多于正面影响。

以今人的眼光来看待历史上的改革和改革者,总是有所缺憾,结论也与当时当地的评价大不相同。当时的改革者所面临的环境是复杂的,要处理的问题和平衡的关系远远超出今人的想象。不过,尽管缺乏对当时当地改革环境及其复杂性的直观感受,但时过境迁,后世的评价更冷静、更客观,并且可以借助更多的事例去比较。即便在当时,对于改革和改革者的辩论也一直伴随着改革的整个过程,经久不息,甚至十分激烈。

一切历史都是当代史。几乎所有的经济政策的实施都伴随着激烈的辩论,而可以预想,由于评价标准、参照体系不同,后世的评价肯定也褒贬不一,尤其是历史学家和经济学家的评价很可能迥然相异。

2

1999 年,德意志银行分析师安德鲁·劳伦斯(Andrew Lawrence)提出"摩天大楼指数"(Skyscraper Index)。"摩天大楼指数"的含义在于,大楼建成,经济衰退。1929—1933 年大萧条、1973 年石油危机、1998 年东南亚金融危机、2008 年全球金融危机,无不折射出"摩天大楼指数"的影子。

如今中国已成为建造摩天大楼的"头号主力"。《2011 中国摩天城市排行榜》报告显示，目前中国正在建设的摩天大楼总数量已经超过 200 座，相当于美国现有同类摩天大楼的总数。未来 3 年，平均每 5 天将有一座摩天大楼在中国封顶。5 年后，中国的摩天大楼总数将超过 800 座，达到现今美国总数的 4 倍。现在的北京"第一高楼"国贸三期，最高纪录为 330 米，而"中国尊"将达 500 米高，摩天大楼的高度将再次被刷新。我们可以认为，这是中国快速城市化和经济快速发展的有形标志。但"摩天大楼指数"也表明，经济衰退或股市萧条往往都发生在新的摩天大楼落成的前后。摩天大楼的建设与经济周期之间的关系被称为"百年病态关联"。因此，"摩天大楼指数"也被称为"劳伦斯魔咒"。中国，能逃开这个魔咒吗？

2008 年全球金融危机之后，全球主要经济体都相继出台了各具特色的经济刺激计划，这些刺激计划规模不一，结构相异，对于本国经济、世界经济的影响也不尽相同。美国的经济刺激计划规模接近 8000 亿美元，其中的 40% 用于基础设施投资，其他则被用在了转移支付、公共卫生、社会救济以及信息技术等方面，重在长期效果。中国出台了 4 万亿元投资计划，以投资和产业振兴为主线，短期效果较为显著。以今天的眼光来看，中美两国的刺激方案互换一下可能效果更好。欧美等国的经济刺激计划在本国收效不大，甚至因为债务问题而导致经济每况愈下，同时也造成了新一轮的全球性大宗商品价格上涨，给新兴经济体和发展中国家造成输入型通胀①的压力。而中国在危机之后的经济结构问题反而更加严重，很多看似拥有"民意"基础的政策实则是计划经济思想的回潮。这些政策的共同特征是数量控制多于价格调整，行政干预多于市场自发调节，权力向政府

---

① 输入型通胀：由于国外商品或生产要素价格的上涨，引起国内物价的持续上涨现象（汇率所致）。输入型通胀与开放经济有密切的关系，开放的程度越大，发生的概率越大。——编者注

集中。加之中长期面临的人口红利衰减,劳动力成本上升,进入中等水平阶段后社会经济矛盾增加,中国的经济增长前景反而不如金融危机之初那样被市场看好。

2012 年是个关键的年份。之所以重要,绝非因为古老的玛雅预言传说这是世界末日,也并非美国大片《2012》所渲染的大洪水导致地球毁灭。从历史的长周期与现实的短周期来看,2012 年至少具有双重坐标的经济意义。2012 年既有可能成为起点,也有可能成为终点。

3

从现实的维度来看,"2012"承载了太多的复杂性和不确定性,我们要从"2012"找寻的答案太多。此次全球金融危机终结了 20 世纪 70 年代"大滞胀"以来世界经济经历的 20 多年"大缓和"的繁荣周期。在没有新兴产业带动、没有国际制度安排创新的背景下,主要经济体出台的经济刺激计划的共同特征是以宽松的货币政策向市场注入流动性,给一个垂死的病人注射强心剂。我们不能完全否定这些政策措施的效果,但可以肯定的是,面对突如其来的大危机,那些具有世界影响力的政治家和金融家们首先想到的是"一定要做点什么",却并没有想清楚应该怎样做、这样做的后果又会是什么。

于是,史无前例的货币膨胀,全球大宗商品价格报复性上涨,新兴国家通胀骤起,发达经济体通胀压力显现。在经济救助方案之下,私人债务虽大量转化为政府公共债务,但债务没有消失。待刺激政策效力递减,经济不见起色,再刺激则投鼠忌器,债务问题反而一波未平一波又起,愈演愈烈。无论是学术界还是市场人士,普遍感到形势的不确定性,普通公众更感到迷惘。

　　解决债务问题必然要求这些经济体内部进行激烈而痛苦的结构调整，必然损害一部分甚至大部分人的当下生活、福利乃至前景。希腊、英国、澳大利亚、美国这些老牌的发达经济体都出现了大规模的游行示威。在现代民主体制的约束下，政治家很难也不敢下定决心推行国内的经济结构调整和改革。

　　中东北非地区的阿拉伯国家民众在金融危机的冲击下，从民生诉求转向了民主诉求，赶走了长期执政的"伟大领袖"，战火至今不息。还在台上的那些长期执政或世袭领导地位的国家，也纷纷作出改革的姿态和承诺。这样的故事，在 1998 年亚洲金融危机之后也曾经在东南亚国家上演过。只不过，这一次危机，影响遍及全球，发达经济体也不能幸免，只是其受影响的表现形式与上述发展中国家不同罢了。希腊民众反对的是政府的经济紧缩政策，美国民众痛恨的是华尔街这帮制造危机又最先受到救助享受高薪的家伙。是的，华尔街这帮家伙，制造了泡沫，掠走了财富，把危机、萧条和痛苦留给了普通人。但是，经济学家们都知道，泡沫的始作俑者，是美联储，而不是华尔街。

　　在这个时代背景之下，所有的国家都需要"改革"、"开放"，在国内经济结构上改革，在对外经济交往上开放，在对外贸易以及移民等政策上开放。但囿于国内各种各样的因素，"改革"与"开放"基本上是没有希望的，是个死结。经济全球化的趋势正在以不可遏制的趋势逆转，发达经济体忙于解决国内问题，迎合民众的诉求，试图实现"再工业化"，拿回被新兴经济体占有的市场份额，促进国内就业。其经济政策趋于保守，在贸易、汇率等问题上更加具有攻击性。全球贸易和经济环境，不是改善了，而是恶化了；中国的贸易条件，不是改善了，而是恶化了。未来的世界经济走势将会如何，又会如何影响到中国经济？

　　中国的情况是，这是改革开放以来唯一一次不是通过重大制度性变革而推动的经济增长。在过去30多年中,改革与转型这样的制度变迁始终是推动中国经济发展的根本动力。无论是20世纪80年代的农村改革、城市改革,还是20世纪90年代以来"南方谈话"所推动的市场化改革、90年代中后期的国有企业改革,其方向都是通过重大的制度变革推进中国经济的市场化进程。但这一次不同。此次金融危机之后的经济复苏,我们看不到任何重大制度变革的影子。与世界上其他国家一样,这是一次以货币膨胀换取经济复苏的经历。我们也有理由相信,没有重大的结构调整和制度变革,这种复苏不可持续,大规模的货币膨胀必然带来严重的后果,这些后果将不断显现。

在外需严重下滑的背景下,中国的货币环境出现紊乱,房地产市场最大的泡沫恰恰形成于金融危机后的一年。控制通胀和保证经济增长进退两难,地方政府债务风险凸显,局部地区的高利贷危机正在形成重大的金融风险,庞大的外汇储备面临持续缩水的危险,热钱对经济和金融系统的冲击如剑在悬,资源和能源约束越来越大,多年来积累的社会矛盾集中爆发。以行政手段和数量控制的方式来干预市场成为政府"宏观调控"的常态,生产关系越来越不适应生产力的发展,上层建筑越来越不适应经济基础的要求,社会各阶层之间的流动性越来越差,不同利益群体之间的共识越来越难以达成,国家治理和政府服务的方式亟待改进。在一些地方,社会管理沦为管制和压制的噱头和工具。

金融危机后的许多政策,给人的感觉是上层和下层缺乏必要的沟通机制。对政策的误解或负反馈,减弱了政策的效力或改变了政策初衷。而由于很多政策出台过于匆忙,缺乏必要的论证和辩论,政策本身离公众的要求很遥远。

历史学家黄仁宇先生所总结的中国社会"潜水艇夹肉面包"(submarine sandwich)式的结构依然存在:"上面是一块长面包,大而无当,此乃文官集团;下面也是一块长面包,也没有有效的组织,此乃成千上万的农民。"断裂的社会,不仅体现在社会各个阶层的分化上——各个阶层缺乏必要的沟通、交流和妥协的渠道、机制,上层与下层无法形成良好的政策反馈机制。而且,各阶层利益的逐渐固化,阶层之间的流动越来越困难,整个社会逐渐陷入近乎停止流动的状态。社会流动性越差,经济增长停滞的可能性就越大,进入中等收入陷阱①的可能性就越大。利益集团越固化,政策的短期效应就越强,形成权贵资本主义的可能性就越大,发生社会动荡的可能性就越大。中等收入陷阱,一定程度上就是权贵资本主义陷阱。

我们感到,中国经济犹如在刀锋上跳舞,进一步很艰难,退一步也很艰难;保持平衡需要高超的艺术,原地踏步则极容易伤害自己。中国经济未来是暗淡的还是光明的? 人们充满了疑惑。

总结历史,我们发现,中国改革开放的巨大成功,得益于抓住外部三次重大机遇推行对外开放,并在国内推动经济体制改革。第一次重大机遇,是 20 世纪七八十年代西方国家因为滞胀而出现了经济大调整,中国承接了西方的大量产业转移。第二次重大机遇,是 20 世纪 80 年代末 90 年代初,柏林墙倒塌,苏东剧变,资本主义和社会主义两大阵营对峙结束,全球统一市场形成,新一轮经济全球化开始,中国搭上了这一班全球化的列车。第三次重大机遇,是 21 世纪初期,中国加入世界贸易组织(WTO),全面地融入世界经济,以国际经济规则来改造国内经济规则,并成为全球化的最大受益者之一。

在国内,经济体制改革的主要方向是放松国家管制和政府干预,从计划经济向市场经济转轨,推行市场化,与世界经济接轨,农村改革、城市改

---

① 中等收入陷阱:一个国家的人均收入达到中等水平后,由于不能顺利实现经济发展方式的转变,导致经济增长动力不足,最终出现经济停滞的一种状态。——编者注

革、国企改革、住房改革，莫不如此。中国改革开放的历程，是国民经济面临崩溃、财政面临巨大压力的背景下中国"自发"地"摸着石头过河"由计划经济向市场经济转轨的尝试，其过程是由国家管制转向国家治理和政府服务的一系列制度安排，尽管这个过程仍在继续甚至在很多情况下发生过回潮。中国市场化改革的源头是计划体制，如今在很多领域，源头上仍然是计划经济体制模式，甚至是国家垄断模式。尽管中国经济持续高速增长了30多年，但一旦有较大的内部阻力或外部冲击，这些领域乃至整个体制仍然可能倒退回改革的源头和起点。

　　全球金融危机以后，主要经济体都在调整内部经济结构，对外经济政策趋于保守，经济全球化的趋势发生逆转，其深度和广度已远不及此前，加入世界贸易组织所带来的"外贸红利"已经消耗殆尽，推动中国经济继续快速发展的动力将主要来自于国内改革。而改革的内涵也将继续围绕放松管制，推进市场化以及社会领域、政治领域的全方位改革。如果仅仅是全球化的外部环境逆转，我们还可以通过国内的改革来弥补；如果在这一背景下，中国的市场化改革也发生逆转，国内改革向"左"转向逆市场化的方向，那么两个逆转的叠加将把中国经济推向万劫不复的深渊。

　　2012年，中国共产党第十八次全国代表大会的举行将从某种程度上体现出中国今后相当长时期内的经济走势、改革前景和社会发展。中国之路将会朝向哪里？我们试图通过自己的研究给出初步的答案。至少，我们希望读者明白为什么中国经济要寻找自己的诺亚方舟，这些风险与不确定的大洪水来自何方。内部风险和外部风险，哪一个更危险？短期风险和长期风险，哪一个更严峻？经济领域的风险和社会政治领域的风险，哪一个更紧迫？改革为什么重要？中国经济平衡风险和不确定性的切入点在哪里？

4

　　从眼前来看,对 2012 年及今后数年的经济形势的判断的分歧很大。我们倾向于认为,中国不会在 2012 年出现转折性变化,紧缩调控本身并不足以引发经济的硬着陆。一些新的政策动向表明,中国政府已经意识到紧缩政策带来的负面影响,并出台了相应措施进行结构性的微调。对于中国经济的前景,四位作者有的乐观些,有的悲观些。但我们都认为,中国经济的前景存在巨大的不确定性,我们将其总结为八大风险。尽管中国增长模式存在诸多问题,但只要处理得当,经济增长的惯性和空间仍然存在。对于外部环境的变化,我们总体判断对中国的影响趋于负面。2012 年的国际经济环境对新兴市场不利,真正的挑战才刚刚开始,中国需要未雨绸缪,更加审慎。也就是说,如果我们做得好,那么 2012 年可能是很多重大改革、重大历史事件的起点;如果我们做得不好,那么 2012 年可能是很多事情的终点。

　　在本书中,除了对中国经济和世界经济的总体趋势作出分析和判断之外,我们着重就以下几个问题进行了讨论:

　　关于**通胀形势和货币政策**的方向。从当前形势看,全球通胀是结构性的,而非全局性的;从未来演化看,无论通胀是经济现象还是货币现象,无论通胀是需求拉动、成本推动还是预期引致,通胀压力在全球范围内的逐步触顶并渐次缓解将是大概率事件。中国通胀形势的相对恶化程度甚至比其他金砖国家更为严重,应对通胀对于中国而言是一场持久战。短期内,中国通胀有望触顶回落。但回落过程中,通胀的绝对水平依旧高于过去 10 年的平均水平,绝对压力依旧较大。未来较长一段时间内,中国的通胀压力不容忽视。有鉴于此,中国货币当局可能会放缓紧缩步伐,但不会改变稳健基调。

关于地方债务风险。随着经济的快速发展,大部分债务会逐步被稀释,许多项目也会显示出合理性。但同样可以肯定的是,个别地方的债务风险会浮出水面。地方发债会有所进展,但预计很难在短期内取得突破。分税制改革和房产税等重要改革可能会在 2012 年进一步酝酿,但时机看起来还没有成熟。在稳健货币政策下,地方融资的难度和成本都在上升,对于某些地区和某些平台,还本付息将会成为一个问题。

关于房地产市场。通过国际比较,我们发现,中国房地产经过了快速成长的十几年。房价大涨在很多转轨国家也出现过,俄罗斯大城市近十年的房价涨得比中国还多。这是一个长期被压抑的需求集中释放的结果。中国的房市调控一直是以收紧"银根"和"地根"为核心的。这在一方面抑制了购房需求,但同时也限制了住房供给,包括新房供给和二手房供给。未来房价涨速会慢下来,中国经济增长速度也会慢下来。但对于大多数家庭来说,买房依然是最稳健的选择。我们对房地产市场的判断有不少分歧(例如房价和地价的关系等),但最终得出的结论都有些"残酷"。实事求是地说,房价是已很贵,但它也是相对的,现在买得起房的人还是比过去要多。房价问题也是个收入问题,具有相对性;房地产泡沫具有较强的区域性,且与房地产周期和经济周期高度相关。

关于股市。我们并不愿意去预测点位,但我们想告诉读者,每一次经济周期的变化都带来了股市的剧烈波动,股市的周期转换可以看做是经济周期转换的表征。对熊市反弹的比较研究表明,在出现峰值之前,各国市场都经历了超级牛市,而牛市峰值之后的股市跌幅也是惊人的,熊市反弹的高度能够达到之前跌幅的 50% 甚至更高。最重要的是,熊市持续的时间之长超过当时大多数人的预期。我们的分析认为,2009 年以来的股市反弹是典型的熊市反弹,其运行规律与历史上的熊市反弹规律并无二致,未来几年只能多次逼近熊市反弹中的峰值,但很难超过这个高度。

关于刘易斯拐点和人口红利的消失。我们认为,中国的廉价劳动力时代结束了,刘易斯拐点真的来了。刘易斯拐点的出现是中国经济增速放缓、通货膨胀中枢抬升的一个重要因素。劳动力成本的上升增加了企业成本,这会减少商品的生产,商品价格也会上升。中国经济在危机后,表现出一定的微型滞胀特征。这在一定程度上和劳动力成本上升有关。

关于美元危机和人民币国际化。我们认为,2012 年发生美元危机的可能性微乎其微。避险需求的托底和经济相对强势的托力将避免美元发生崩溃式贬值,但套利交易、弱势美元倾向和流动性注入政策反向的下行拉力将使美元整体维持弱势。人民币崛起并不等于人民币升值,也不等于人民币取代美元。人民币崛起的物质基础依旧稳固,但崛起过程中伴生的人民币升值依旧是温和的、渐进的、有序的,大幅升值的可能性微乎其微。"2012"所开启的货币时代,将是一个包容万象的时代,人民币国际化和美元国际化相生相伴,人民币在加大区域贸易结算试点,美元则在危机中加强了与多个国家的双边流动性互换制度。

关于外汇储备。我们估计,截至 2010 年底,中国外汇储备中,美元资产占比约为 65%、欧元资产占比约为 25%,其他币种资产占比合计约为 10%。中国投资者最青睐的资产依次为长期国债、长期机构债、股票、长期企业债与短期债券。2012 年中国仍将新增外汇储备 4000 亿美元左右,中国外汇储备存量有望在 2012 年年底或 2013 年超过 4 万亿美元。中国的外汇储备管理是国家外汇管理局、中投公司与全国社保基金理事会"三驾马车"的并行格局。我们在本书中也澄清了一个观点,外汇储备是有办法分给老百姓的。例如,财政部可以把每年央行上缴的外汇储备投资收益用于社保或分给老百姓。外汇储备原则上不能无偿使用,但由于相当一部分外储沉淀下来并且不存在偿付压力,因此可以拿出一部分外汇储备用于经济发展和民生改善。同时,可以通过央行购买财政部发行的特别债券的方式来平衡央行的资产负债表。

关于热钱对中国经济和金融系统的冲击。我们看到,本轮全球金融危机爆发后,全球流动性过剩不仅没有削弱,反而变得更加泛滥,中国成为短期国际资本的重要投资对象国。短期国际资本流入会造成中国外汇储备的加速累积。外汇储备增加的过程意味着央行通过购买外汇储备而释放基础货币的过程,而央行的冲销行为难以做到百分之百,因此短期国际资本流入造成的外汇储备增长最终会加剧国内流动性过剩,进而推高中国的通货膨胀率与资产价格。2012年,中国将依然面临短期国际资本总体上流入的格局,但由于全球经济和主要经济体政策具有很大不确定性,短期国际资本的流向可能有所变化。并且我们预计,其波动的程度可能加剧。

关于对外贸易的发展。中国选择出口导向的道路,很大程度上源于日本、"亚洲四小龙"与"亚洲四小虎"高速增长的示范效应。但这一战略已经到了非调整不可的地步。中国加入世界贸易组织是中国进出口增长的一个拐点,中国的出口结构在2004年至2005年期间发生了重大变化,即由以劳动密集型产品为主转变为以资本密集型产品为主。2012年,中国仍将维持贸易顺差,但全年贸易顺差可能继续下降至1000亿美元左右甚至更低。贸易顺差的下降一方面有助于遏制外汇储备的继续增长,另一方面也有利于倒逼国内的结构调整。

关于石油供应和能源安全。资源和能源约束对中国经济发展而言,不是一个短期问题,而是一个长期约束。中国经济的特定阶段和发展模式导致了对资源能源的掠夺式消费。石油进口对外依存度的提高很难改变,也无需过度紧张。但是,这种掠夺式消费的模式将导致经济增长的不可持续。与历史上其他发展迅速的国家相比,中国经济发展的能源成本是最高的。应对能源困境,需要从供给、需求、价格等多个方面入手,特别是加强国内能源产业的改革,推动价格形成机制的市场化,提高能效,减少温室气体排放。压力在外部,解决办法在内部。能源行业是一个基础性、辅助性行业,能源困境的解脱最终还是有赖于中国经济结构的调整和产业的转型升级。2012 年,国际油价预计仍将高位运行,但对中国经济的冲击正在减弱。这恰恰是启动行业改革、推动生产要素价格改革的良好时机。我们预计,相关的改革措施会陆续出台。

5

从历史的维度来看,金融危机之后的中国经济站在了一个新的历史分水岭上。在过去 30 多年,中国以举世瞩目的发展速度迅速回归她在世界经济中的应有地位。在本书的最后一章,我们以历史长周期的眼光考察了中国经济的变迁及其演进过程。

如果以古代世界中心城市的变迁来观察,古中国的中心城市领先全球的纪录保持了 2800 多年,中国经济也几乎在世界经济舞台上辉煌了近3000 年。在 19 世纪以前,中国经济的总量和规模始终高于西欧。从人均GDP(国内生产总值,以下简称 GDP)的角度看,中国的经济呈现一条缓慢上升的曲线。在公元 4 世纪到 13 世纪近 1000 年时间里,中国的发展水平始终高于西欧。从 14 世纪起,特别是晚明以来一直到 19 世纪,中国经济停滞不前。中西方经济发展水平从这时开始慢慢拉开了差距。西方世界兴起,东方世界衰落,葡萄牙、西班牙、荷兰、英国、美国相继崛起成为世界霸权国家,世界经济的中心转向西方。

第二次世界大战之后,当中国人还沉浸在"赶英超美"的历史狂热中时,德国、日本从战争废墟上崛起。当中国大陆处于"文化大革命"的十年内乱时，"亚洲四小龙"（韩国、新加坡、中国台湾地区和中国香港地区）崛起。当中国在 20 世纪 90 年代坚定地选择了市场经济道路时，"亚洲四小虎"（泰国、马来西亚、印度尼西亚和菲律宾）也进入了经济高速发展的历史轨道。1998 年亚洲金融危机对东南亚国家经济造成重创，中国则幸运地实现了软着陆，进入了一个新的发展时期。印度在历史上的衰落与中国几乎同步。印度经济的崛起在 20 世纪 90 年代以来引起了世界广泛关注。中国和印度这两个人口大国都面临巨大的资源和能源约束，中印崛起正在日益改变世界经济格局。中国在发展，我们的邻居也在发展，而且她们崛起的速度毫不逊色于中国。

尽管中国已经成为世界第二大经济体，经济规模也已经占世界总量的10％。但这与中国在历史上的世界经济地位仍然相距甚远。晚清时期中国的经济总量仍然占世界总量的近 1/3。即便中国的经济规模恢复到占世界 1/3 的位置，中国的人均 GDP 水平也仍将与发达国家有极大差距。即便中国如很多预测所言超过美国成为世界第一大经济体，中国的人均 GDP 水平仍然不高。经济总量大并不意味着经济质量高，大而不强是中国经济的软肋。从长周期的眼光来看，中国还缺少与世界知名企业匹敌的大型民营企业和品牌，缺少引领世界科技进步和新兴产业发展的机制和实力，缺少在世界经济和政治领域中的话语权，缺少对于国际政治事务，特别是地区事务的影响力。

2011 年是辛亥革命 100 周年。辛亥革命开启了中国人追求民主自由的大门，也启动了中国重新寻找在世界中位置的奋斗历程，这一历程是由一系列的政治经济社会实验组成的。从苏联模式到中国模式，从计划经济到市场经济，从小政府大社会到大政府小社会。尽管辛亥革命已经过去整整 100 年了，但中国人对于制度的探索仍然没有完成，中国的经济和社会仍处于剧烈的变动之中。如今，中国经济的结构问题依然突出，受外部环境影响的脆弱性越来越明显，经济高速发展过程中所积累的体制欠账、经济风险和社会矛盾越来越多，解决问题的紧迫性越来越强，国富民穷、贫富分化的现象越来越突出，进入中等收入陷阱的危险性越来越大。中国社会处于历史的惯性和现实的压力之下，要解决这些问题，中国仍然需要继续探索经济转型和制度变革的道路。与历史上的强盛时代相比，今日中国的变化并不特殊，中国仍然纠结在政府与市场的关系当中。被历史教科书歌颂的"变法"，大多与加强政府权力有关。西汉时期尊老子还是尊孔子的执政理念之争，北宋时期王安石与司马光的改革理念之争，改革开放初期计划经济与商品经济的体制之争，无不与此有关。只不过，今日中国的变化速度和规模，已经远迈汉唐，超越有宋一代。中国历史的变迁，其实没有跳出轮回的宿命。

从经济变迁的角度来看，今日中国之变迁，是用几十年的时间逾越了中国古代王朝几百年的盛衰周期，同时是在追随欧美国家两三百年的工业化和现代化道路。中国迟早要从一个"追随者"、"追赶者"的角色演变为一个"领导者"的角色。因此，所谓的"中国模式"、"北京共识"，不过是一个历史现象，是一个过渡性的体制安排，这些说法并不能代表中国经济未来的制度安排和模式。当下，中国出口导向型经济战略需要调整，中国的政府主导型市场经济体制需要"蜕变"，中国需要重新积聚改革的动力，打破利益集团的阻碍和干扰，转向美国经济学家奥尔森所说的"强化市场型"政府模式。政府不再强力干预经济，而是为市场运行创造更好的环境，为公众提供更好的公共产品和公共服务。如果存在一种"中国模式"或"北京共识"，那也指的是未来，而不是过去和现在。

今后数年，是中国变革图强的重要时间窗口期，不同的改革取向将决定未来相当长时间内中国经济乃至政治和社会领域的发展方向。如果没有重大的体制变革和深化经济改革的魄力，中国极有可能遭遇双重"逆转"

的叠加,中国经济的前景远不是我们想象的那么乐观。中西方的发展会再次出现晚明以后的"大分流"吗？中国会再次失去她在世界上的经济地位吗？世界经济的重心会再次转向东方、转向中国吗？从历史角度看,改革,不仅是中国经济长期可持续发展的需要,也是一种沉甸甸的历史责任。改革,不仅是为当下的经济发展负责,也是为中国历史负责,为子孙后代负责。

第**1**篇

"前波未灭后波生"：
全球经济的不确定前景

第一章
债务危机与全球经济的"2012"

　　"历史是最佳的预言者",英国诗人拜伦似乎不经意间就给"2012"及未来写下了最令人回味的注脚。公元前3113年,神秘睿智的玛雅人就在《克奥第特兰年代记》中轻声预言,地球将在5125年后迎来文明毁灭与涅槃的周期性轮回。公元1776年,经济学之父亚当·斯密则在《国富论》中喃喃自语:"欧洲大国共同面临的巨额债务,在长期或许将毁掉这些伟大的国家。"公元2009年,德国天才导演罗兰·埃默里赫更是在电影《2012》中细腻展示了一个栩栩如生的末日场景。就像是冥冥之中的宿命碰撞,这三个或远或近的历史剪影神奇地聚焦于2012年,共同映射出一个"债务危机毁灭全球经济"的可怕幻影。2011年下半年债务危机于欧美的剧烈恶化几乎终结了全球经济脆弱的复苏,"前波未平后波生",缠绕在2012年的跨时空诅咒又让人"忧从中来无断绝"。那么,债务危机和全球经济的"2012"将如何演绎?本章将寻求这个问题的答案。

1

浅看债务危机:似乎不会更糟

　　伫倚危楼风细细,望极春愁,黯黯生天际。站在新朝旧岁更迭的路口遥望"2012",债务危机的可怕幻影显得如此真真切切:从无足轻重的中东欧、冰岛和迪拜,到千疮百孔的希腊,再到欲说还休的"欧猪五国"(PIIGS国家,取英文首字母,分别代表葡萄牙、爱尔兰、意大利、希腊和西班牙),再到举足轻重的美国和法国,债务危机以摧枯拉朽之势席卷全球,主权评级调降间,樯橹灰飞烟灭,危机波折恶化引致处处硝烟,在"警报—博弈—救助—新警报—新争议—新危机"的恶性循环中,全球正经历着近似 2008 年经济危机、远似 1929 年经济危机般的痛苦折磨。一种危机,两处闲愁,债务危机的纷纷扰扰不可避免地带来了经济金融领域的双重烦恼。就实体经济而言,海市蜃楼般的复苏才刚起步就流露出戛然而止的迹象;就金融市场而言,资本狂欢营造的繁荣假象还未成形就被各类风险叠加冲击得烟消云散。2011 年上半年市场还在矫情地沉溺于通胀治理这一经济复苏伴生的幸福烦恼,下半年就不得不务实面对全球经济二次探底、金融市场一落千丈带来的切肤之痛。

痛苦总是容易引发悲观和绝望,就像感冒发烧带来的头疼脑热也会让人联想到死亡一样。但大多数时候,即便脆弱,我们也不会因为感冒发烧而丧失生命。债务危机也是如此,虽然当下的凄凄惨惨戚戚让市场心存忐忑,甚至联想到末日般的金融风暴和经济崩溃,但纵观历史,全球经济从未因为主权债务危机而停止呼吸。根据国际货币基金组织(IMF)的数据,1824—2004 年的约 180 年间,全球就陆续发生过 257 次主权债务违约[①],此间只有 1929—1933 年的大萧条给全球经济留下了永久疤痕,而源于总需求不足、通货紧缩的大萧条与主权债务违约又没有太大的关联;1981—1990 年的十年是主权债务危机最为频繁的十年,共发生过 74 次主权违约,但此间全球经济并未经历伤筋动骨的挫折,并实现了 3.3319% 的年均增长,增长水平甚至超过了随后一个十年 3.1991% 的年均增长。

---

① 主权债务违约:是指由于国家破产而导致的国家主权债务违约。此违约发生率较低,但政府债券持有者及投资者可能会遭受各种形式的"金融抑制"带来的损失,如政府支付"贬值的货币"。——编者注

那么,"2012"会有不同吗?是不是痛苦让我们不由自主地放大了危机恐慌?萦绕在"2012"上空的末日诅咒会不会像以往每一次一样被时间轻易驱散?在数据、理论、逻辑和实证面前,任何预言、笃定、感觉和臆想都难以摆脱轻浮、武断、无谓和失真。在回答这一系列生死攸关的经济问题之前,还是让我们理性直面"2012",用轻松的笔调解析数据的变化、阐述理性的分析,并在逻辑推演中展现一个更为可信的"2012"债务危机影像。

从表面上看,2012 年依旧是一个债务危机年,但似乎并不会比 2011 年更糟。利用国际货币基金组织、世界银行的数据进行估算,2012 年全球的公共债务预估值将为 59.025 万亿美元,较 2011 年的 55.726 万亿美元增长 5.92%,较 21 世纪初的 21.9 万亿美元增长 169.53%。按照 2012 年各国 GDP 的预估值,59 万亿美元可以买下 3.8 个美国,或是 7.62 个中国,或是 9.64 个日本,或是 15.92 个德国,或是 20.43 个法国,或是 22.55 个巴西,或是 22.67 个英国,或是 25.8 个意大利,或是 27.88 个俄罗斯,或是 29.33 个印度,或是 32.32 个加拿大,或是 37.47 个西班牙,或是 192.63 个希腊,或是 116190 个多米尼加;按照 2012 年全球 GDP 的预估值,59 万亿美元甚至可以买下 0.8 个地球。因此,就绝对水平而言,2012 年债务负担依旧是全球不可承受之重。

就结构而言,借用哲学家叔本华的名言:"债务就像海水,喝得越多,就越感到饥渴。"全球沉重的债务负担很大程度上恰恰源自富裕集团对资金的渴求,2012 年,发达国家的公共债务预估值为 49.614 万亿美元,占全球债务总预估值的 84.05%,这一比例甚至较债务危机高峰年的 2010 年和 2011 年分别上升了 1.1 和 0.45 个百分点。见图 1-1。

单位：10亿美元

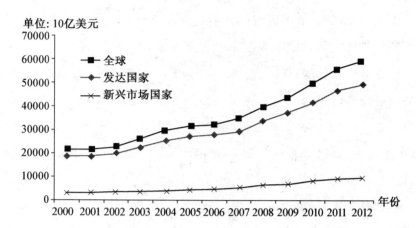

注：2011 年和 2012 年的数据为预估值。
数据来源：IMF、BIS、CEIC、Bloomberg，以及我们的计算，如无特别说明，下同。

图 1 - 1　全球公共债务规模及其结构（2000—2012 年）

但就相对水平而言，2012 年的债务危机虽然有如达摩克利斯之剑一般令人惴惴不安，但似乎还不像弹无虚发的小李飞刀或是西门吹雪的天外飞仙一样，具有一剑封喉的爆发力。如图 1 - 2 所示，2012 年，全球公共债务增长率预估值仅为 5.92%，不仅低于 2010 年的 14.29% 和 2011 年的

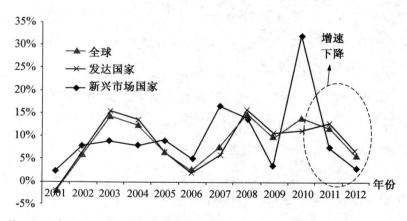

注：2011 年和 2012 年的数据为预估值。

图 1 - 2　全球公共债务增速（2001—2012 年）

11.77％,还低于过去 10 年 10.04％的平均增速;其中,发达国家公共债务
增长率预估值为 6.49％,不仅低于 2010 年的 11.23％和 2011 年的
12.64％,还低于过去 10 年 9.91％的平均增速;新兴市场国家公共债务增
长率预估值为 3.01％,不仅低于 2010 年的 31.95％和 2011 年的 7.47％,
还低于过去 10 年 11.12％的平均增速。

总之,表面上看,2012 年的债务危机虽然依旧不容小觑,但似乎并不
会比 2011 年更糟。

那么,是时候放松一下了吗?

不!

② 深思债务危机:步步惊心

从深层次看,2012 年的债务危机并非如表面上那么简单,就像内力尽
失的令狐冲依旧能够凭借玄妙的独孤九剑笑傲江湖一样,规模增速下降的
债务危机由于复杂的风险蕴藏而显得与众不同。"2012"债务危机之所以
与众不同,就在于 2012 年这个时间维度。《晏子春秋》有云:"橘生淮南则
为橘,生于淮北则为枳,叶徒相似,其实味不同。所以然者何?水土异也。"
2012 年的宏观水土已与过去大相径庭,而这正是放大债务危机风险、孕育
金融风暴甚至催生经济灾难的温床。

首先,2012 年的债务危机伴随着短期风险和长期风险的相互叠加。
一方面,对于负债国而言,短期风险主要体现为偿债压力加大带来的流动
性风险,简单地说,就是巧妇难为无米之炊,突然增加的到期债务往往不经
意间就会变成压死骆驼的最后一根稻草,哪怕一英寸的资金链断裂都可能

导致全盘崩溃的悲剧。令人无奈的是,2012 年依旧是一个高压年,大量到期的公共债务就像张开的血盆大口,不断吞噬着紧巴巴的市场流动性和紧绷绷的市场信心。根据彭博(Bloomberg)的统计,在 2011—2020 年的 10 年里,2011—2012 年是偿债高峰期,而 2012 年是偿债压力最大的一年。2012 年,位于前期债务危机重灾区的希腊、爱尔兰、意大利、葡萄牙、西班牙分别有 361.09 亿、58.63 亿、2667.64 亿、188.26 亿、1209.78 亿欧元债务到期,分别较 2011 年增加 92.16 亿、14.66 亿、1030.67 亿、80.35 和 720.39 亿欧元;更让人忧虑的是,木秀于林,风必摧之,前期独立于债务危机之外的强势国家也承受着明显加大的偿付压力,2012 年,作为欧元区"双核",德国和法国的到期债务分别为 2523.99 亿和 1775.72 亿欧元,较 2011 年增加 1353.39 亿和 183.46 亿欧元。

另一方面,对于负债国而言,长期风险主要体现为清偿能力缺失导致的违约风险,简单地说,就是资不抵债引发技术性破产。如图 1-3 所示,2012 年全球负债率(债务/GDP)预估值为 80.044%,较 2010 年上升 0.793

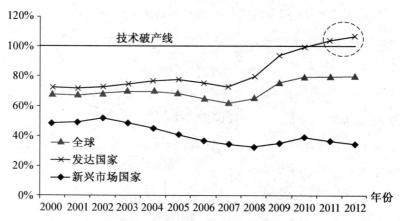

注:2011 年和 2012 年的数据为预估值。

图 1-3　全球负债率(2000—2012 年)

个百分点,较 2011 年上升 0.449 个百分点,较 21 世纪初上升12.067个百分点,并已超出 60%的国际警戒线水平 20.044 个百分点。2012 年,发达国家的负债率预估值则为 106.517%,较 2010 年上升 2.784 个百分点,较 2011 年上升 6.556 个百分点,较 21 世纪初上升 33.827 个百分点,继 2011 年之后连续第二年高于 100%,陷于技术性破产的尴尬泥沼;只有新兴市场国家的负债率呈现出下降态势,2012 年,新兴市场国家的负债率预估值为 34.475%,较 2010 年、2011 年和 21 世纪初分别下降 4.803、1.744 和 14.026 个百分点。2012 年,在国际货币基金组织有统计数据的 182 个国家中,有 44 个国家债务率预估值高于 60%警戒线,有 12 个国家负债率预估值高于 100%的技术破产线,占比分别高达 24.17%和 6.59%。这 12 个入不敷出、捉襟见肘的经济体按负债率预估值由高到低分别是日本、希腊、圣基斯和尼维斯、牙买加、厄立特里亚、黎巴嫩、意大利、巴巴多斯、爱尔兰、葡萄牙、美国和格林纳达岛。见图 1-4。

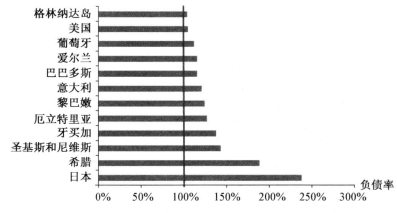

图 1-4　2012 年负债率预估值全球排名前 12 位

更值得注意的是,短期风险和长期风险不仅简单地共存,甚至会相互牵制、相互叠加,化解短期风险需要政府将更多的财力投入到到期债务偿还,这势必将减小财政政策刺激经济增长的可能空间,进而削弱偿债能力,加大长期风险;而化解长期风险则需要政府开源节流,推出令人信服的财政巩固方案,而这种节衣缩食应对长冬的举动又会减少当期还款的可用资金,进而加大短期风险。总之,长短期风险相互叠加的危机让 2012 年的债务危机有如天立星董平的双枪,即便高接低挡,依旧可能让市场应接不暇、受创连连。

其次,2012 年的债务危机伴随着金融困境和财政困境的犬牙交错。令人酒断愁肠的,往往不是"蜀道难难于上青天"式的单一挑战,而是"屋漏偏逢连夜雨"般的左右为难。经济是金融的基础,金融是经济的血液,两相互促自然妙不可言,两相抑制则有如雪上加霜。而 2012 年恰恰赶上了金融环境恶化和财政状况窘迫的同生共存。一方面,金融困境体现为风险"三重门":其一,银行业恐将再受重创。虽然市场总是无比健忘,2008 年百年难遇的金融危机早已被当做遥远的历史,但次贷危机留下的伤口并未完全愈合。持续恶化的债务危机再一次撕裂了尚未愈合的伤口,根据国际清算银行(BIS)的统计数据,截至 2010 年,全球银行(主要是欧洲的银行)持有希腊、爱尔兰、葡萄牙、比利时、意大利、西班牙公共债务的占比分别高达 54.4%、20.26%、19.37%、25.21%、24.03% 和 52.11%,较高的债务风险敞口让银行业,特别是欧洲银行业在危机泥沼中步履蹒跚。欧洲央行的压力测试显示,若债务风险持续扩散,核心资本充足率不足 8% 的银行将达到 53 家,资金缺口 1017.1 亿欧元;高盛的研究则显示,如考虑债务风险,核心资本不足的欧洲银行将达 27 家,资金缺口 298 亿欧元;国际货币基金组织则估计,债务危机将给欧洲银行业带来高达 2000 亿欧元的可能损失。在债务危机阴影笼罩下,2011 年下半年起,国际评级机构就陆续调降美欧银行业的评级,美国银行、花旗银行、富国银行、法国兴业银行、农业信贷银行等大型金融机构也深陷其中。其二,债务货币化倾向推高通胀预期。对于政府而言,理论上永远存在一劳永逸解决债务问题的办法,即发行货币征收通胀税。真正的风险其实并不在于政府会这样去做,而在于只要市场认为债务危机的持续恶化加大了这种可能,那么通胀预期就会上升,进而给实际物价稳定带来冲击。其三,危机恐慌引发市场动荡。山雨欲来风满楼,沸沸扬扬的债务危机让国际金融市场陷入一波三折的巨幅波动之中,仅在 2011年下半年,油价金价的跌宕起伏、大宗商品的一落千丈和全球股市的跌跌不休就已经把市场折腾得疲惫不堪,而潜伏于 2012 年更大、更多、更复杂的不确定性则恐将在国际金融市场掀起更大的惊涛骇浪。

另一方面,财政困境体现为赤字"全球化"的延续。债务危机永远是"今朝有酒今朝醉,明日愁来明日忧"的苦果,经历过 2011 年债务危机秋风扫落叶般的无情肆虐,欧美国家不得不重新审视"从摇篮到坟墓"的高福利、高支出状态,学会勒紧腰带过日子。截至 2011 年底,各国陆续明确了涉及未来的财政巩固计划。美国奥巴马提出 10 年减赤 3.6 万亿美元的宏伟草案,希腊计划 3 年内缩减开支 300 亿欧元,西班牙计划 2013年前缩减开支 150 亿欧元,德国计划 4 年内削减开支 816 亿欧元,意大利也提出 249 亿欧元紧缩公共开支预算法案。尽管"节流"之举值得称道,但未必会带来透支风险下降的必然结果,关键在于,经过 2008—2011 连续 4 年、两种危机的接连摧残,全球经济增长的潜在水平已经有所下降。著名经济学家罗格夫研究了 44 个国家 200 年的债务历史,得出的结论显示,当负债率上升到一定程度,大部分发达国家的经济增长都将严重受损;而当负债率从 60%~90% 区间上升至 90% 以上区间,全球经济增长水平将从 2.5% 降至 -0.2%(参见表 1-1、表 1-2),而自2008 年至 2012 年,全球负债率上升了 15 个百分点,这意味着全球经济潜在增长水平可能已经受到一个百分点左右的债务危机冲击。钱永远是赚出来的,而非省出来的。"节流"与"缩源"共同作用的结果,只能是 2012 年财政困境和赤字全球化的延续。利用国际机构的预测数据进行 测算,2012 年,可获得数据的 182 个国家中,赤字率(财政赤字占 GDP 的 比率)预估值超过 15% 的国家有 1 个,超过 10% 的国家有 3 个,超过 9% 的国家有 7 个,超过 8% 的有 10 个,超过 7% 的有 16 个,超过 6% 的 27 个,超过 5% 的有 36 个,超过 4% 的有 54 个,超过 3% 国际警戒线的有 83 个,实现财政盈余的国家仅有 35 个。金融困境和财务困境的犬牙交错, 放大了不确定性,让 2012 年债务危机更显暗礁四伏。参见图 1-5。

表 1-1 主要发达国家不同财政状况下的长期经济增长率

国家	年份	政府债务占 GDP 的比例			
		低于 30%	30%~60%	60%~90%	90% 以上
澳大利亚	1902—2009	3.1%	4.1%	2.3%	4.6%
奥地利	1880—2009	4.3%	3.0%	2.3%	NA
比利时	1835—2009	3.0%	2.6%	2.1%	3.3%
加拿大	1925—2009	2.0%	4.5%	3.0%	2.2%
丹麦	1880—2009	3.1%	1.7%	2.4%	NA
芬兰	1913—2009	3.2%	3.0%	4.3%	1.9%
法国	1980—2009	4.9%	2.7%	2.8%	2.3%
德国	1880—2009	3.6%	0.9%	NA	NA
希腊	1884—2009	4.0%	0.3%	4.8%	2.5%
爱尔兰	1949—2009	4.4%	4.5%	4.0%	2.4%
意大利	1880—2009	5.4%	4.9%	1.9%	0.7%
日本	1885—2009	4.9%	3.7%	3.9%	0.7%
荷兰	1880—2009	4.0%	2.8%	2.4%	2.0%
新西兰	1932—2009	2.5%	2.9%	3.9%	3.6%
挪威	1880—2009	2.9%	4.4%	NA	NA
葡萄牙	1851—2009	4.8%	2.5%	1.4%	NA

续　表

国家	年份	政府债务占 GDP 的比例			
		低于 30%	30%～60%	60%～90%	90%以上
西班牙	1850—2009	1.6%	3.3%	1.3%	2.2%
瑞典	1880—2009	2.9%	2.9%	2.7%	NA
英国	1830—2009	2.5%	2.2%	2.1%	1.8%
美国	1790—2009	4.0%	3.4%	3.3%	−1.8%
平均		3.7%	3.0%	3.4%	1.7%
中位数		3.9%	3.1%	2.8%	1.9%

数据来源：Carmen M. Reinhart，Kenneth S. Rogoff，*Growth in a Time of Debt*.

表 1−2　全球经济在不同财政状况下的长期经济增长率和通胀率

		期间	低于 30%		30%～60%		60%～90%		90%以上	
			增长率	通胀率	增长率	通胀率	增长率	通胀率	增长率	通胀率
发达经济体	平均	1946—2009	4.1%	6.4%	2.8%	6.3%	2.8%	6.4%	−0.1%	5.1%
	中间值	1946—2009	4.2%	5.2%	3%	3.7%	2.9%	3.5%	1.6%	3.9%
新兴市场经济体	平均	1946—2009	4.3%	64.8%	4.8%	39.4%	4.1%	105.9%	1.3%	119.6%
	中间值	1946—2009	5.0%	6.0%	4.7%	7.5%	4.6%	11.7%	2.9%	16.5%
全球	平均	1970—2009	5.2%	10.3%	4.9%	17.0%	2.5%	37.1%	−0.2%	23.4%
	中间值	1970—2009	5.1%	10.9%	5.0%	12.1%	3.2%	13.2%	2.4%	16.6%

数据来源：Carmen M. Reinhart，Kenneth S. Rogoff，*Growth in a Time of Debt*.

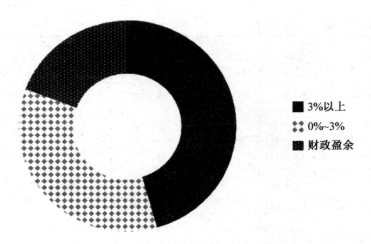

3%以上
0%~3%
财政盈余

图1-5 2012年182个国家赤字率预估值分布

总之,从表面上看,2012年的债务危机似乎不会比2011年更糟,但从深层次看,2012年的债务危机伴随着短期风险和长期风险的相互叠加,这两大不同以往的伴生风险将使得债务危机的演化更趋复杂、更趋剧烈,甚至更趋危险。

那么,接下来的问题就是,谁站在危机的风口浪尖上? 仅仅是欧洲吗? 未必。

3

债务危机,谁的危机?

正如托尔斯泰所言:"幸福的家庭总是相似的,不幸的家庭却各不相同。"2012年债务危机最重要、同时也最容易被忽视的本质特征是"危而不同"。债务危机是全球性的,但风险结构是具差异性的,不同区域、不同类型经济体在债务危机漩涡中的实质风险大小、经济冲击强弱、潜在应对能力都大为不同。

对于美国而言,债务危机短期内几乎不算危机。尽管美国赤字率和负债率均超国际警戒线,但美国在全球经济的领头羊地位、美元在国际货币体系的核心地位,以及美国国债堪比黄金的避险功能,都赋予了美国应对危机、对外分摊危机风险的强大能力。回望 2011 年 8 月,即便在"美国债务上限调升争端"[①]和"标普调降美国国债评级"[②]事件两大负面要素的夹击下,美国国债发行也并未遭遇任何坎坷,在市场追捧下其收益率甚至一路下行并一度降至 60 年来最低水平;美元也并没有出现市场热议的大幅贬值,甚至在债务危机升级过程中一路小幅上升。美国失去了国债 3A 评级,却没有失去全球对美国国债的旺盛需求,也没有失去美元汇率的相对稳定性和物价形势的相对温和性,更没有失去经济复苏的足够底气,而收获的却是市场对第三轮量化宽松政策(QE3)的由恨转爱,以及对美国引领全球复苏的更深依赖。尽管长期内美国债务不断增长的滚雪球游戏越来越难以为继,但重要的是短期无忧。自 1960 年以来,美国已经 78 次上调债务上限,2011 年 8 月的最近一次上调已然确保了短期安全,至少在 2012 年底之前,足够的发债空间已排除了短期内技术性违约的可能性。美国在全球政治、军事、经济领域的重要地位使其天然具有一种"危机免疫力",债务危机越"危",美国国债的避险功能越是具有吸引力,美国也随之越有对外分摊债务风险的可乘之"机",更何况美国国债一直还有像中国、日本、石油输出国组织(OPEC)这样稳定、忠实和慷慨的长期粉丝。

---

① 美国债务上限调升争端:2011 年 8 月 2 日为美国政府债务上限到期日,而此前白宫与国会就政府赤字削减方案一直未达成共识。最终美于 8 月 1 日提高美国债务上限至少 2.1 万亿美元。——编者注

② 标普调降美国国债评级:北京时间 2011 年 8 月 6 日,三大评级机构之一的标准普尔首次取消了美国债务保持了 70 年之久的 AAA 评级,把美国主权债务评级降至 AA+。——编者注

对于欧洲而言,债务危机是体制危机。欧洲之所以变成债务危机的重灾区,过度的福利政策、老朽的人口结构和僵化的税收政策仅仅是浅因,究其根本,跛行、残缺和不稳定的制度才是欧洲无力自拔的深因。作为人类历史上最伟大的发明之一,欧元区这个全球唯一的统一货币区从诞生起就留下了跛行的病根,欧洲央行的设立给货币一体化构建了硬约束,而《马斯特里赫特条约》对3%赤字上限的要求仅仅是无根的软约束,一旦欧元区国家陷入债务危机的泥沼,财政巩固就无法得到货币政策放松的有效支持,甚至会受到区内统一货币政策的严重掣肘。2011年希腊及其他"欧猪国家"的债务风险持续恶化、财政巩固计划几番被唾弃,很大程度上与2011年4月和7月欧洲央行两次完全没必要且悔之晚矣的莫名加息大有关联。留给"2012"更大的不幸在于,欧洲财政一体化始终原地踏步,政治一体化和货币一体化却时刻面临着逆流而退的风险。2011年8月公布的一项民意调查就显示,近1/3的德国民众认为未来10年后欧元将不复存在。客观分析,希腊或其他"欧猪国家"退出欧元区的可能性微乎其微,毕竟欧洲的货币一体化进程已经积累了大量"沉没成本",退出远比硬抗更伤筋动骨。根据瑞士联合银行(VBS)的测算,弱国退出欧元区的受损幅度可能高达其GDP的40%~50%。与此同时,必须承认,即便退出无忧,由于区内摩擦将日趋加剧,德国做强欧元区、与美国抗衡的"大国梦想"在债务危机的冲击下显得愈发缥缈,跛行制度的负面影响也将于2012年持续显现。

对于新兴市场国家而言,债务危机是危险的隐性危机。参见图1-6。其危险性体现在三个方面:其一,新兴市场对2012年债务危机缺乏足够的警惕性。由于2009—2011年债务危机的震中主要是在欧洲,且2012年新兴市场整体负债率和赤字率要优于发达市场,因此新兴市场难免产生事不关己高高挂起的悠然心态,甚至有部分新兴市场国家抛出"拯救欧美"的自信言论。而历史表明,新兴市场恰恰是债务危机的高发区域和易发区域,20世纪80年代的拉美债务危机、20世纪90年代的俄罗斯债务危机和21世纪初的阿根廷债务危机无一不是刻骨铭心的惨痛回忆,缺乏警惕和盲目自信不仅将丧失管控风险的有利先机,还可能会不由自主地掉入发达国家对外分摊危机治理成本的潜在陷阱。其二,新兴市场的外债风险悄然恶化。欠债过高是危险的,比欠债过高更危险的则是外部欠债过高,毕竟内部欠债相对而言更容易消化。债务风险在新兴市场最大的独特性就在于外债风险较大,而这一特征将在2012年进一步凸显。2012年,新兴市场外债预估值为6.446万亿美元,较2011年上升5109.85亿美元,外债预估值占同期公共债务预估值的68.84%,这一比例也将较2011年上升3.55个百分点;2012年,新兴市场外债在GDP中的占比的预估值为23.719%,外债在出口中的占比的预估值为71.77%,均较2011年小幅上升。悄然攀升的外债风险将可能进一步引致跨境资本流动"大进大出"风险、汇率波动风险和突然性偿付风险,进而将新兴市场拖入债务危机的漩

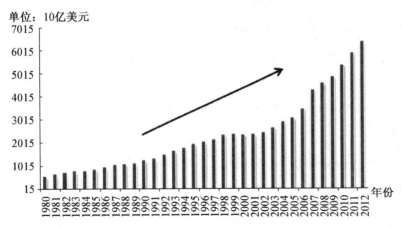

注:2011年和2012年的数据为预估值。

图1-6　新兴市场国家外债规模(1980—2012年)

涡核心。其三,新兴市场化解债务风险的能力相对较弱。2012 年,新兴市场国家的通胀压力继续明显高于发达国家,根据国际货币基金组织的预测,2011 年和 2012 年新兴市场整体的通胀预估值分别为 6.9％和 5.6％,而同期发达市场整体的通胀水平仅为 2.6％和 1.7％,相对更高的通胀压力使得新兴市场难以通过放松货币来冲抵财政巩固的负面效应。此外,新兴市场国家较为脆弱的金融市场基础、较为有限的避险经验和较为不足的政策独立性也将使其在面对债务危机时显得有些力不从心。

值得强调的是,对于全球而言,债务危机是整体危机。债务危机的三种化解方式,即短期流动性救助、中期债务重组和长期财政巩固都需要全球范围内的"统一行动",而非自私自利的"各自为政"。但天不遂人愿,2012 年债务危机"危而不同"的本质特征将不可避免地带来差异化的危机应对。更雪上加霜的是,2012 年本身就是一系列政治不稳定因素的集合体,2012 年恰逢美国大选年、俄罗斯大选年、苏东剧变 20 周年,24 个重要经济体将经历领导人更迭,这 24 个经济体的人口占全球53％,其 GDP 总和超过全球一半,领导人更迭带来的不确定性和不稳定性将进一步降低全球范围内危机治理的合拍性。全球各国出于个体利益最大化的不稳定行为选择难免会带来集体非理性的无奈结果,表现为短期流动性救助的不及时、不充分,中期债务重组的不协调、不给力,长期财政巩固的不彻底、不可信,进而导致债务危机的传染、恶化难以得到有效控制。

总之,美国的债务危机貌似轰轰烈烈,实则短期无虑;欧洲的债务危机仍处于风口浪尖,重在体制风险;新兴市场国家的债务危机看似风平浪静,却最是暗礁四伏。虽然债务危机的迅速见底和急速恶化都是小概率事件,但受结构性失衡和不确定性丛生的影响,大概率基准情境下的 2012 年依旧是一个荆棘遍布、暗礁丛生、步步惊心的债务危机"大年"。

那么,在这个债务危机"大年",全球经济会不会像市场担忧的那样"停止呼吸"?

也许,答案并没有想象的那么简单。

4

全球经济二次探底,谁来兜底?

虚幻的世界如此栩栩如生,而冰冷的事实却让人恍若隔世。没有人知道,在电影《盗梦空间》的最后,那个象征着现实与梦境标签的陀螺有没有停下旋转,就像没有人知道,债务危机在市场中植入的那个二次衰退梦魇,会不会最终变成 2012 年全球经济欲说还休的事实。

特别是 2011 年 7 月以来,美债危机的一波三折、欧洲困境的逐层扩散以及地缘动荡的此起彼伏愈发让市场心怀忐忑,全球经济复苏方才起步似乎就已经步履蹒跚,就像 1929—1933 年的大萧条落幕后 4 年就迎来一个衰退幅度不遑多让的 1937 年一样,全球经济在 2007—2009 年金融危机肆虐之后 3 年似乎又将邂逅一个经济增长停滞、就业前景暗淡、消费增长乏力、全球再平衡二度逆转的 2012 年。

新闻报道的耳濡目染、经济数据的连番走弱、资本市场的跌跌不休和市场氛围的极度消沉不断强化着人们对 2012 年大衰退的预期。但市场参与者的预期就像莱昂纳多的梦境一样,未必是现实,也不一定都会变成现实。对于全球经济而言,2011 年 9 月国际货币基金组织公布的最新《全球经济展望》就像一颗旋转不停的陀螺,将市场栩栩如生的大衰退预期打上了令人怀疑的标签。

根据国际货币基金组织的最新预测,2012 年,全球经济有望实现 4%

的经济增长,虽然这一增长率与 2011 年持平,并低于 2010 年的 5.11%,还有可能在未来进一步被调降,但目前还是明显高于 1982—2011 年这 30 年间 3.35% 的趋势增长水平以及 21 世纪以来近 12 年 3.74% 的年均增长水平;与此同时,2012 年,全球通胀率预估值为 3.66%,不仅低于 2011 年的 4.96%,还低于过去 30 年的 12.28% 和过去 12 年的 4.02%。见图 1-7。

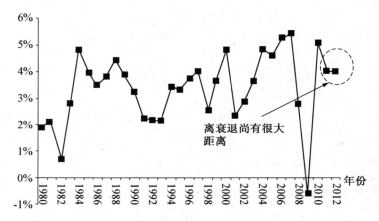

注:2011 年和 2012 年的数据为预估值。

图 1-7　全球经济增长率(1980—2012 年)

数据不会撒谎。市场最令人敬畏的地方就在于,它从不按人们预想的方式去发展。高于潜在水平的经济增长和低于趋势水平的通货膨胀意味着,"2012"可能并不是全球经济的末日。从实体经济要素的综合变化看,市场担忧的大衰退依然只是值得警惕但又不宜过分渲染的小概率情景,更客观、更可期的大概率情景下,全球经济将在 2012 年经历一段二次探底的失速过程,并有望在其后重拾缓慢、渐进和温和的复苏势头。

尽管置身当下,风声鹤唳、风云诡谲,但静观未来,有三个理由让我们相信,2012 年,全球经济二次探底立刻转化为大衰退的可能性较小:其一,债务风险同金融风险之间尚未出现大范围联动、共振和传染的明显迹象,尽管几大评级机构接连下调部分欧美大型金融机构的评级,但 LO 利差①、TED 利差②等敏感性指标并未大幅度飙升,市场流动性也没有受到明显抑制。当下乃至未来一段时期全球经济运行与次贷危机期间最大的区别在于,当下主权债务问题引致的不确定性广泛且醒目地堆积于宏观层次,而次贷危机中,衍生产品问题引致的不确定性则模糊且隐蔽地传染于微观层次。两种不确定性的不同构成意味着,流动性枯竭会引发金融抑制下的经济衰退,而政府信用缺失则将导致财政刺激乏力下的经济自发减速,两种增长损失在程度上的差距较为明显。其二,全要素生产力的进一步受损空间有限。从经济增长长期驱动力的变化看,全球经济2012 年在失速过程中的二次探底某种程度上只是"均衡回归"的一个过程,伴随着金融体系的去杠杆化和财政巩固的渐次推进,次贷危机和债务危机的双重影响对全球经济潜在增长水平的影响正逐步显现,经济增速下滑中的二次探底正是向新均衡水平靠近的必然结果,而大衰退的到来则需要科技、资本、人口、资源等更深层次实体经济要素的冲击,至少在目前看来,全要素生产力进一步大幅下滑的空间还十分有限。其三,全球刺激政策并非无牌可出。从表面上看,债务危机限制了财政政策的扩张空间,通货膨胀则限制了货币政策的放松空间,但从实际情况看,增长压力越大,挤压出的政策空间就越大。以美国为例,尽管债务上限调升闹剧和主权信用评级调降让财政政策捉襟见肘,但奥巴马依旧提出了4470 亿美元的《美国就业法案》,此法案有望给 2012 年美国经济带来

———————

① LO 利差:Libor - OIS Spread,即 3 个月期美元伦敦同业拆放利率与隔夜指数掉期利率之差,主要反映全球银行体系的信贷压力。LO 利差扩大视为银行间拆借的意愿下滑。——编者注

② TED 利差:3 个月伦敦银行间市场利率与 3 个月美国国债利率之差。TED 利差越大,显示市场资金越涌向国债市场以规避商业机构破产或债券违约的风险。——编者注

1.25 个百分点的提振；尽管核心通胀水平多年来首次突破 2%，美联储依旧不依不饶地于 2011 年 9 月 21 日推出了 4000 亿美元的扭转操作，进一步放松货币环境，而这一举措也有望给 2012 年美国经济带来 0.5 个百分点的额外刺激。

虽然大衰退是小概率事件，但二次探底的大概率情景依旧值得我们高度关注。一方面，债务危机步步惊心，其导致的经济增长失速可能远比国际货币基金组织 2011 年 9 月的预期严重许多，即便离衰退还尚有距离，但依旧会对未来全球经济的发展路径带来不容小视的中长期负面影响。另一方面，债务危机危而不同，其引发的全球经济二次探底也并非单纯的普遍性探底，全球经济增长失速必然伴随着此消彼长、利益争夺和成本外摊的激烈博弈过程。"2012"真正令人畏惧的地方，并不是意料之中的二次探底和全局性的增速回落，而是非比寻常的结构变化和独特性的个体挑战。

争夺总是伴随着失去。对于 2012 年全球经济而言，明显过于乐观的 4% 增长只是光鲜的表象，背后则是高增速和强预期的失落。在 2011 年 9 月最新的《全球经济展望》中，国际货币基金组织明显失去了 3 个月前的满满信心，较之于 6 月的预估，国际货币基金组织将 2012 年全球经济增长率调降了 0.5 个百分点，将发达经济体和新兴市场经济体的增长预估分别调降了 0.7 和 0.3 个百分点。这意味着，全球经济危机后的狂热反弹已经告一段落，在债务问题、货币战争和主权博弈日趋复杂的背景下，市场预期、经济增长都在经历增速回落过程中的二次探底。

探底总是伴随着兜底。二次探底过程中，个体利益和整体利益不再和谐统一，个体策略和整体策略也不再优雅同步，一个经济体的利益最大化将不可避免地带来更大的外部冲击，并将引致一个更加和而不同的 2012 年。正是从这个意义上看，2012 年尽管不是一个全球意义上的大衰退年,但对于那些处于漩涡中心的国家而言,却是暗礁四伏的大挑战年。

市场的微妙之处,就在于它往往行走在共识之外。从结构变化看,2012年最意味深远的一个潜在变化就是,新兴市场的强势崛起和发达市场的渐次走弱不再像过去几年那般对比明显,甚至从趋势上看,可能出现反向变化。根据国际货币基金组织的最新预测,2012年,发达市场经济体经济增长率预估值为1.9%,高于2011年的1.6%;而新兴市场经济体增长率预估值为6.1%,低于2011年的6.4%。参见图1-8。2012年,新兴市场GDP的全球占比虽然有望达到49.99%,但占比增速已降至近十年来最低,预示着新兴市场的追赶速度恐将下降。

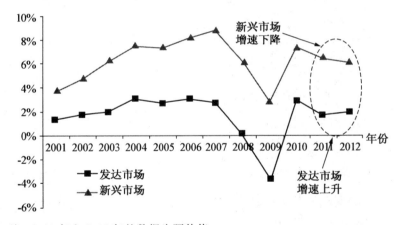

注:2011年和2012年的数据为预估值。

图1-8 发达市场和新兴市场经济增长率(2001—2012年)

在发达市场阵营,2012年,美国经济有望增长1.8%,较2011年提高0.3个百分点;日本经济有望增长2.3%,较2011年提高2.8个百分点;只有债务危机核心的欧元区的经济增长率较2011年下降0.5个百分点。在新兴市场阵营,2012年,金砖四国均呈现出增速放缓的态势,中国、印度、俄罗斯和巴西的经济增速预估值分别下降0.5、0.3、0.2和0.2个百分点。

这种结构变化某种程度上意味着,全球经济的二次探底可能将伴随着新兴市场(特别是中国)兜底的成本分摊过程,这将是新兴市场面临的最大挑战。参见图 1-9。

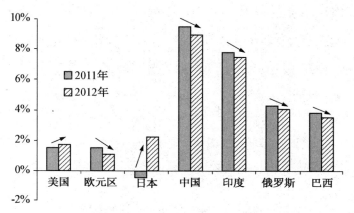

图 1-9 主要国家经济增长率预估值比较(2011 年与 2012 年)

数据变化中的暗示与现实世界的博弈形成了共鸣,从现在到未来,全球博弈中发达市场正在并还将通过三种渠道向新兴市场分摊二次探底成本:一是相对宽松的货币政策,当前通胀压力聚集于新兴市场的结构给发达市场带来了进一步放松货币政策以刺激经济增长的便利,而新兴市场将被迫承受内在的"滞"与外来的"胀"带来的双重压力;二是相对有效的汇率调整,利用自身在国际货币体系中依旧强大的影响力,发达经济体将试图在汇率博弈引致的贸易格局变迁中占据主动,根据国际货币基金组织的预测,受保护主义抬头的影响,2012 年全球贸易增幅将从前一年的 7.5% 降至 5.8%,而新兴市场的出口增速可能将下降 1.6 个百分点,高于发达市场 1 个百分点的降幅;三是相对主动的舆论导向,利用债务危机频发于欧美的现状,发达国家正在向新兴市场国家施加相对更大的汇率增长和调整压力,并借由全球市场恐慌的加剧为第三次量化宽松政策(QE3)等利己而不利他的宽松政策的推出营造氛围。

　　总之,2012 年,无论是债务危机演化还是全球经济二次探底,其趋势发展都对新兴市场不利。全球债务危机危而不同,新兴市场的潜在风险不容忽视。对于全球经济而言,2012 年也许不是经济学意义上的大衰退年,但对于新兴市场而言,2012 年却是真正意义上的大挑战年。在世事变化的转折关口,作为新兴市场领头羊的中国,更需要未雨绸缪,以审慎姿态直面暗礁四伏的 2012 年。

第**2**篇

"等闲平地起波澜"：
进退维谷的中国经济

第二章
中国经济的内忧与外患

朱镕基前总理在 2011 年 9 月出版的《朱镕基讲话实录》中说，他在卸任时，最大的担心是经济和房地产过热。当时是 2003 年初。其后到这轮危机前的经济运行验证了这个判断。

2012 年的语境看上去有很大不同。人们更多的是担心过冷而不是过热，担心经济走下坡路，甚至硬着陆，担心房地产出现萧条，担心地方债务违约，担心全球经济二次探底对中国的冲击……

美国的彭博新闻社于 2011 年 10 月份公布的一项调查显示，全球多数投资者预计，到 2016 年中国经济增长率将降为过去 30 年的一半，即低于 5％。而有 12％ 的受访者认为，在未来一年内，即到 2012 年下半年，中国的 GDP 增长率将降低至不足 5％。如果这一预期应验，那当然会有一次硬着陆。要知道，即便是在金融危机最严重的 2009 年一季度，中国经济增速也达到了 6.6％。

仔细观之，中国的问题的确不少。被提到最多的包括，房地产泡沫、不断走高的通货膨胀、地方债务风险、产能过剩、人口红利结束、中等收入陷阱等。这些风险并非空穴来风。此外，对照其他国家经验，中国经济似乎已经增长了足够长的时间，减速看上去是必然的。更不要说，中国经济发展的外部环境仍然动荡不安，如果全球出现二次探底，中国是难以独善其身的。

"如果中国泡沫破裂该怎么办？"这是美国《时代》周刊 2011 年 10 月一篇文章的标题。对此，我们试着给出自己的解读。

被危机改变的世界

近年来,中国经济发展先后经历了新世纪以来"最为困难的一年"和"最为复杂的一年"。那么,2012 年将是怎样的一年?

有些人认为,2012 年将是中国的"拐点之年"。往哪儿拐呢? 显然是往坏处拐,因为经济已经够好的了,不大可能拐向更好。

经济学家罗格夫(Rogoff)和莱因哈特(Reinhar)最近的一本书就是叫"这次不一样",只是他们在后面加了个"?",并在书中给出了否定的回答。他们对 800 年来的金融危机史作了详细的数据分析,认为 2008 年来的国际金融危机本质上和历次危机没什么不同。危机都是过度举债造成的,对个人和企业如此,对国家也是如此。并且,政府债务违约在历史上屡见不鲜,是稀松平常的事儿。①

阳光下没什么新鲜事儿。如果我们用百年千年经济史来丈量这次危机,当然没什么特别的。但如果我们把眼光缩短到几十年,我们会说,危机的确带来了某些改变。

金融危机终结了一个繁荣周期,复苏何时再来还看不到时间表。西方主要经济体在经历了 20 世纪 70 年代痛苦的"大滞涨"(Great Stagflation)之后,大概在 1985 年左右陆续出现了所谓"大缓和"(Great Moderation),也就是经济增长和通胀的波动同时显著而持续地下降。有人说这是新经

---

① 莱因哈特和罗格夫,《这次不一样? ——800 年金融荒唐史》,机械工业出版社,2010年 5 月。

济送来的礼物,电子信息革命提高了劳动生产率,在生产出更多商品的同时,没有对劳动力市场带来压力。美联储主席伯南克(Bernanke)在2004年的演讲中,认为是货币政策的改良驯服了经济周期。因为,自沃尔克(Paul Vclker)在1979年执掌美联储以来,货币政策吸收了货币经济学的新理念,将预期和规则考虑在内,通胀和增长得到了更好的平衡。

金融危机改变了这个维持了长达20年的繁荣周期。现在增长重新变得艰难。金融危机将发达经济体推入衰退,获得正的经济增长对欧洲许多国家和日本来说,仍然是个艰巨目标。在强力政策的刺激下,美国迎来了微弱复苏,但通货膨胀上升得比经济增速更快,失业率却居高不下。在实施了两轮数量宽松之后,通胀压力阻止了美联储第三次量化宽松政策的快速推出。伯南克也不再对货币政策抱有完全的信心,货币政策看上去已无法熨平经济周期,在衰退时候开动印钞机、抛撒钞票也不是灵丹妙药。伯南克反复强调,财政政策至关重要,同时,更广泛的其他政策,包括有关劳动力市场、住房、贸易、税收和监管等的政策,也应该扮演重要角色。然而,这些政策在他2004年发表的"大缓和"演讲中,并未被提及。

中国的经济周期在20世纪90年代中后期也出现了类似的放缓现象,此前"一放就乱、一收就死"的怪圈有了明显改善。即便是在朱镕基表达经济过热担忧之后,通胀率也从未超过10%,而经济增长在危机之前一直保持10%以上。中国的城市面貌和基础设施有了快速更新,成长为世界制造业工厂、贸易大国,外汇储备跃居世界第一,经济总量升至全球第二。即使在危机时期,经济增长也成功"保八",成为拖动全球走出衰退的主要力量。

是的,危机提高了中国的相对地位。但危机也直接或间接地导致中国增长提早遇到瓶颈。在发达国家减少消费的背景下,中国制造即便仍有比较优势,也会遭遇越来越多的贸易保护主义,出口增速将会趋缓。美国参议院在2011年10月通过了针对人民币的汇率提案。这是近年来的第一次。投资看起来仍然旺盛,但其增速已被部分透支。2009 年度投资对当前经济增长的贡献度高达 95％。在 4 万亿元投资的带动下,中国高铁发展出现"大跃进"。

考虑到经济总量规模的差距,中国刺激的手笔要远大于美国。如果把地方政府庞大的投资计划计算在内,美国政府就更是难以企及。这是我们可以不顾美国率先复苏的重要支撑力量。理论上说,绝大多数政府刺激措施都会面临低效率问题,但在危机时刻,凯恩斯主义注定会成为我们的救危稻草。只要政府能够调动起足够的资源,经济就能避免深度衰退。在这一点上,中国拥有显而易见的比较优势。

中国经济过去从美国学到了很多,现在老师出了问题,但没有必要彷徨失措。至少在当前应对危机措施的力度和时效性方面,中国走在了美国的前面。面对危机,中国选择的首先是救经济,而不是简单地救机构或者市场。美国花了很长时间,才将刺激经济提到议事日程上来。

在美国 2009 年接近 8000 亿美元的刺激总额中,只有四成左右的资金用在了基础设施等投资上,除了大规模减税,还有大量资金被用在了转移支付、公共卫生、社会救济以及信息技术等方面。减税是旨在试图维持美国鼓励消费的经济模式,从长期来看是有问题的,而列在转移支付中的大量开支,则是为了确保这个方案能够顺利通过。为了赢得选票,政府用于投资的规模一再缩小,这抑制了刺激方案本来应该发挥的效力。

投资对经济的拉动力总是大于减税和转移支付。在美国,家庭的消费率很高,这意味着投资乘数会相当大,增加投资和公共工程的投入才应该是美国经济刺激方面的重点。

金融危机和救市政策对正常的经济周期构成了重大冲击,其负面影响在未来若干年内将逐步显现。危机之后,中国传统的增长机制反而增强了,结构问题看上去更加严重了。大家对经济增长的担忧大都是与结构问题激化攸关的。此外,由于人口红利衰减,收入进入中等水平阶段后社会经济矛盾增加,中国的经济增长前景看上去的确将有所不同。

2

中国经济的八大风险

① 经济增长的"硬着陆"猜想

危机之后,中国经济的 V 型反弹在 2010 年一季度达到 12％的高位后,进入温和放缓区间。参见图 2－1、图 2－2。如何看待这个调整,各界存有分歧。有的学者看得比较悲观,甚至认为中国经济就此将长期陷入结构问题困扰,经济转型难以成功。个人觉得,当前经济增长放缓主要是政策主动调控的结果,而未受调控的经济内生增长动力甚至比一季度有所增强。这意味着,未来经济出现加速下滑的可能性不大;在长期,中国经济发展阶段远未到日本、韩国高增长末期所处阶段,在较长时期内仍有望保持较快增长。

应该注意到,2010 年二季度以来经济增长动力减缓在相当大程度上是政策退出的结果,而政策调控之外的有效需求增长仍相当强劲。经济降温主要源于重工业增长减速、房地产市场遇冷,以及固定资产投资的下降。这些下降的背后有着清晰的政策背景:节能减排力度逐渐加大、控制信贷规模过快增长、严厉的房地产市场调控、地方政府投融资行为的进一步规范等。这些政策基本还将延续,并将继续抑制经济增速。

而在政策调控之外,消费增长稳步增长、出口总体强劲、民间投资也表现不错。这些经济内生增长动力未来不会出现大的波动。宏观调控的目标是让经济从过热的边缘上有所回调,并抑制高污染、高能耗和产能过剩产业的扩张,控制财政金融领域的风险。经济放缓之后,增长目标不受影响,而是进入一个相对平稳区间,增长的可持续性有所增强,相关体制机制改革有了更好的宏观环境。

资料来源：CEIC。

图 2-1　中国经济增速在 2010 年一季度见顶后回落

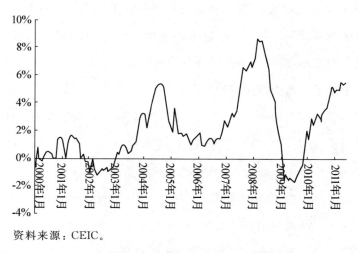

资料来源：CEIC。

图 2-2　中国消费者物价指数(CPI)变化情况

　　真正的问题还是在中长期。当前经济增长的放缓有可能代表了一个中长期趋势,即中国30多年来平均两位数的高增长将降至一位数,这意味着增长变得更难了,但同时这也会是一个更合理更平衡的增长,就增速而言,也还将保持在相当高的水平。

　　经济增长放缓,短期来说是政策调控的结果,但其实也反映出了面对结构性问题中国已经开始矫正此前的增长模式。从大的范围看,全球经济模式看上去在向危机前回归。金融危机中,美国家庭储蓄率一度有所上升、贸易逆差也明显缩小,但2009年下半年以来,这两个数据又开始趋向危机之前的水平。中国情况也是如此,2009年中国投资对经济增长的贡献率超过90%,这是一个前所未有的高位。而在投资高速增长拉动经济复苏的背后,则是全要素生产率的明显下降,有的估算甚至显示,全要素生产率对经济增长的贡献度已由正转负。

　　经济转型一方面会拉低增长率,另一方面也提供了转型的动力。中国经济高速增长了30多年,这已经缔造了经济史上的一个奇迹。与此前的日本、韩国以及我国台湾地区的高增长相比,中国大陆的高增长持续了更长的时间,增长率也更高,也就是说,中国的增长光芒盖过了第二次世界大战后的任何一个增长案例。日韩等国的增长经验还显示,在高增长之后,经济增长率会下降差不多一半。毋庸置疑,中国未来30年的增长将变得不像过去30年那么容易。

　　这中间涉及如何看待经济增长问题。有迹象显示,政策面正在开始接受一个相对较低的增长率。季节性的用工荒显示,长期以来巨大的就业压力有所减轻。保持经济高增长以保证新增就业的紧迫性有所缓解。未来的政策是要倾向于,如何更好地将这些劳动力转移到附加值更高的产业中,如何让劳动者更体面地工作,如何让劳动者买得起自己生产的产品。而这些方面的改善,主要不是靠新建工厂,而是经济转型。

　　此外,重要的一点是,未来中国经济增长率会下降,但仍将保持在相当高的水平上。中国目前人均 GDP 仍然处于世界较低水平,这种差距意味着中国还有很大的增长潜力。日韩等国在结束高增长时期之际,已经进入了较高收入国家之列。尽管有很多人不断提及日本经验,并且也在某些方面找中国与日本在经济发展上的共同点,但就发展阶段而言,中国此时显然不能同日本泡沫破灭的 20 世纪 80 年代末相提并论。参见图 2-3。要发展到那一阶段,中国经济至少需要以较快速度再增长 20 年。

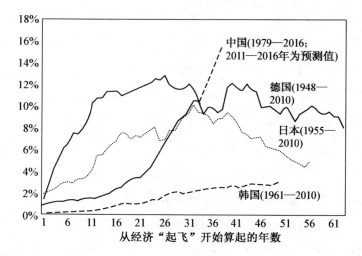

资料来源:IMF,*People's Republic of China*:*Spillover Report for the 2011 Article IV Consultation and Selected Issues*,July 2011。

图 2-3　若干国家的世界市场份额(从各自经济起飞时刻算起)

　　应该说,如果仅从经济发展的特定阶段来解释中国经济的结构性问题,并认为随着经济的进一步发展,这些结构性矛盾会逐步得到缓解,是过于乐观的。最近几年,笔者一直尝试从中国式分权的视角来解读中国的增长模式和宏观现象。分权是指,在经济治理和公共决策上,中央和地方各自拥有相应的权力。在一些联邦制的国家里,地方政府甚至在政治和立法上都有一定的自主权。中国的中央政府在向地方进行经济分权的同时,在政治上对地方保持了强势。并且,在中央对地方官员的评价体系中,经济增长、税收、基础设施建设等相对硬性的指标,占了相当大的权重。这就塑造了中国的地方政府特别具有企业家精神的特质。一方面,地方政府在许多地方事务上拥有自主权;另一方面,地方政府的积极性又被中央调动起来,并且主要集中于经济增长上。

② 通货膨胀长期化

1988 年"价格闯关"启动后,长期压抑的通胀压力迅速显性化,该年 CPI(消费物价指数,以下简称 CPI)达到 19%。随后开展的价格整顿结束了 20 世纪 80 年代中期以来的经济上升周期。在此后 1991 年开始的经济上升期中,CPI 更在 1994 年创下 24% 的纪录。随后,严厉的银行信贷紧缩让经济快速降温,加上亚洲金融危机冲击的叠加效应,我国宏观经济出现了罕见的通货紧缩。

虽然现在再出现上述高通胀的可能性不大,但上述经济周期的逻辑可能会以缩小版的形式上演。

笔者以为,对经济增长下滑的担忧应该让位于对房价上升和通货膨胀的担忧。总体来看,我们正在经历的增长放缓是政策调控的结果,更可能是软着陆而不是硬着陆。笔者一直用"微型滞涨"来概括 2009 年二季度以来的宏观格局,并一再表达对通胀和房价上升的担忧。现在来看,中国未来的通胀压力还将居高不下,如果控制不力,将会增加未来经济下滑风险。我们看到,农副产品价格甚至中药、水果价格上涨此起彼伏,这并不是偶然的。就中国来说,每年都会出现某些自然灾害。但总体来说,近年来的粮食产量是稳定的,并没有直接造成一些价格的上涨。究其要点,未来通胀压力来源可概括为以下几个方面。

第一,在应对危机期间,货币供应和信贷以超常规速度增长。经济学告诉我们,这种货币供应的冲击本身就是经济波动的一个重要来源。货币扩张的效应将在此后数年持续显现。货币供应的快速增长不一定会带来物价上涨,自 20 世纪 90 年代中期以来,我国货币增长一直很快,但通胀压力相对平稳。参见图 2-4。实际上,过去 30 年来,中国的 M2(广义货币,包括流通中的现金、支票存款、储蓄存款以及政府债券,以下简称 M2)增速在 23% 左右,超过 GDP 平均增速 10 个百分点以上。现在,M2/GDP 差不多是 200%,而美国只有 60%。如此之高的货币供应增长速度是否可以持续,如此庞大的货币存量到底意味着什么,都值得深入研究。显然,中国货币深化程度如此之高,是与我们庞大的外汇占款相联系的。这些外汇占款被冻结着。此外,这也与中国以间接融资为主的金融结构有关。在主银行制度的国家里,M2 占 GDP 的比重通常要高一些。无论如何,虽然货币增长不是物价上涨的充分条件,但至少是必要条件,一旦攻击面有什么风吹草动,物价就会闻之起舞。

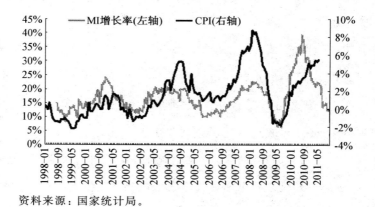

资料来源:国家统计局。

图 2-4　M1[①] 与 CPI 的关联出现紊乱(M1 增长率向前调整 6 个月)

---

① M1:狭义货币,包括流通中的现金及支票存款(以及转账信用卡存款)。——编者注

第二,经济增长潜力的下降是中长期通胀压力走强的另一原因。金融危机在一定程度上改变了全球的增长模式,包括中国的增长模式,一系列的结构调整正在陆续展开。这些调整将提升经济增长的质量和可持续性,但也将影响到经济增速。人口结构方面的因素,将拉低中国的储蓄率和投资率,中国在未来有必要将净出口/GDP控制在5%以下,而这些都意味着增长率会有所回落。经济增长潜力的下降意味着对货币需求的下降,但当前的货币供应增速仍相对较快,因而物价将面临更大的上升压力。

资料来源:CEIC。

图 2 − 5　中国出口商品价格的变动

第三,经济结构的多种转变也将增加物价上升风险。收入分配改革曾是 20 世纪 80 年代通胀率上升的重要原因。随着中低收入阶层收入的增加,生活资料的价格会迎来更大上升动力,而这些商品在 CPI 篮子里占有较大比重。尤其是工资上升,已经成为推动各种价格上涨的重要原因。在各种因素影响下,近年来工资上升的幅度已经赶上劳动生产率上升的幅度,这种趋势将会持续下去。除劳动力之外的其他生产要素价格改革也将加快,包括环境保护力度的加强,这些都将增加企业的成本。

近来不少专家建议调高通胀容忍度,这不是说5%左右的通胀率是合适的,而是无奈之举,是为了避免为控制通胀而打压经济增长。但与2000年之前相比,社会对通胀的容忍度已经大为下降。这意味着,中国的政策紧缩将会更早地出现。进而通胀的高度和经济增速下降的幅度也将有所收窄。

鉴于未来通胀压力还会不断增强,政策面有必要未雨绸缪,以免将来需要大力紧缩并带来硬着陆风险。通货膨胀是政府减轻税收负担的一个途径,但考虑到中国经济仍将保持较快增长,财政收入也会较快增加,征收通胀税的必要性并不大。相关政策可以考虑降低货币供应增速,以便与经济增长潜力的下降相配合,压低货币超发的幅度。同时,应该加快增加金融市场的深度和广度,引导货币存量的合理分布。如果考虑到未来一些结构改革和生产要素价格体制改革给物价带来的压力,还需要更早更有效地控制通胀率的抬升。

由此来说,经济出现硬着陆的风险不是来自当前的紧缩政策,而是在于当前没有有效地控制通胀走高。

从已有的政策来看,尚不存在货币政策超调的问题。实体经济增长放缓,是控制通胀需要的。不存在经济保持高速增长,而物价轻松得到控制的情况。总体来看,目前消费、投资等处于平稳运行区间。保障房供应的增加可有效缓解房地产调控的紧缩效应。PMI(采购经理指数,简称PMI)有所下降,但和2008年11月份的急速下降有根本区别,与之相比,当前的下降更像是软着陆的征兆。这种放缓是政策调控的结果,是政策面希望看到的。

更重要的是,我们应该对经济放缓有一个正确的认识。当前经济增速的回调有一个趋势性的问题。随着劳动力市场、资源环境和外需等情况的系统性变化,中国潜在的经济增速正在趋缓,因而,我们应该适当调低经济增长的目标,不能一看到经济增速下滑,就想着放松政策进行刺激。

③ 树欲静而风不止:外部环境仍趋复杂

主权债务危机接管了金融危机进程。在经历了金融机构破产倒闭、房地产市场下挫、贸易活动收缩等急剧调整后,全球救市政策将金融风险大量集中到政府层面,主权债务和信用危机的出现表明国际金融危机已经向货币危机和政府债务层面发展。

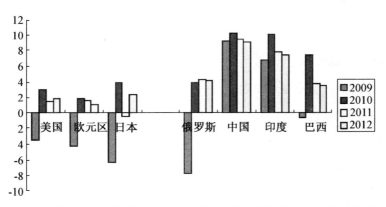

资料来源:作者根据国际货币基金组织的《世界经济展望》(2011 年 9 月)整理。

图 2-6 主要发达经济体和新兴经济体的"温差"

希腊已经被逼到了死角,与之绑在一起的还有欧洲各国的银行,乃至欧元存续大局。希腊债券几乎肯定将出现违约。希腊虽为欧元区非核心国,但其违约造成的冲击不应低估。这势必引发进一步金融动荡。2011年秋季,全球股市出现了大幅下挫。

现在不少人在谈论将希腊排除出欧元区,让希腊重新启用本国货币,这看上去是治本方案,但可能到来的风险将会给欧元区带来难以承受的重创。首先,相比希腊,其他"欧猪国家"的状况也仅仅是一百步和五十步的关系,任由希腊政府违约破产,将极大增加相类国家的融资成本,市场会把他们当做下一个希腊。其次,德国和法国作为欧元区核心国,其主要商业银行涉入希腊债券太深,这些银行持有大量的希腊债券,违约将会导致大量的资产减记。最近,法国银行就有遭到降级的风险,而德国银行业也面临着资本金补充的压力。最后,如果希腊脱离欧元区,将会产生连锁反应。更多国家可能考虑抛弃欧元,实行本币贬值,启动印钞机,应对债务负担。

希腊应该获得更多救助而不是指责。希腊债务问题的根源在于像希腊这样的国家加入欧元区后,将用工福利和养老保障快速提升至德国等先进国家同等水平,但是其人均 GDP 仅相当于德国的 1/3。现在希腊正在竭尽全力紧缩财政,以求留在欧元区内。但问题是,仅凭其一己之力还远远不够,其财政资金很快就要耗尽。正像美国政府围绕债务上限展开政治游戏一样,欧元区的政治博弈更加复杂。富裕国家特别是德国在救助中会承担更多成本,这在德国政坛有很大争议,毕竟救助本国家庭和企业还可以理解,救助别的国家就难以接受。

现在,欧元区需要建立更强大的财政协调和危机处置机制。欧元本身作为汇率或货币统一机制,是为了更好地协调各国经济发展,而不是来抵御金融动荡的。但现在,金融动荡是必须要面对的现实。如果经受不住国际金融考验,欧元这一创想将归于失败。欧元区显然还没有到缴械投降的时候。各国需要将欧元建立带来的好处,组成一个更大规模的对冲金融风险的稳定基金。

下一步欧元区将通过新的希腊救助计划,并将考虑建立更强有力的稳定计划。将不符合财政条件的国家暂时排除在欧元区之外,看似一个合理的政策选项,但目前欧洲金融体系已经被希腊部分绑架,此举措不适用。不能仅仅因为希腊是非核心国,以及经济规模较小就低估其破坏性。各国出手救助希腊的可能性在增大。这样,希腊债务将不会出现直接违约,但出现债务重组、以某种条件减免希腊债务负担的行为将不可避免。随着希腊危机的激化,主要国家将被迫抛弃本国利益,增强团结。对希腊救助力度的加大,使得欧洲债务扩张得以抑制,暂时不会出现重大冲击事件,但显然会有损欧元区整体复苏的进程,拖累德国经济增长,并由此造成中国出口的下降。尽管如此,对于全球来说,笔者认为,这还是上策。

此外,也要考虑到若干国家和地区出现直接债务违约甚至退出欧元区的情形,虽然这种可能性较小。如果希腊退出欧元区,希腊货币将急剧贬值,同时希腊央行将启动印钞机,就像美国扩大债务上限和实行量化宽松政策一样。货币贬值会提升希腊出口竞争力,货币扩张则会稀释债务价值。由于中国在希腊债券上的投资不多,希腊脱离欧元区对中国的直接影响不大。但由此对金融市场和其他国家主权债务可持续性的冲击,将给全球经济复苏和中国经济外部环境带来新的不确定性。在欧元区债务问题的处置中,中央应更加主动地参与其中,以便维护国家利益。

主权债务危机持续发酵,显然加大了全球经济二次探底的风险。但总体来看,全球二次探底的可能性不大。因为和私人部门不同,政府可以开动印钞机,可以抬高通胀,可以降低债务的实际价值。希腊出问题,主要是因为加入欧元区后,它上交了印钞机。

无论如何,全球经济复苏复杂性超过普遍预期,这将会给中国经济金融运行带来更多不确定性。

④ 地方债务:水有多深

希腊危机再次证明,所有的金融危机都是过度负债造成的。中国的政府债务总体上是稳健的,不存在违约风险。但与此同时,也存在着明显的局部风险。在约束财力欠佳地区的举债方面,中国也需要建立更透明有力的机制。

一些融资平台及其发行的平台债,有可能会出现偿付问题。国内发展滞后的债券市场将因此动荡不安。这些问题的关键在于地方政府的还债意愿。地方对平台公司的债务负有或明或暗的担保责任。如果违约被视为一种重大政绩污点,那么大面积违约就不会出现。因为,地方政府掌握着足够多的资源。2011 年前 8 个月,我国财政收入同比上升 30.9%,且政府拥有大量国有资产,包括上市公司股权。FT 中文网就曾刊文指出,即使是经济实力较弱、前期传言一度发生债务违约的云南省,也持有云南铜业、锡业股价、云南白药等众多上市公司股权以及红塔集团等赢利丰厚的国有企业。

然而,地方债务的规范还牵涉到许多重大体制机制问题。对此,我们将在第四章深入剖析地方债务的机理和出路。

⑤ 刘易斯拐点来了

中国正在遭遇"未富先老"的尴尬。这有两层含义。一是中国在中低收入发展阶段就进入老龄化社会,而其他国家一般是在中高收入阶段进入老龄化的。2010 年第六次全国人口普查数据显示,中国 60 岁及以上人口占全国总人口的 13.26%,比 2000 年人口普查上升 2.93 个百分点,其中 65 岁及以上人口占 8.87%,比 2000 年上升 1.91 个百分点。国际上通常把 60 岁以上的人口占总人口比例达到 10%,或 65 岁以上人口占总人口的比重达到 7% 作为国家或地区进入老龄化社会的标准。按此标准,中国早已确定进入老龄化。二是中国老龄化进程也将快于多数国家。由于中国 20 世纪 80 年代开始严格执行计划生育政策,随着 20 世纪五六十年代这段高峰期出生的人群老龄化,中国人口老龄化进程将迅速加快。

从劳动力市场来说,人口老龄化涉及劳动力的供给减少,它与刘易斯拐点存在密切关系。

要想清楚地判定刘易斯拐点何年何月出现,几乎不可能,但可以由劳动力市场工资变化情况、对剩余劳动力的估算等大致推算。尽管中国劳动力规模依然很大,但从 2009 年来的诸多变化看出,中国的劳动力市场正在发生系统性转变。我们倾向于将这个转变定义为刘易斯拐点出现。

刘易斯拐点出现之后,中国廉价劳动力的时代将一去不返,这将降低潜在的经济增长率,并将增加通货膨胀压力。刘易斯拐点的到来将对经济金融产生全面而系统性的影响。但这些影响将逐步显现,不大会导致经济增长的骤降。总体而言,刘易斯拐点出现是经济发展到新一阶段的标志,是经济发展的必经阶段,应被视为一个积极现象,而不是洪水猛兽。

⑥ 地产风险隐忧

房地产市场泡沫化是几十年来各国危机的主要推手,2008 年开始的此轮危机也肇始于美国住房市场的次级贷款。中国的房地产市场已历经超过 10 年的繁荣期。房价平均上涨 6 倍,部分城市上涨更多。很多人认为房价已经过高,承受不起。2010 年 4 月份陆续出台的房地产调控政策,相比上轮主要调控期 2007 年更为严格,首套房和二套房所要求的首付比例都有所提高,并且还出台了第三套房限购的严厉措施。在这些政策压制下,房价在 2010 年下半年停止上涨,成交量明显下跌。

如果国内外经济形势不出现逆转,严厉的房市调控还将延续,这将进一步促使房价松动。如果你认为中国经济增长是不真实的,未来增长会大幅下降,那么房价必将随之降低。我们认为,房地产的繁荣与车市繁荣、基础设施繁荣一样,是经济增长的结果。如果房地产是泡沫,那上述一切也都是如此。身在其中的我们,应该能够感受到中国经济的增长、收入水平的改善是真实的。

泡沫是过度举债推动的资产价格上涨。即便是国际经验,也不支持中国房地产已过度举债的泡沫定义。国际货币基金组织认为,房贷占中国GDP 的比重不到 20％,约为美国比例的 1/5。并且,与美国不同,中国居民购房首付比例通常高于 40％。这意味着,消费者不必担心因房价温和下跌而一贫如洗,银行也无需担忧会出现大规模房贷违约。

⑦ 收入分配有待重构

我国总体上还是中低收入国家,却成为全球主要的奢侈品消费大国、最大的汽车销售市场、房价涨幅居前的国家,这些现象从统计局公布的收入数据中很难得到说明。大家也都一直纳闷,为什么绝大多数人收入平常,却能支撑起这么大的市场?

有学者通过调研和估算认为,2008 年我国城镇居民被统计遗漏的"隐性收入"高达 9.26 万亿元,其中 5.4 万亿元是"灰色收入"。统计局随即发表多篇论文认为,该估算有夸大之嫌。

尽管如此,灰色收入和隐性收入的浮出水面,让我们可以减少对中国楼市泡沫、车市泡沫以及其他各类繁荣现象的担忧了。但与此同时另一重担忧随之而来,那就是,中国的收入差距要比官方数据严重得多。因为低收入者收入很透明,而高收入者要比我们想象的更有钱。中国一部分人的购买力是超乎想象的,这也为房价回调的愿望蒙上了一层阴影。并且,一些人把收入隐瞒起来,这种"藏富"行为,并不是低调的美德,而是有些收入不便向外人道也。

近十几年的经济高速增长时期,也见证了居民收入比重的下降。有数据显示,1995 年中居民收入占国民收入比例为 67.2％,但是到了 2008 年则下降到 57.1％,下降了 10 个百分点。而同期政府收入和企业收入占国民收入的比例各提高了 5 个百分点。也就是说,老百姓从国民收入这个大蛋糕中所分得的比例有明显的下降。

提升居民收入比重最直接的办法是,将政府和企业的收入转移到家庭部门。这需要减少政府财政收入,加大财政向中低收入家庭的转移支付,同时增加对企业的税收,还富于民。这些手段被称为国民收入的"二次分配"。

"二次分配"的效果当然很直接,在很多地方也确实必要,但这些分配是自上而下的,缺乏微观基础。理论上,国家可以实现绝对的公平,也可以将国家财富更多地分给老百姓。但这样在很多时候会损害经济的活力,由于居民收入增长最终只能来自国民经济增长,因而如果设计不当,居民收入可能会在短期有较快增长,长期来看却难以持续。

加快居民收入增长更加可持续的做法是深化初次分配体制改革。中国居民收入增长较慢,有其体制机制层面上的原因。当前,大部分老百姓还生活在农村,而农村居民收入较低,且增长相对较慢。这其中有土地制度的问题,土地包括宅基地是农民最大的依赖,但现在还不是农民的资产,这限制了中国的城镇化进程,也限制了农村居民收入的增加。此外,当前还存在很多限制人口流动和城市化的政策,这些政策也是城乡差距的根源。除了一些特大或大城市,中国的城镇化门槛应该加快放开。城镇化进程有助于推动经济增长和就业,也能够让经济果实惠及更广大人群。从这个角度说,当前以户籍制度为依据的限购政策不宜广泛推广到二、三线城市。

中国企业积累了大量利润,这一方面是因为劳动力成本相对便宜,资本回报率相对较高,另一方面也是垄断的结果。很多研究显示,有些垄断是不必要的。在改革开放之初,很多产业都被认为是关系到国计民生的,因此不能放开,但改革发展至今,我们看到,实际上不能放开的领域是非常少的。美国的军事石油等工业也都由私人企业主导,但这并不影响其国家战略。有垄断就会产生垄断利润,也就会侵占更大比重的国民收入。

⑧ 中等收入陷阱

亚洲开发银行 2006 年提出了"中等收入陷阱"的概念,它描述了这样一个现象:许多发展中国家人均 GDP 处在 3000~4000 美元时,发展速度会很快;一旦达到世界银行界定的中等收入国家标准,增长将变得很难。像菲律宾、巴西、阿根廷、墨西哥、智利、马来西亚等国家,在 20 世纪 70 年代均已进入了中等收入国家行列,但此后人均收入一直没有取得明显突破。

2010 年我国人均 GDP 达到 4400 美元,已经进入中等收入国家的行列。当今世界约有 230 个国家和地区,除了 30 多个经济合作与发展组织(OECD)国家之外,绝大多数国家是发展中国家,有些国家一度发展很快,但终究只有少数国家成功升入了富国俱乐部。日本、韩国是少数成功的案例。

在经济由低收入向中等收入迈进的"起飞"过程中,由于存在后发优势,发展中国家可以向领先国家学习,劳动力也比较便宜,自然资源通常也较为充裕,人们收入起点比较低,都能从经济发展中获得好处。当经济增长到一定阶段,这些优势开始逐渐丧失。而经济增长过程中也积累了贫富两极分化、畸形城市化、人口老龄化、经济技术落后、产业结构不合理,以及腐败蔓延、社会动荡加剧、金融体系脆弱等社会经济问题。

在前文中,我们提到了七种经济金融风险,它们和别的一些问题放在一起就构成了不少人对中国陷入"中等收入陷阱"的担忧。

3

2012 年：会是拐点吗？

笔者不认为中国会在 2012 年出现转折性变化。尽管中国增长模式有这样那样的问题，但经济增长的惯性和空间仍然存在。对中国来说，增长还不是一件很难的事情，而在继续增长中，增长之外的许多问题也就有了解决的基础。

包括有"末日博士"之称的鲁比尼（Nouriel Roubini）[1]和知名经济学家埃森格林（Barry Eichengreen）[2]在内的学者均预言中国经济将在 2013 年或 2015 年前后出现硬着陆。我们认为，未来 10～20 年，中国经济增长会有所放缓，但这将是个缓慢而平滑的过程，硬着陆可能性不大。

还有人提及资本外逃。美国西北大学教授史宗翰（Victor Shih）估算，中国最富裕的 1％的家庭控制的财富至少为 3 万亿美元，很可能达到 5 万亿美元。如果发生金融危机，最富裕家庭财富的半数转移，就意味着约达 1.5 万亿到 2.5 万亿美元的资金将流出中国，并可能耗尽 3 万亿美元的外汇储备。这同样也是先假定会出现金融危机，才会出现的极端情况。

从经济周期角度看，紧缩调控本身并不足以引发经济的硬着陆。以 8％的增速为标准，近 30 年来有 3 次的季度 GDP 增速出现过低于 8％的情

---

[1] 鲁比尼，《中国糟糕的经济赌注》（*China's Bad Growth Bet*），http：//www. project syndicate. org/commentary/roubini37/English，2011 年 4 月。鲁比尼为纽约大学经济学教授、"鲁比尼全球经济资讯公司"主席，他因提前预测次贷危机及其演化步骤而名声大噪。

[2] 埃森格林等，《高增长经济体何时放缓：国际经验及其对中国的启示》，NBER 工作论文 16919 号，2011 年 3 月。

况，分别是 1989—1990 年部分季度，1999 年中和 2008—2009 年的部分季度。这些经济的过度下滑情况，或者是因为前期经济出现了通胀失控（1988 年），或者是因为出口骤降（亚洲金融危机和国际金融危机冲击）。当前，全球经济总体处在复苏进程中，虽然面临不确定性，但中国经济的外部环境不会急剧恶化。

相比之下，如果放松调控，出现通胀失控，将会导致硬着陆的风险放大。当通胀率较低时，治理通胀的成本就较小，在通胀失控的情况下，将被迫出台严厉的调控政策，这会带来更大的经济痛苦。显然，继续保持适当的紧缩力度是控制通胀蔓延的必要手段。

当前讨论较多的其他导致硬着陆的风险点主要来自房地产领域、地方政府债务以及资本外逃等风险。笔者认为，保持适度紧缩的政策有助于控制这些领域的扩张，从而抑制可能存在的泡沫和偿付困难。如果这些领域存在过度膨胀的可能，我们就应该及时收紧政策，降低其杠杆率，减少偏离基本面的幅度，而不是放松政策火上浇油。

相比经济增长下滑，笔者以为，在未来几年中，中国都会处于温和的通胀周期中，这是更值得担忧的。笔者注意到，最近有机构和专家认为，这轮通胀潮流将告一段落，2012 年的通胀甚至将在 3% 以下。这种预测有过于乐观之嫌。猪肉价格此前略有回落后，又重新回升至高位运行，此外鸡蛋等副食品价格出现明显上涨。从目前信息看，猪肉价格周期尚未明显消退，其他食品价格也没有明显回落动力。撇开翘尾因素不谈，新涨价因素仍然存在，居民也存在明显的通胀预期。流动性环境下，尽管当前的流动性已经趋紧，但在绝对增加量上还是相当庞大，外围央行将继续维持超宽松的货币政策，这非但不会成为引导中国政策跟进宽松的契机，反而会进一步加大国内政策紧缩的压力，输入型流动性压力不会得到根本缓解。

　　从这个角度说,稳健而相对偏紧的政策仍将会在 2012 年持续。这中间会带来一定的结构性问题,比如中小企业融资成本上升问题,但这应该通过定向放松性的政策来解决,特别是进一步支持中小企业信贷的力度、放松对中小银行进入门槛的控制等。当前的经济形势的确较为复杂,经济中有冷有热,这就要求所有的政策不能都朝着一个方向使劲,而是应该更好地彼此配合。不过,总体而言,既然通胀形势还看不到明显好转的态势,作为控通胀的最根本政策,货币政策就应该继续保持控制力度。

第三章
通货膨胀的真故事与伪命题

2011 岁末年初,代号"2011－11－11"的大号光棍节才刚刚过去,微博上就已悄悄流行一个新公式"爱情＝通胀",在很多人看来,随着岁月的流逝,它们都意味着贬值。虽然争议颇大,但不可否认,这个公式非常有趣。在笔者看来,有趣之处还在于,通胀和爱情的确有一个学术上的相似之处,就像爱情永远是文学领域永不过时的主题一样,通胀也是经济世界引人入胜的永恒话题。之所以引人入胜,一是因为其平易近人,无论是王廷深宫还是平常街巷,爱情传说总是广为流传,而无论是理论殿堂还是平常街巷,通胀故事也是源远流长;二是因为其险象环生,就像罗密欧与朱丽叶、梁山伯与祝英台、杰克与露丝给世人留下了最是肝肠寸断而又跌宕起伏的爱情传奇一样,通胀故事里也总是留有阴谋、颠覆和斗争的淡淡味道,以至于作为人类有史以来最伟大的经济学家之一的凯恩斯也不禁感叹:"没有什么手段比毁坏一个社会的通货能更隐蔽、更可靠地颠覆这个社会的基础了。"而站在2011 年和2012 年的十字路头,通胀这个话题无疑更是让人牵肠挂肚,毕竟我们刚刚经历过一段波涛汹涌的通胀狂潮。那么,这波通胀狂潮会不会如诅咒般,变成毁灭全球的惊涛骇浪? 中国经济的锦绣前程会不会随着这波通胀狂潮而如一江春水向东流? 这些于全球、于中国的通胀疑问,都将在本章一一求解。当然了,本章不谈风月,只说经济。

1

通胀的"苹果"故事

上帝创造了人类,人类创造了货币,而货币创造了通胀。从以物易物的野蛮遗迹走向货币时代的文明殿堂，人类的货币史包含着繁荣和进步，也暗藏着狡诈和欺骗。通胀有如光亮下的影子，随着货币兴衰和经济起伏而忽隐忽现。就像美国经济学家加尔布雷斯在《不确定的年代》中所说的："历史上，货币一直这样困扰着人们：要么很多却不可靠，要么可靠但又稀缺，二者必居其一。"于是乎，自从有了货币，人类就和通胀结下了不解之缘。

在解析这不解之缘之前，似乎需要对通胀这个"熟悉的陌生人"多一点经济学意义上的了解。什么是通胀？通胀的全名是通货膨胀，在经济学大宝书《新帕尔格雷夫经济学大辞典》里，通货膨胀词条下的解释是："通货膨胀是价格持续上涨的一种过程，或者从等同的意义上说，是货币不断贬值的一个过程。"通胀的对立面，是通缩，即物价持续下跌的过程。

一个很简单的直觉就是，互为对立面的通胀和通缩会自然交替，就像老子所云："有无相生，难易相成，长短相形，高下相盈，音声相和，前后相随。"世间万物总是在相互对立、相互矛盾中共生共存、相辅相成，并悄然轮转。人类的货币史显示，这个直觉既准确又不准确。有如化石里的琥珀，通胀在古代世界就留下过痕迹，最早有记载的通胀发生在亚历山大大帝征服波斯王国，即公元前330年之后的一段时期，而罗马帝国也于公元3世纪末戴克里先统治期间发生过相当剧烈的通胀。随后的近1000年里，关于通胀的记忆被历史抹去，直到中世纪末期，通胀的历史记录才变得殷实和清晰起来。自中世纪末到20世纪20年代，通胀和通缩始终维持着节奏稳定、幅度平和的交替态势。而这种有如货币呼吸般的一张一弛被大萧条所彻底终结。自20世纪20年代以来，物价水平的总体趋势是逐年上涨，零星点点的通缩年份几乎可以忽略不计。在物价不断爬升的近90年里，大部分时间、大部分地方的通胀都较为温和，但少数年份、少数区域的严重通胀却给人类留下了无法遗忘的惨痛回忆。

从经济学角度看，3%以下的通胀就像经济奔流前行中激起的美丽水花，温和、写意;3％以上的个位数通胀就像经济过度灼烧中燃起的烈焰,剧烈、滚烫;50％以下的双位数通胀就像脱轨的经济列车,意味着失控和灾难;而50％以上的恶性通胀则像吹起后的经济泡沫,注定崩溃和消亡。就像是宿命的轮回,人类创造了货币,货币创造了通胀,而毁灭货币的,恰恰又是通胀。在过去的 90 年里,有过战争、有过动荡,但与货币消亡如影随形的,总是不可理喻的恶性通胀。在 1922—1923 年的德国魏玛共和国,325000000％的恶性通胀摧毁了纸马克(Papiermark);在 1945—1946 年的匈牙利,恐怖的通胀灾难摧毁了匈牙利平格(Hungarian Pengo),灭亡的瞬间,全部流通中的平格加在一起还不值 0.1 美分;在 1971—1981 年的智利,最高达到 1200％的通胀摧毁了埃斯库多(Escudo);在 1975—1992 年的阿根廷,从旧比索到新比索,再到奥斯特拉尔(Austral),再到新新比索,在 3 种货币消亡后,1 新新比索已相当于 1000 亿消失的旧比索;在 1988—1991 年的秘鲁,最高一月翻 4 倍的恶性通胀消灭了旧索尔(Sol),以及一度取代它的印蒂(Inti);在 1991—1999 年的安哥拉,恶性通胀甚至将旧宽扎(Kwanza)杀死了两次;在 1992—1995 年的南斯拉夫,日通胀率一度超过 100％的通胀让第纳尔(Dinar)变成了历史的尘埃;在 1994—2002 年的白俄罗斯,恶性通胀摧毁了旧卢布;在 2000—2009 年的津巴布韦,一度高达 5×10^{16} 的通胀灾难则毫无悬念地摧毁了旧津巴布韦元(Zimbabwe dollar)。图 3 - 1 为示意图。

当然,恶性通胀引发货币消亡只是历史广袤海洋中的少数个例,它从一个极端向人类展示了通胀的可怕之处。大部分时候,通胀总是温和的,或是略显桀骜不驯,即便对经济增长有些许不利影响,也基本处于可接受范围之内。但一旦通胀变得剧烈,而又缺乏有效的应对和控制,它就会像脱缰野马一样肆意奔驰,直到给实体经济留下不可忽视的切肤之痛。过去的历史充分表明,对于通胀,任何轻视和懈怠都将埋下无尽的隐患。而驾驭通胀野马,仅凭思想上的重视还远远不够。知己知彼,百战不殆,预测通胀、应对通胀、控制通胀,必须先要了解通胀,只有知道其从何而来,才能预知其将往何处,才能有的放矢、防患于未然。

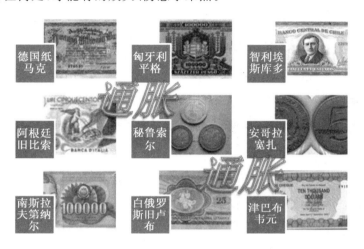

资料来源:《恶性通货膨胀的故事:九大退出历史舞台的纸币》(杰森·兰克著,2009 年)以及本书作者的整理。

图 3 - 1 通胀摧毁的货币(1922—2010 年)

至于通胀的成因,就经济学而言,留下了点点滴滴的经典争论,充满了形形色色的理论解释。某种程度上看,解释通胀的过程,就是经济学不断演化、不断前行的过程,无论是古典主义、凯恩斯主义、货币主义,还是新古典主义、新凯恩斯主义,都在这个话题上倾注了无尽的智慧。这些彼此冲突的智慧不断碰撞、不断融合,凝结成灿烂的水晶,让我们得以通过它洞悉过去、透视现在,并预见未来。粗鲁的搬运和无谓的套用,无疑是对这些智慧的滥用。所以,还是让我们像曼昆说的那样,"用经济学的方式去思考",在一个简单的例子中引出通胀的诸多成因。

人人都爱苹果,尽管它带走了属于它的亚当、牛顿和乔布斯。那么有什么因素会导致苹果变贵呢?可能的原因之一是需求上升。爱苹果的人,就像爱 iPhone 的人一样,越来越多,人们对苹果的需求量越来越大,价格就在不知不觉中被"买"了上去。而导致苹果需求上升的情况可能有两种：第一种情况是，人们出于某种莫名其妙的原因，突然对苹果产生了狂热的爱，而对其他水果的偏好却没有发生太大改变，这种特殊的爱会对苹果的价格产生巨大影响，进而小幅拉动全部水果的价格。不过这种情况毕竟较为特殊，更可能的第二种情况是，人们变得更加富有，进而更有意愿且更有能力去消费苹果以及其他各种类型的水果，苹果价格的上升伴随着财富的增加和福利的提高，某种程度上看，这种情况更像是一种"幸福伴生的烦恼"。

硬币总有两面，对于供不应求这枚"硬币"而言，一面是需求上升，另一面则是供给下降。而造成通胀的可能原因之二正是供给下降，或者更确切地说，相对下降，即供给的增长落后于需求的增长，表现为苹果的自然产量和市场供应明显不足。造成供给不足的情况则有三类：一是天灾，天灾形形色色，地震、洪流、虫害、干旱都会对苹果的产量造成较大影响。二是人祸，人祸不一而足，既可能是充满硝烟的战争和动乱，更可能是没有硝烟的霸权和垄断。如果少数人凭借自然禀赋或强权力量控制了大部分苹果的产量，那么对利润的本能追逐会促使其控制苹果供应，并力求推高苹果价格，赚取更多的超额利润。当然，这种情况更常发生在石油身上，而非苹果。三是成本上升，如果生产苹果的成本不断增加，而销售价格没有快速跟上成本的变化，果农将自发减少苹果产量，直到"供不应求"的市场力量将销售价格拉升到足以抵消成本变化的程度。构成苹果成本的要素很多，最主要的是劳动力成本、土地租金成本、运输成本、种子成本、化肥成本等，一旦这些要素价格上涨，生产苹果的成本就会跟着水涨船高。

可能原因之一和之二从供需两个角度共同构成了苹果涨价的"真实经济"原因，即不考虑货币因素背景下，真实经济基本面变化对苹果价格的影响。但不考虑货币，显然很难全然解释通胀这种与货币如影随形的现象，货币是如此重要，以至于经济学家弗里德曼说："通胀随时随地都是一种货币现象。"很多时候,苹果变贵,并不是因为供需两端发生了剧烈变化,而是因为"钱毛了",中央银行印了太多钞票,以至于货币贬值,贬值幅度越大,苹果价格上升幅度也就相应越大。经济学是一个观点林立的学科,经济学家很难会在一个命题上有太多共识,但对于通胀成因中的货币现象解释,经济学家却鲜有本质上的分歧。虽然古典主义和凯恩斯学派以及各自随后的创新者们在"货币中性"这个问题上意见不一致,即对于货币这层"面纱"是否会对实体经济产生影响,经济学家们各执一词。但对于货币超发是否会产生通胀效应,经济学家们的回答却只有细微的区别:一部分人认为无论长期还是短期,货币超发必然导致同等程度的通胀;另一部分则认为短期内,货币超发会在通胀效应外产生一部分的增长刺激,只有在长期才会全部转化为通胀。无论如何,理论和现实的交相呼应,无不表明,货币超发完全胜任苹果涨价的可能原因之三。

从可能原因之一、之二到之三,我们考虑到了苹果生产、消费、标价的方方面面,从实体经济到货币要素,似乎都已有所反映,但又总感觉忘了一点什么。细想一下,从苹果到通胀,是什么让这两者产生了关联?是人。作为市场交易的主体,以及制定价格、接受价格的主体,人的要素不可忽视。而导致通胀的可能原因之四正是人的预期。预期是关于未来的,而人类总是活在当下。只要大多数人认为苹果将要涨价,那么抢购和囤积行为就会立

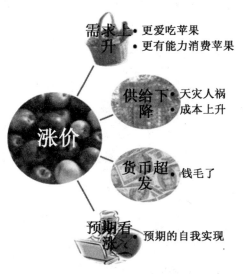

图3-2　通胀成因分析:以苹果涨价为例

刻推高苹果价格。预期的作用如此微妙,难怪理性预期大师、1995 年诺贝尔经济学奖得主卢卡斯会说:"我们无法说清我们预期了通货膨胀是因为有通货膨胀,抑或有通货膨胀是因为我们预期了通货膨胀。"这句略显拗口的名言无疑说明了一个浅显的道理——人的预期对于通胀的形成至关重要。见图 3 - 2。

总之,通胀的历史源远流长,通胀的威力逐级放大,通胀的成因形形色色,过于轻视通胀无疑是极端危险的。防微杜渐固然重要,但物极必反,一旦矫枉过正、过于重视通胀也将引发不必要的经济灾难。原因很简单,控制通胀是需要成本的,经济学上称之为"牺牲率",即通过紧缩政策每降低一点通胀率,就将付出经济增长损失,引发 N 个百分点的失业率上升。在美国,这个 N 已经逐步上升至 4 左右。而且,过度的通胀控制很容易将经济从通胀拉向另一个危险的极端,即通缩,而通缩将加大债务负担,引发经济增长停滞,其造成的伤害并不比恶性通胀小多少。因此,审慎应对通胀,需要把握一个度,既不能置之不理,也不能夸大其词。要做到这一点,最需要的是,把苹果涨价的原因分析进行到底,即从多种成因把握通胀的运行态势,从过去和现在偷来火种,进而照亮未来,有的放矢,像孔子说的那样"为之于未有,治之于未乱"。

那么,在全球通胀山雨欲来风满楼之际,我们又将如何庖丁解牛并未雨绸缪呢?

② 全球大通胀是一个伪命题

毫无疑问,通胀是危险的,但比通胀更危险的,是对通胀的恐惧。

2011 年,恰恰是充满了恐惧的一年,特别是上半年,通胀有如鬼魅,在世界每一个角落若隐若现。截至 2011 年 6 月,发达国家通胀率接近甚至超过 3% 警戒线,美国、欧元区、英国、德国、法国和意大利的 CPI 同比增幅分别为 3.6%、2.7%、4.2%、2.4%、2.3% 和 3%;金砖五国的通胀率则接近或超过中期高点,中国、印度、巴西、俄罗斯和南非的 CPI 同比增幅分别为 6.4%、9.4%、6.7%、9.4% 和 5.1%;其他新兴市场国家的通胀率也均超过警戒线,韩国、新加坡、马来西亚、泰国、菲律宾和印尼的 CPI 同比增幅分别为 4.4%、5.2%、3.5%、4.06%、4.6% 和 5.54%。山雨欲来风满楼之际,市场有如惊弓之鸟,慌乱得不知所措,关于"全球大通胀"的流言蜚语充斥于媒体报端和街头巷尾,以至于任何对"全球大通胀"的质疑还未发声就遭到市场的团团围攻。恐惧之下,市场陷入一种莫名的偏执和疯狂,"反通胀"浪潮风起云涌,连深陷债务危机和增长泥沼的欧元区也被迫两次升息,2011 年 4 月 7 日和 7 月 7 日,欧洲央行将基准利率从 1% 提升至 1.5%,新兴市场国家则延续其 2010 年以来的加息步伐,只有美联储由于始终不采取任何货币紧缩策略而饱受市场非议。

但下半年的事态发展让市场目瞪口呆,随着 2011 年 7—9 月美债危机、欧债危机的升级恶化,风险核心迅速从"全球大通胀"跳跃至"二次探底",紧缩浪潮一夜之间突然变得有些不合时宜,欧洲央行哑巴吃黄连——有苦说不出,少数新兴市场国家倒戈一击重新降息,只有美联储笑而不语。即便如此,市场并没有放下对"全球大通胀"的万般忧虑,尤其是在通胀水平较高的新兴市场国家,例如中国。毕竟,对于这些新兴市场国家而言,二次探底似乎还遥不可及,但居高不下的通胀始终是切肤之痛。

感同身受的经历如此刻骨铭心,以至于人们总将身边的世界当做全部的世界;众口一词的未来如此栩栩如生,以至于人们总将预期的未来当做既定的未来。但,很多时候,这仅仅是一种似是而非的幻觉。身处通胀未息的中国,站在"2011"和"2012"的十字路口,"全球大通胀"就是这样一种流行的致命幻觉,身边的物价飞涨让人们不由自主地把通胀视作一种全球现象,普遍的通胀担忧则让人们进一步认为全球通胀压力将持续扩大。殊不知,斗转星移,外面的世界业已发生惊天动地的转变,而潜移默化间,人们可能就已陷入管中窥豹的认知误区。纵观历史,体味当下,立足自身,遍览全球,将之前通胀成因的苹果分析详加应用,也许市场会有意料之外的惊人发现——"全球大通胀"只是一个伪命题。

其一,从历史比较和结构变化看,当前全球通胀整体的绝对水平尚属温和,且可能正处于即将触顶的微妙阶段。用 2011 年 9 月国际货币基金组织最新公布的数据进行测算,2011 年,全球 4.96% 的通胀预估水平仅略高于过去 10 年平均的 3.87%,大幅低于过去 20 年平均的 9.91% 和过去 30 年平均的 12.36%;发达市场 2.61% 的通胀预估水平略高于过去 10 年平均的 1.96%,低于过去 20 年平均的 2.3% 和过去 30 年平均的 3.39%;新兴市场 7.47% 的通胀预估水平略高于过去 10 年平均的 6.56%,大幅低于过去 20 年平均的 27.31% 和过去 30 年平均的 34.96%。此外,值得注意的是,全球市场、发达市场和新兴市场 2012 年的通胀预估值分别为 3.66%、1.44% 和 5.94%,均较 2011 年预估值有较大幅度下降并都低于近 10 年、20 年和 30 年的通胀率均值。见图 3-3。这一时序结构意味着,2011 年下半年至 2012 年初可能将是通胀于全球范围内寻顶并触顶的重要阶段,事实上,包括中国在内的许多国家已经看到这种变化。也许,对于全球经济增长而言,最坏的时刻还未真正到来;但对于物价水平而言,最坏的时刻也许很快就会过去,全球通胀压力则有望随之明显下降。

其二,从总需求变化与产能利用情况看,全球大通胀缺乏物质基础。2010 年,全球消费需求和国际贸易超预期恢复,基本弥补了库存周期变化和政策刺激减弱带来的下行压力,进而引致了全年复苏力度的超预期。前期总需求的意外坚挺是 2011 年上半年通胀加速升温的重要因素之一,但

2011年下半年以来,这一因素大幅削弱,全球消费和贸易的恢复速度正从高位逐步下滑。受危机恶化影响,2011年10月以来,各国际机构和国际投行不断下调全球经济增长的预期,表明全球总需求特别是发达市场总需求正回归危机后低速增长的常规路径,其对通胀的拉动作用也将同步削弱。此外,值得注意的是,全球特别是发达经济体的产能利用依旧大幅不足,这意味着短期内,宽松货币的效果将主要体现于激发产能利用,而非迅速推高通胀。高盛研究显示,全球经济当前的产出缺口为4%左右;国际货币基金组织的最新数据则显示,2011年和2012年,发达国家的产出缺口预估值分别为3.46%和3.2%,均大幅高于1980年以来历史平均的0.82%。在产出缺口趋近历史平均水平乃至完全消失之前,全球大通胀的形成始终缺乏底气。

其三,从国际大宗商品价格走势看,成本推动的全球大通胀具有不可置信性。2011年下半年以来,美债危机和欧债危机的恶化升级激发了全球范围的避险需求,美元汇率随之升值,而以美元标价的国际大宗商品则应声下跌。截至2011年10月10日,国际油价从4月115.11美元/桶的高位快速下滑至84.49美元/桶,相比2011年初跌幅高达10.4%;伦铜价格则从2011年1月10190美元的高位快速下滑至7275美元/吨,2011年前10个月跌幅高达24.88%;伦铝价格也从2011年4月2803美元/吨的高位快速下滑至2233美元/吨,2011年前10个月跌幅高达10.12%。展望2012年,美元汇率可能先扬后抑,贬值空间较为有限,而全球地缘政治动荡幅度显著超越2011年的可能性也相对较小,国际大宗商品价格即便在低位基础上有所上升,其再创历史新高的难度依旧很大。因此,2011年国际油价和工业金属价格的大幅下跌,以及2012年可能于高点下方的低位震荡将降低成本,从供给端抑制全球大通胀的形成。

其四,从预期的变化趋势和结构特征看,全球大通胀很难由于人们"预期了大通胀"而真正到来。有四个理由让我们相信,通胀预期将有利于通胀压力缓解。一是对二次探底的担忧已经超越全球大通胀。二是危机倒逼下,全球范围内的财政巩固将有助于通胀预期的下降,根据国际货币基金组织的估算,2011—2013 年,发达市场的赤字 GDP 比率有望从 2010 年的 7.45％降至 6.46％、5.19％和 3.97％,新兴市场的赤字 GDP 比率也有望从 2010 年的 2.87％降至 1.85％、1.75％和 1.37％。在高额的赤字面前,政府永远都有征收通胀税以一劳永逸解决债务问题的潜在可能,而财政状况的渐次巩固则将增强市场对物价稳定的信心。三是通胀预期的期限结构预示着通胀压力难以持续加大,密西根大学的信心调查显示,美国一年期通胀预期明显低于五年期通胀预期,这一期限结构表明,市场对通胀的可持续性存在较大怀疑。四是通胀预期本身具有较大的易变性,在国际油价业已快速回调的背景下,新闻效应将可能突然发生逆转,进而引发通胀预期迅速回落。

其五,从差异性的具体通胀成因看,全球大通胀受制于多重掣肘因素。首先,全球房市整体处于低温状态,2012 年美国房价可能还有较小的下跌空间,而部分新兴市场的房市则由于政策调控而面临寒流。其次,全球食品价格上涨可能已近尾声,高盛研究显示,2011 年上半年新兴市场通胀高企,其中 80％的涨幅由食品价格上涨所导致,而全球食品价格可能的企稳将化解相应的通胀压力。最后,新兴市场经济体的汇率升值压力日趋加大,国际货币基金组织经济顾问布兰查德就直言不讳地指出:"为保持全球经济增长,发达经济体需要更多地依靠外部需求,与之相对,新兴市场经济体则必须减少对外部需求的依赖,新兴市场经济体货币相对于发达经济体货币的升值是实现这一全球性调整的关键所在。"伴随着主动或被动的货币升值,汇率变化对新兴市场通胀的抑制力有望渐次显现。

总之,联系理论和实际,全球大通胀很可能是一个伪命题。从当前形势看,通胀是结构性的,而非全局性的;从未来演化看,无论通胀是经济现象还是货币现象,无论通胀是需求拉动、成本推动还是预期引致,通胀压力在全球范围内的逐步触顶并渐次缓解将是大概率事件。见图 3 - 3。

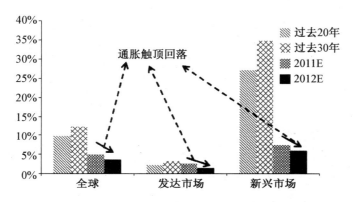

注:2011E 和 2012E 分别表示 2011 年和 2012 年的预估值。

数据来源:IMF、BIS、CEIC、Bloomberg,如无特别说明,下同。

图 3 - 3 全球、发达市场和新兴市场通胀趋势

既然全球大通胀是个伪命题,那么中国还需要继续控制通胀吗?

答案也许并没有想象中那么简单。

3

中国反通胀是持久战

全球大通胀是一个伪命题,很重要的一个原因就在于,通胀在全球范围内是结构性的,而非全局性的。所谓结构性,狭义上是指通胀压力在新兴市场国家和发达国家的分布极不均匀,前者的通胀压力明显大于后者。根据国际货币基金组织最新数据,2011 年,全球通胀率预估值为 4.96%,

其中新兴市场国家的通胀率预估值为 7.47％,而发达国家的通胀率预估
值仅为 2.61％。广义的结构性则意味着各个国家的物价形势存在极大的
差异性,当前的通胀水平和未来的通胀走向都各有不同。

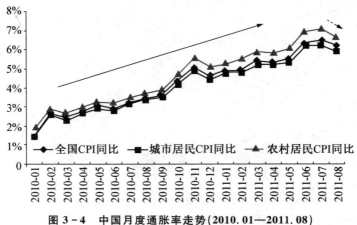

图 3－4　中国月度通胀率走势(2010.01—2011.08)

在"胀而不同"的大背景下,中国当前的通胀形势不容乐观,体现在纵
向对比和横向对比两个方面。从纵向对比看,2011 年中国物价形势业已
十分严峻。参见图 3－4。月度数据显示,2011 年 7 月,中国 CPI 同比增幅
攀升至 6.5％的年内高点,较年初上升 1.6 个百分点,并创 2008 年 6 月以
来近 38 个月的阶段新高。其中,城市居民 CPI 同比增幅为 6.2％,农村居
民 CPI 同比增幅为 7.1％,也均为年内高点并刷新近三年来的纪录。年度
数据显示,国际货币基金组织公布的 2011 年中国通胀预估值为 5.5％,仅
低于 2008 年的 5.9％和 1996 年的 8.3％,创近 15 年来的第二高点,并大
幅高于近 10 年 2.16％和近 20 年 4.83％的平均通胀水平,仅略低于近 30
年来 5.61％的通胀水平。

从横向对比看,2011 年中国堪称全球通胀重灾区。静态看通胀,2011
年,作为新兴市场国家和发达国家各自的领头羊,金砖四国和 G7(七国集
团,以下简称 G7)国家的通胀差异为 5.3 个百分点,甚至大于新兴市场与

发达市场 4.9 个百分点的整体差异,这进一步表明了全球经济和而不同的结构性特征。而作为金砖四国的领跑者,中国的通胀率预估值为 5.5%,虽然大幅高于法国的 2.15%、德国的 2.24%、日本的 -0.37%、英国的 4.51%、美国的 2.99%、加拿大的 2.91% 和意大利的 2.61%,但却小于印度的 10.55%、俄罗斯的 8.88% 和巴西的 6.59%。参见表 3-1。绝对值的比较显示,中国的通胀形势表面上劣于发达国家,却优于其他金砖国家。但实际情况未必如此。

表 3-1 金砖四国与 G7 国家通胀率比较

	2009	2010	2011	2012	近 10 年	近 20 年	近 30 年
中国	-0.68%	3.33%	5.50%	3.30%	2.16%	4.83%	5.61%
印度	10.88%	11.99%	10.55%	8.59%	6.36%	7.71%	8.10%
俄罗斯	11.65%	6.85%	8.88%	7.28%	12.58%	94.57%	94.57%
巴西	4.90%	5.04%	6.59%	5.15%	6.70%	283.70%	393.75%
法国	0.10%	1.74%	2.15%	1.35%	1.86%	1.81%	3.33%
德国	0.23%	1.15%	2.24%	1.30%	1.62%	1.95%	2.17%
日本	-1.37%	-0.72%	-0.37%	-0.48%	-0.27%	0.29%	0.88%
英国	2.12%	3.34%	4.51%	2.44%	2.09%	2.39%	3.60%
美国	-0.33%	1.65%	2.99%	1.21%	2.40%	2.60%	3.31%
加拿大	0.29%	1.78%	2.91%	2.07%	2.02%	2.01%	3.33%
意大利	0.76%	1.64%	2.61%	1.64%	2.24%	2.99%	5.28%
G7	0.26%	1.51%	2.43%	1.36%	1.71%	2.00%	3.13%
金砖四国	7.28%	7.39%	8.31%	6.39%	7.03%	35.70%	36.09%

动态看通胀,中国通胀形势的相对恶化程度甚至劣于其他金砖国家。这种相对恶化程度的比较可以从两个维度展开。其一,小范围比较,2011 年中国通胀率预估值较 2010 年上升了 2.17 个百分点,高于印度、俄罗斯

和巴西－1.44、2.03 和 1.55 个百分点的变化。其二,大范围比较,我们做了一个独特而有趣的数学游戏,将国际货币基金组织提供的国别通胀数据进行排序,并比较其长期以来的变化趋势,结果非常有力。2011 年,中国通胀相对排名的恶化远甚于其他金砖国家。参见表 3－2。2011 年,在 183 个经济体中,按从高到低排列(排位越高意味着通胀水平相对越高,物价形势相对越糟),中国通胀水平排在第 90 位,巴西、印度和俄罗斯分别排在第 67 位、第 26 位和第 39 位,貌似中国的绝对排名要稍好一些,但事实并没有这么简单。近 10 年、近 20 年和近 30 年,中国通胀率均值的全球排名为第 160 位、第 110 位和第 110 位,2011 年骤然升至第 90 位,表明中国通胀不仅在全球范围内相对恶化程度十分明显,而且还改变了过去渐进改善的历史趋势。再看其他金砖国家,巴西近 10 年、近 20 年和近 30 年的排名分别是第 67 位、第 6 位和第 6 位;印度近 10 年、近 20 年和近 30 年的排名分别是第 73 位、第 87 位和第 97 位;俄罗斯近 10 年、近 20 年和近 30 年的排名分别是第 22 位、第 14 位和第 17 位。2011 年排位与近 10 年排位相比,中国上升了 70 位,巴西没有变化,印度上升了 47 位,俄罗斯上升了 17 位。由此可见,从时间和空间两个层次放宽视角,中国通胀的恶化幅度和恶化速度甚至高于其他金砖国家。

表 3－2　全球通胀水平排名

	中国	巴西	印度	俄罗斯
2011 年预估值排名	90	67	26	39
2012 年预估值排名	113	73	30	45
近 10 年排名	160	67	73	22
近 20 年排名	110	6	87	14
近 30 年排名	110	6	97	17

数据来源:笔者根据 IMF 数据进行的测算。

　　纵向对比和横向对比充分表明,中国通胀的当前形势已然十分严峻。那么接下来的问题是,未来会怎样? 出于对中国的偏爱,这里我们将中国通胀形势的未来分析具体拆分为短期和长期,短期意指 2012 年,长期意指未来几年甚至十几年。

　　短期内,中国通胀将触顶回落,但通胀压力依然较大。实际上,随着 2011 年下半年国际国内形势的变化,中国通胀已经初步显现回落迹象,2011 年 8 月和 9 月,中国 CPI 同比增幅为 6.2% 和 6.1%,较 7 月下降 0.3 和 0.4 个百分点,8 月城市居民和农村居民 CPI 同比增幅也都分别下降了 0.3 和 0.4 个百分点。根据国际货币基金组织(IMF)的最新预测,2012 年,中国通胀率可能将为 3.3%,较 2011 年预估值下降 2.2 个百分点,并低于近 20 年 4.83% 和近 30 年 5.61% 的历史均值。此外,将之前的数学游戏继续应用于预测数据,2012 年,中国通胀水平在全球 183 个有预估值的经济体中排名第 113 位,较 2011 年下降 23 位,并低于近 20 年和近 30 年的历史排位,表明无论是绝对水平,还是相对水平,中国通胀都有望改善。

　　将苹果故事中的通胀成因分析应用于中国,2012 年,中国通胀触顶回落的原因有四个:原因之一是输入型通胀压力有望减轻。所谓输入型通胀,即由于国外商品或生产要素价格的上涨,引起国内物价持续上涨的现象。随着改革开放以来中国对外开放度的不断提升,外来烦恼的影响也日趋加大。实证研究显示,2001—2010 年的 10 年中,国际大宗商品价格每翻一倍,中国通胀水平就将上升 2 到 4 个百分点。但短期内,这种外来烦恼将有所缓解。一方面,可供输入的外部压力正在缩小,正如本章之前所述,2012 年,全球大通胀是个伪命题,全球整体通胀压力的渐次缓解将减轻中国受到的外部冲击。以油价为例,受国际油价下跌的影响,2011 年 10 月 8 日,国家发改委宣布将汽油、柴油价格每吨下调 300 元,16 个月来首次

调降国内油价。另一方面,压力输入的渠道正在收窄,根据国际货币基金
组织的预测,2012 年,中国进口占 GDP 的比重将从 2010 年和 2011 年的
19.8％和 16.5％降至 12.42％。

　　短期内中国通胀触顶回落的原因之二是"猪周期"有望迎来下行拐点。
经济学家弗里德曼有句名言:"货币最重要。"对于中国 CPI 而言,却是"猪
最重要"。参见图 3－5。想来不可思议,但的确是尴尬的现实。中国 CPI
的编制包括八大类、262 个基本分类,涉及 600 多种商品,但猪肉价格几乎
左右了 CPI 的变化。其原因有两方面:一方面,食品大类在中国 CPI 中的
权重很大,虽然统计局没有正式公布 CPI 权重,但根据既有信息推断,八大
类的权重分布为,食品 30.5％、烟酒及用品 3％、服装 8.5％、家庭设备用品
及服务5.5％、医疗保健及个人用品 7.5％、交通和通信 12.5％、娱乐教育
文化用品及服务 12.5％、居住 20％,食品权重最大;另一方面,猪肉价格的
波动幅度很大,2011 年 7 月,中国猪肉价格指数同比上涨 56.7％,带动肉
禽及其制品价格指数同比上涨 33.6％,进而带动食品价格指数同比上涨
14.8％,最终导致中国 CPI 同比增幅达到 6.5％的阶段性最高点。值得庆

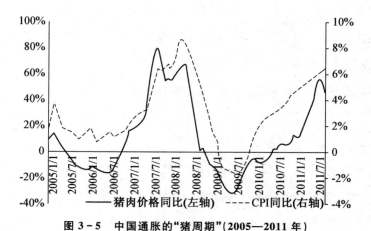

图 3－5　中国通胀的"猪周期"(2005—2011 年)

幸的是,"疯狂的猪价"在一路飙升后终于显露出疲态,2011 年 8 月,猪肉价格指数同比增幅降至 45.5％,较上月下降 11.2 个百分点,进而带动肉禽及其制品价格指数、食品价格指数和 CPI 同比增幅分别下降 4.3、1.4 和 0.3 个百分点。从未来发展看,短期内,猪肉供给再度大幅下降的可能性较小,猪肉价格高位回落的周期性态势较为明显,进而将降低 2012 年的通胀压力。

　　短期内中国通胀触顶回落的原因之三是稳健政策的滞后效应有望逐步显现。参见图 3-6、图 3-7。通胀是一种货币现象,货币供应量的变化对通胀短期走向有着至关重要的影响,只是这种影响不会立刻显现,而是随着时日的变迁逐渐加大、到达高峰,再逐渐消散,这种时序结构特征使得中央银行的货币政策呈现出一定的"外部时滞",即从货币政策制定、实施,到影响物价水平,会经历一段或长或短的时间。2010—2011 年的本轮通胀与 2008 年金融危机后一系列旨在"保增长"的宽松货币政策和财政政策的制定密切相关,通过银行体系的大量信贷投放,社会流动性快速膨胀,进而对物价走高形成推波助澜之势。但 2010 年初以来,货币当局的政策目标从"保增长"转向"防通胀",政策基调也从宽松转向稳健。自 2010 年初至今,收紧银根的各类政策纷至沓来,中国人民银行将存款准备金率从 15％上调至 21％,将基准利率(一年期存款利率)从 2.25％上调至 3.5％。稳健政策对货币供应的紧缩性效应业已充分显现,截至 2011 年 8 月,M2 同比增幅已降至 13.55％,较 2009 年 11 月 29.74％的阶段高点下降了 16.19 个百分点;2011 年上半年,全社会融资规模为 7.76 万亿元,比 2010 年同期少 3847 亿元,其中,人民币贷款增加 4.17 万亿元,同比少增 4497 亿元。2012 年,随着货币收紧滞后效应的逐步显现,中国通胀压力有望逐步缓解。

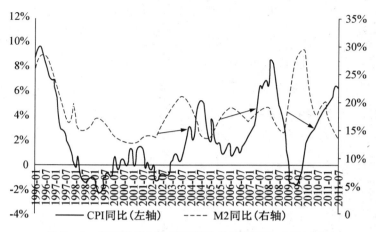

图 3 - 6　货币增速与中国通胀的关系(1996—2011 年)

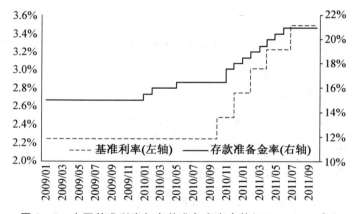

图 3 - 7　中国基准利率与存款准备金率走势(2009—2011 年)

　　短期内中国通胀触顶回落的原因之四是市场的通胀预期有望回落。2011 年上半年,市场通胀预期存在超调现象,即过高估计了通胀威胁。随着 2011 年 7—8 月债务危机的恶化和国内形势的变化,市场对"二次探底"的担忧日益升温,通胀预期随之下降。此外,随着中国房地产调控效果的逐步显现,房市成交量大幅下降,大部分地区房价有所松动甚至有所下降。虽然在中国 CPI 的构成中,居住项权重较小,房价变化通过房租项对 CPI

的影响也较为间接,但值得注意的是,房价松动和下降将通过几个渠道降低通胀预期:首先,房价松动和下降将削弱居民的财富感觉,进而可能抑制消费意愿;其次,房价松动和下降恐将加大市场对银行体系资产质量和地方政府债务可持续性的担忧;再次,房价松动和下降将影响市场对总需求增长的信心;最后,房价松动和下降将引发市场对未来不确定性的担忧。在预期减弱的背景下,通胀的上行压力有望缓解。

遥望"2012",中国通胀有望触顶回落。但需要强调的是,回落过程中,通胀的绝对水平依旧高于过去 10 年的平均水平,绝对压力依旧较大。更进一步,从长期看,中国通胀中枢恐将有所上升,物价形势不容盲目乐观。导致中国通胀中枢上升的因素包括:第一,人口红利的消失和刘易斯拐点的到来将导致中国劳动力成本上升;第二,食品价格上升的爆发点多而散,2011 年 10 月,"猪周期"的回落就伴随着"羊周期"的上升,食品涨价不确定性广泛存在;第三,经济结构转型过程中居民消费的长期提升将从需求端加大中国的通胀压力;第四,长期内跨境资本的净流入将推升中国通胀压力。

结合短期和长期观察,应对通胀对于中国而言是一场持久战,暂时性的形势好转带来了喘息机会,但并不意味着最终的胜利。笔者认为,作为这场战役的指挥官,中国货币当局并不会贸然使政策转向,中国货币政策的稳健基调还将维持较长一段时间,部分市场人士预期的"再宽松"浪潮可能只是一相情愿的憧憬。站在中国的立场上说,货币当局需要继续维持稳健货币基调的原因有:第一,短期物价形势的好转刚刚显现,维持政策稳定将有效避免通胀反复;第二,在全球范围内,通胀压力的分布参差不齐,各主要国家的货币政策基调也大相径庭,不能指望处于温和通胀状态的发达国家承担起维持物价稳定的全球责任,"胀而不同"趋势下,暗流潜藏,中国的通胀问题需要中国自己倾注更大的专注和更多的努力;第三,前期政策效果尚未显现,政策连续性还需继续维持,以避免通胀预期不必要地再度攀升;第四,由于当前中国民间融资领域风险加大,中小企业融资困境引发生存困境,中央政府有望加大对中小企业的资金扶持,但这种"定向宽松"并不意味着"全面宽松";第五,在长期通胀中枢上移的背景下,货币政策的贸然放松可能将引致更大的风险。

总之,短期内,中国通胀有望触顶回落;长期内,中国通胀压力不容忽视。有鉴于此,中国货币当局可能会放缓紧缩步伐,但不会改变稳健基调。从某种角度看,通胀和爱情一样,需要精心呵护,唯有持之以恒,幸福才能像花儿一样。

第四章
地方债务的功过是非

2011 年 4 月，云南省公路开发投资有限公司向其贷款银行发函称"即日起，只付息不还本"。2011 年 6 月，上海申虹投资发展有限公司宣布自本月起停止向银行偿还流动贷款并要求延长还款期。2011 年 7 月，传言云南省投资控股集团有限公司为缓解债务危机酝酿资产重组。

它们不是普通的公司，它们有一个共同的名字——地方政府融资平台公司。不允许有赤字的地方政府借道平台公司从银行贷款，从债券市场融资。

现在，一些平台公司在还债上有了麻烦。那么，我们是否面临着中国式的债务危机？

自 2010 年二季度开始，这轮金融危机的演进已经被主权债务危机接管。希腊债务危机的升级及其蔓延成为标志性事件。2010 年 4 月 27 日，国际主要评级机构之一标准普尔下调了希腊主权评级 3 个级距至 BB＋级，为投机或"垃圾级"中的最高级，同时下调了葡萄牙主权评级 2 个级距至 A一，并对两国主权债务给予"消极"的前景展望。2011 以来，美债、欧债危机愈演愈烈，反复升级发酵。在一个各国政府都为债务缠身的背景下，中国能够独善其身吗？

对地方债务抱有担忧的人不在少数，有学者甚至认为中国经济会因政府债务问题导致"硬着陆"。对 2012 年来说，这一担忧依然挥之不去。

中国地方债务可谓功过参半。在应对金融危机中，中央放手发动地方增加投资，拉动经济在全球范围内率先启动 V 型反弹。与此同时，地方政府积累起来的庞大债务负担，主要源自地方融资平台贷款以及中央代发的地方债券。这种"中央出菜单、地方上菜"的方式是中国央地关系的一个特殊产物，也是改革开放以来反复出现的现象。当前地方债务负担有多重？会压垮中国经济和银行吗？地方债务产生的体制逻辑是什么？如何解决城市化的融资问题？地方政府未来可行的融资安排到底如何？

融资平台与地方债务：到底有多危险？

2008 年底，中央政府宣布 4 万亿刺激经济计划之后，地方政府随之提出的投资计划总额超过了 24 万亿元。这和发达国家对危机的反应如出一辙，就是以政府增加杠杆来抵消实体经济去杠杆[①]的紧缩影响。在发达国家，主要是通过政府减税、发行国债，以及中央向地方的财政支持实现的。中国并非如此。预算法规定，地方政府不得借债，更没有发行政府债券的权力。中国主要是通过数以千计的政府融资平台向银行贷款实现经济扩张的。

从 2009 年开始，不同的学者和部门就对地方债务规模有不同的估算。大家都知道规模不小，但没有人知道到底有多少，估算的结果从 4 万亿到十几万亿，乃至几十万亿，差别不是一点儿。其中，引起国内广泛关注的来自美国西北大学的史宗翰（Victor Shih）博士。他认为，2009 年底中国地方政府投融资平台的债务规模高达 11.42 万亿元，而 2010 年、2011 年融资平台债务规模会继续增长 12.77 万亿元。这样一来，融资平台债务在 2011 年底将达到 24.2 万亿元。也就是，仅地方平台债务一项，政府债务就超过了 GDP 的一半。显然，融资平台的债务只是地方债务的一部分。如果考虑到地方政府其他形式的债务，以及中央层面的国债、政策性银行债务、铁路债券，甚至央行发行的中央银行票据（以下简称央票）等，一些学者认为

---

① 去杠杆：指一个公司或个人减少使用金融杠杆，把原先通过各种方式（或工具）"借"到的钱退还出去。——编者注

中国地方债务以及整体政府债务问题都十分可观,甚至足以和一些出现问题的发达经济体相提并论。

在众多的估算中,国家审计署的估算得到了最为广泛的引用,基本得到了官方和学者的认可。因此,本章主要以它的数据作为分析依据。2011年6月27日,审计署发布了《关于全国地方政府性债务审计情况的报告》。报告显示,截至2010年底,全国省、市、县三级地方政府性债务余额107174.91亿元,其中:政府负有偿还责任的债务67109.51亿元,占62.62%;政府负有担保责任的或有债务23369.74亿元,占21.80%;政府可能承担一定救助责任的其他相关债务16695.66亿元,占15.58%。见图4-1。

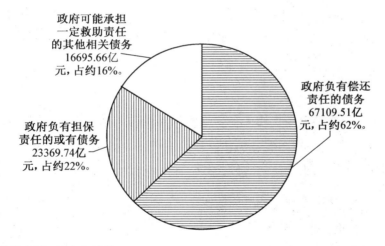

资料来源:国家审计署。

图4-1 全国地方政府性债务规模与构成

政府负有偿还责任的债务,是指由政府或政府部门等单位举借,以财政资金偿还的债务;政府负有担保责任的或有债务,是指由非财政资金偿还,地方政府提供直接或间接担保形成的或有债务,债务人出现偿债困难时,地方政府要承担连带责任;其他相关债务,是指由相关企事业等单位自行举借用于公益性项目,以单位或项目自身收入偿还的债务,地方政府既未提供担保,也不负有任何法律偿还责任,但当债务人出现偿债困难时,政府可能需给予一定救助。

这个估算结果表明中国政府债务大致处于中等水平。首先,在地方总计 10.7 万亿元的债务中,政府平台的债务余额接近 5 万亿元,不到地方总债务的一半(46%),要远远小于史宗翰的 2010 年底超过 23 万亿的估算。除平台贷款外,政府部门和机构、经费补助事业单位、公用事业单位、其他单位占地方债务总额的比重分别为 23%、16%、2%和 12%。其次,就 2011 年数据看,地方平台贷款的余额规模已经开始收缩,没有出现史宗翰所预言的继续高速膨胀。最后,金融危机后,地方债务的膨胀速度没有史宗翰预言的那样快。审计署的报告指出,在 2010 年底的地方政府性债务余额中,有 51.15%共计 54816.11 亿元是 2008 年及以前年度举借和用于续建 2008 年以前开工项目的,也就是说,金融危机救助中形成的地方债务约为 5.2 万亿元。

那么,这些债务是个什么概念呢?风险到底如何?从总量规模上,地方债务是可控的。中国经济仍在保持较快增长,中央和地方的财政收入增加迅速,且政府还掌握土地、国有企业、外汇储备等可变现资产。但我们要注意到的是,在地方债务膨胀的同时,地方还积累起了大量的资产,有些资产还相当不错。也就是说,地方政府通过各种方式借来的钱,很大部分并不是直接花掉了,而是形成了一定的资产。因而,我们的总体判断是,地方债务不大可能会是中国经济硬着陆的导火索,相反,只有当经济出现大的风险时,地方债务的可偿性问题才会浮出水面。

首先,2010 年政府总财政支出高达 8.4 万亿元,增长超过 20%,而目前国家 80%的财政支出是省级及其以下地方政府完成的,这意味着地方政府实际支配的财政收入超过 6.7 万亿。在发达经济体,国家债务通常占当前财政收入的数倍以上,如美国总债务相当于 2010 年美国总财政收入的 6.5 倍。另据银监会的数据,截至 2010 年末,中国地方政府性债务额约相当于 2010 年国内生产总值(GDP)的 26.9％,加上占 GDP 17％的中央财政国债额和约占 GDP 6％的政策性金融机构发行的金融债券等,中国总体的公共部门债务率在 50％左右,这个水平仍在 60％的预警线以下,远低于发生债务危机的欧美国家。从总量来看,地方债务负担并非不可承受。

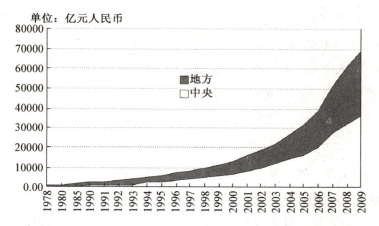

数据来源:由《中国统计年鉴》整理得来。

图 4－2　国家财政收入迅速增长

其次,国家和地方政府掌握了大量的可变现资源。参见图 4－2。地方政府拥有较大规模的预算外和制度外收入,特别是土地收入。中国政府还掌控了为数众多的国有企业,不少国有企业已经上市,这些资产为政府偿还债务提供了广阔的腾挪空间。部分债务不可避免地成为不良资产,但从总量上看,这些不良资产相对于整个银行业资产规模来说,比重还是很小的。10.7 万亿元的地方政府性债务中有 80％是银行的贷款,规模约为 8.56 万亿。这并不是一个特别的规模。2009 年底,全国存款型金融机构的资产总额达到 81 万亿元。相对于信贷总额来说,可能出现的不良资产也算不上惊人。2009 年 8 月末,全国本外币贷款余额 55.69 万亿元。此外,对于处置不良资产来说,国家还可以动用庞大的外汇储备来承担银行的贷款损失。

最后,中国经济和政府财力仍然呈高速增长势头。2010 年政府总财政收入高达 8.3 万亿元,是 1978 年的 73 倍,是 2000 年 6 倍。在 1999 年中国成立四大国有资产管理公司的时候,很多人都认为由此带来的资产减记将是大问题。然而,如今中国的银行成为了全球最赚钱的银行,各项监管指标都显示其健康状况良好。这有点像在应对亚洲金融危机时进行的大量基础设施建设,记得当时人们抱怨:建造的公路太多了,路上没有几辆车。但随着经济的快速增长,这些不良资产都成了一个小问题,因为基数又做大了。而当初显得过剩的基础设施,已跟不上后来经济发展的需要了。

当然,总量上的健康,不代表个体的健康。且不论欠发达地区的还债能力,就是中游省份的地方债务也会很快显露风险。我们试举两例。吉林省 2010 年审计报告指出,近一半融资平台公司当年收入不足偿还当年到期债务的本息;三成的融资平台公司在 2010 年末资产负债率超过 70%,处于较高负债水平。辽宁省审计厅公布的 2010 年预算执行审计报告透露,2010 年,辽宁省 85% 的融资平台收入不足以偿还当年到期债务的本息,并且融资平台公司资产变现能力偏低,偿债能力受制约。财政部财政科学研究所贾康所长在 2011 年 10 月指出:"现在国内有接近 20% 的市级地方政府和 3% 的县级政府负债率超过 100%。"这涉及第一个风险,即部分融资平台存在着偿债能力或者流动性问题。

第二个风险来自地方举债机构的不规范问题。辽宁省的审计报告就指出,184 家融资平台公司中,超过 1/3 存在注册资本不实等问题,涉及违规资金 440.8 亿元。这绝不是个案。在全国范围内涉及债务的 25590 个政府部门和机构、6576 个融资平台公司、42603 个经费补助事业单位、2420 个公用事业单位、9038 个其他单位、373805 个项目,共 1873683 笔债务中,鱼目混杂现象应该不在少数。大家试着想想,就是有这么大数量的企业,在未来几年中出现一定比例的关停并转也是正常的,何况是平台公司和政府项目呢?

第三个风险很简单,就是地方政府没有还款意愿。有些平台和项目与地方官员密切相关,等到官员调动了,接任领导就有是否愿意继承债务的问题。对一些地方举债主体来说,借新钱还旧账是很普遍的做法。现在监管部门对平台公司的贷款收紧得很厉害,地方还钱就不大情愿了,因为还了银行的钱,就不能从银行获得新的贷款了。还有一些举债部门本来就是草草成立的,他们认为,反正银行的钱也是国家的钱,而钱也不是我个人借的,所以他们从一开始就没打算还。

因此,笔者的判断是地方债务不会引发普遍性的系统性金融风险,经济增长和银行不会因此而受到致命冲击,也不存在因地方债务违约而出现硬着陆的可能性。但局部风险肯定会陆续出现,或大或小的窟窿会不断暴露出来。最终还是有一个"谁来买单"的问题。

那么,这些不甚规范的债务是如何产生的?

2

中央—地方事权财权博弈:地方债务逻辑之一

在法律上,地方政府是不允许借债的。和个人借债的原因一样,地方借债也是因为他们的收入不能覆盖其支出,也就是地方入不敷出。与国际经验相比,中国的地方政府的确承担了更繁重的支出责任。然而,这并不意味着地方财权与事权的错配。事实是,地方政府的支出责任固然较多,但也同时支配了大量的财权。人们通常会提及,中央在1994年的分税制改革中集中了大量财权,中央收入占比有了跳跃性上升。但如果看最终的财政支出,就会发现这一年前后,地方支出的占比没有任何下降,之后甚至还一直略有上升,到2009年,全国财政支出的80%是由地方完成的。从这个角度说,地方的财权和事权是匹配的。

问题在于,地方政府除了承担了大量的公共支出责任,还特别对基础设施建设、招商引资等本来不属于地方责任的事项非常感兴趣。中国地方政府对推动增长的激情是有目共睹的,这里面有很多原因。特别是,因为地方政府的监督考核主要来自上级,而上级更多的是看重税收增长和GDP等硬性指标,所以地方政府就得围着经济增长转。此外,基础设施建设和招商引资活动,相比发展教育、社会保障等活动,蕴含着更大的寻租空间。政府作为市场的替代,主要是做市场不能做的事情,特别是提供公共物品。而中国的地方政府除了提供公共物品外,对基础设施投资、发展经济更是感兴趣,富有很强的企业家精神。正是承担了这些本不应该承担的支出责任,中国地方政府才会入不敷出,才需要举债,因为正常的财政支出没有安排这些项目。这就是中国存在大量预算外支出的原因。

从1980年开始,中央—地方的财政关系发生了剧烈的变化。这段时期的财政可用"财政承包制"或者"分灶吃饭"加以概括。在引入财政"分灶吃饭"概念以后,产生了改革以来的政府间分配体制的四次重大变化:1980年划分了收入和支出责任,随后1982年实行按比例分成制,1988年实施财政包干制,1994年改为分税制。在财政承包制下,每个省保证提供一笔总的上缴金额(或接受补贴的金额),按照约定的速度逐年上升,其余的所有收入增量都留在省里。财政合同通常五年一订,地方政府拥有了一种地方财政收入的"剩余索取权"。具体来说,承包制首先明确了中央固定收入和地方收入。前者包括关税以及中央所属国有企业的税收和利润上缴等,除中央固定收入外都属于地方收入。在 20 世纪 80 年代,地方收入占到全部政府预算内收入的 2/3。在此基础上,中央和地方再按事前的约定分享地方收入。比如,广东在 1980—1987 年,上缴固定数额的财政收入给中央;在 1988—1993 年,其上缴的财政须每年按 9% 的速度增加。贵州每年获得的补贴按年 10% 的速度增加。与此同时,财政承包制下,各省用留存的税收满足开支的需要。

在"财政承包制"这段时期(1993 年之前),预算财政收入占 GDP 的比重急剧下降(参见图 4-3)。此阶段的另一特征是,中央财政所占的份额明显下降(参见图 4-4)。财政承包制对地方政府非常优惠,这导致了中央政府的收入尤其遭受打击,到分税制改革前的 1993 年,中央政府收入仅占全国财政收入的 22%。总之,政府财政集中资源能力的下降使得中央政府在公共服务的供给上捉襟见肘。

数据来源:由历年《中国统计年鉴》整理得来。

图 4-3　改革前后国家财政收入与支出占 GDP 比重(1952—2009 年)

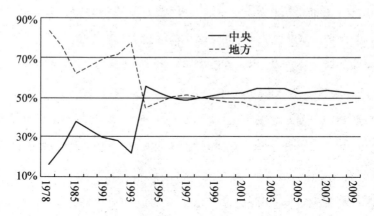

数据来源：由历年《中国统计年鉴》整理得来。

图 4 - 4　税制改革以来中央与地方财政收入比重变化(1980—2009 年)

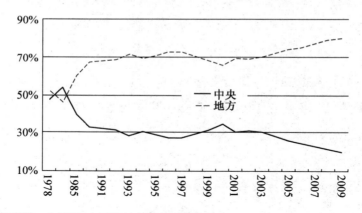

数据来源：由历年《中国统计年鉴》整理得来。

图 4 - 5　税制改革以来中央与地方财政支出比重变化(1980—2009 年)

为了抑制财政收入下降并为政府尤其是中央政府提供充足的收入,消除税收结构中的扭曲因素和增加透明度,同时调整中央—地方政府之间的收入分配,我国于 1994 年实行了影响深远的分税制改革。分税制改革将财税系统分为国税和地税,将税种分为中央税、地方税以及中央地方共享税(税种的具体划分参见表 4-1)。分税制改革成功扭转了两个比重(全国

财政收入占 GDP 的比重以及中央财政收入占全国财政收入比重)的下降
(参见图 4-3 和图 4-4),然而,在支出责任方面,分税制改革并没有起到
良好的平衡作用(参见表 4-2),大量支出责任由地方承担。

表 4-1 财政收入的来源划分

中央政府	地方政府	中央和地方政府共同负责
关　税	营业税(不含银行、非银行金融机构、保险公司和铁路部门)	增值税(中央分享 75%,地方分享 25%)
消费税	地方国有企业上缴利润	印花税(中央分享 97%,地方分享 3%)
中央国有企业所得税	城镇土地使用税	企业和个人所得税(60%归中央,40%归地方)
进口消费税和增值税	城市维护建设税(不含银行、非银行金融机构、保险公司和铁路部门)	资源税(海洋石油企业缴纳的部分归中央政府,其他部分归地方政府)
银行、非银行金融机构和保险公司税收(营业税、所得税和城市维护建设税)	固定资产投资方向调节税	
铁路部门税收	房产税	
中央国有企业上缴利润	农业税 契税 耕地占用税 土地增值税	

资料来源:财政部,转引自 OECD,*Challenges for China's Public Spending:Toward Great Effectiveness and Equity*, OECD Publishing,2006,P16。

表 4-2 中央政府和地方政府支出职责的划分

中央政府	地方政府	中央和地方政府共同负责
国防支出	地方政府行政管理支出	基本建设投资(国家和跨地区的基本建设项目由中央政府承担,地方项目由地方政府承担)

续　表

中央政府	地方政府	中央和地方政府共同负责
武警部队支出	地方国有企业的挖潜改造和科技三项费用	各项农业事业费和支援农业生产支出
外交外事和对外援助支出	城市维护建设支出	文化、教育、科学和公共医疗卫生（中央政府一般承担国家重点项目和普通高等教育，而地方政府承担其他部分）
中央政府行政管理支出	政策性价格补贴支出	社会保障基金（中央政府部分弥补了地方管理的社会保障金现收现付制的缺口）
中央直属国有企业的挖潜改造和科技三项费用	地方公检法补贴支出	
地质勘探费	社会福利支出	
国内外债的还本付息支出		
中央一级承担的公检法支出		

资料来源：财政部，转引自 OECD，*Challenges for China's Public Spending：Toward Great Effectiveness and Equity*，OECD Publishing，2006，P12。

　　分税制改革提高了中央财政在全国财政收入中的比重，在一些学者看来，这种财政上的再集权削弱了对地方政府的正面激励，从而不利于改革和增长。这一批判其实并不准确。分税制改革的主要推动者朱镕基先生，也为分税制改革作了有力辩护，指出分税制改革并不是地方财政困难和过分倚重土地出让金的根源。其实，虽然分税制使财政收入向中央集中了，但通过税收返还和转移支付，1994 年前后地方所支配的财权比重没有任何跳跃性变化，多年来还略有上升。并且，这些税收返还和转移支付对地方来说是完全可以预期的。如果考虑到预算外和制度外收入（主要是土地出让收入），财政上对地方的激励在分税制之后没有丝毫减弱。

表 4-3　中国的分权程度：国际比较

国　　别	地方政府支出占国家总支出百分比
中国（2009 年）	80％
发展中国家（20 世纪 90 年代末）	14％
转轨国家（20 世纪 90 年代末）	26％
印度（20 世纪 90 年代末）	46％
俄罗斯（20 世纪 90 年代末）	38％
巴基斯坦（20 世纪 90 年代末）	29％
美国（20 世纪 90 年代末）	46％
德国（20 世纪 90 年代末）	40％
日本（20 世纪 90 年代末）	61％
经济合作与发展组织（OECD）国家（20 世纪 90 年代末）	32％

资料来源：《中国统计年鉴》；黄佩华，《21 世纪的中国能转变经济发展模式吗?》，载《比较》第 18 辑，中信出版社 2005 年版，第 33 页。

从上述分析可以看出，从财权事权匹配的角度来看，地方政府入不敷出主要不是因为地方承担了过多的公共支出责任，而是因为地方需要更多的财力来投资基础设施、改造城市和招商引资，而这些本来不应该属于财政行为。

3

财政—金融互动：地方债务逻辑之二 ①

地方政府为了支撑起包括经济建设在内的大量支出项目，只能增加资

---

① 浙江财经学院丁骋骋副教授对本部分亦有贡献，在此感谢。

金来源,这主要有两个手段,即财政和金融。我们将要说明,地方在财政收入上可以腾挪的空间很有限,只有变着法儿从金融体系融资。

地方政府虽然支出了国家 80% 的财政收入,但他们在税收上没有多少自主性,主要税种的税率和中央—地方分享比例是规定死了的。因而可以说,地方在财政收入上的约束是很硬的,不像某些外国地方政府那样可以自行决定部分税制,而且有房产税作为稳定的税收来源。

地方出让土地之外的财政收入,主要用在了公共开支和行政费用等一些硬的支出上,那么发展经济的钱从哪里来?谁都知道,银行里有钱。就像被问到为什么要抢劫银行时,声名狼藉的威利回答道:"因为这里有钱。"

在计划经济时代,金融是财政的出纳,地方吃的是国家统一财政的"大锅饭",因此地方政府不存在通过金融手段为地方经济发展融资的问题。国有企业的资金也来源于财政拨款,这种投融资体系直到 20 世纪 80 年代初期"拨改贷"以后才得到改变。此时,财政体制也变为包干制,地方政府为发展本地经济动用行政权力干预金融资源配置。在 1997 年前银行系统"条块管理、以块为主"的管理方式下,地方政府对辖区内银行机构具有人事权,可以直接影响银行贷款的数量和方向。

此后,分税制改革更加强化了地方政府对金融部门的干预。由于地方财政收入下降,地方政府相继介入金融发展。通过对金融业的纵向分割和横向分割,金融业替代了财政功能。在动员金融资源过程中,金融制度替代了一部分税收制度的功能,而在随后进行的金融资源配置中,它又进一步替代着财政制度的功能。有研究证明,分税制改革使地方政府加大了对当地银行系统的信贷决策和信贷行为的干预和影响力。

借助于金融杠杆,地方政府干预金融发展经济将放大金融风险、加剧宏观经济波动,因而中央必须加强对金融部门的集中管理。除了集中管理地方国有银行的人事权等方面以外,中央还拒绝下放地方政府的发债权,

并加强了中央银行相对于地方政府的独立性,这一切都是为了防止地方过
度竞争带来的负面影响。

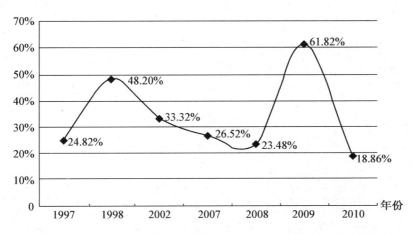

资料来源:审计署。

图 4 - 6 金融危机时期地方债务增速大幅增加

由于不能直接举债,地方政府只有通过设立法人主体来代理其向金
融体系融资,政府融资平台由此而生。地方融资平台从 20 世纪 80 年代
末起步以来,在经济过热时特别是 1994—1996 年多次受到清理,但在
1997 年亚洲金融危机之后,政府融资平台大规模发展,通过政府的大规
模投资以便为中国经济走出危机注入动力。而在 2008 年金融危机中,
中央更是空前地放手鼓励地方融资平台发展,最终推动中国经济率先实
现快速复苏,并保证了预期经济增长率。至 2010 年底,全国省、市、县三
级政府共设立融资平台公司 6576 家,其中省级 165 家、市级 1648 家、县
级 4763 家。

现在人们一提到地方债务就想到平台公司,但平台公司绝不是唯一的
借债主体。涉及债务的政府部门和机构、经费补助事业单位、公用事业单
位和其他单位的数量要远远超过平台公司,它们的债务占到地方总债务的

54％，超过了平台公司的举债规模。此外，地方举债的历史要明显早于平台公司的出现。平台公司产生于20世纪80年代，而地方负有偿还责任的债务最早发生在1979年，可以说与改革开放同步。当时，有八个县区举借了政府负有偿还责任的债务。

4
谁来为城市化融资？

地方债务的产生主要不是因为地方承担了过多的公共物品责任，而是因为地方全面参与经济发展。张五常教授认为县级层面的竞争带来了中国经济奇迹。这不无道理。政府之手虽然有时不那么灵巧，但在一个明显存在大量投资空间的经济体内，政府更新基础设施和扩张城市的努力还是找到了正确的方向。

中国正是如此。在城镇化背景下，地方政府客观上有融资的必要性和合理性。这中间是有许多浪费、腐败和重复建设，但大家或许可以想一下凯恩斯的话。他说，当经济没有达到充分就业的时候，政府雇用工人在地上挖窟窿，再把它们填上也能创造GDP。

当前地方推动城市化有其可持续性。地方没有增税的权力，但有对土地和其他要素的支配权，地方把这些要素和银行资金结合起来，就能够改善基础设施和城市外貌，就能够招商引资，推动增长。而在这个过程中，土地的价值会因此增加，地方出让土地收入也会增加，从而形成一个循环。

在这个循环中，土地收益增加是地方从城市化中获得的主要收益。这和西方有所不同。西方土地是私人所有，土地增值的好处本身不归政府所有,地方能获得的是房产税,房产税是地方财政的支柱。

地方债务不可能消失。未来地方对经济发展的兴趣不会变,城市化进程也还是需要地方政府推动。现在地方政府又多了一个很大的支出责任,就是提供保障性住房。地方没这么多钱盖那么多不赚钱的房子,要让保障性住房建设任务达标,就必须在融资渠道上,继续给地方政府开口子。

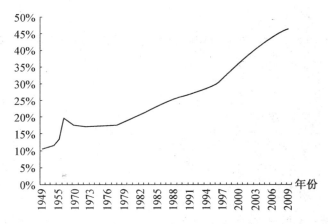

资料来源:国家统计局。

图4-7　城市化仍处在较快进程之中

地方债务问题不仅是事关中国经济金融稳定的问题,还是财政—金融体制改革与发展的枢纽性问题。但地方的融资方式受到现存财政—金融体制和央地博弈的限制。

未来可能会形成一个更加丰富复杂的地方融资体系。首先,当前的平台公司、政府相关部门和单位代理地方政府借债的模式还会延续下去。现有的部分项目还会持续很长时间,而新的一些融资需要,比如建设保障性住房还是要靠现有的融资体系来满足。其次,直接融资的比例会越来越高。地方自主发债肯定会是一个方向,不仅是要允许平台公司发债,而且要允许地方政府发行市政债券,更多的是利用市场来评级和给地方债券定价。更新基础设施等增加的债务,会形成相应的资产,也会产生现金流,能够按照市场化的方式运作。最后,地方在财权上应该有更多的自主权,以便从城市化中获得好处,减少对土地财政的依赖。

通过这些改革,地方财政会变得更有弹性,而在金融渠道上,则更加透明和市场化,约束就会加强。人们也许会问,如果给予地方更多的税收权力,那不是会增加老百姓的税收负担吗?然而,城市化的进程实际上也是人口流动更加容易和频繁的过程,人们会选择税负更低更透明的地方生活或创业,这将对地方政府构成约束。

5

2012 年的地方债务:风险与变革并存

2011 年 10 月,财政部正式批准上海、浙江、广东、山东四省市可"自行发债"。这是否意味着地方债务问题有了一个终极的出路?可能没这么简单。

"自行发债"和西方的"自主发债"不是一回事。这四个地方发的债本来是由中央代地方发的部分,其额度和审批仍在中央层面。并且这仅限于经济条件较好的地方,是一种尝试。地方发债的部分都是有明确项目用途的,而不是对现有债务的偿还。这意味着地方发债会有所进展,但预计很难在短期内取得突破。分税制改革和房产税等重要改革可能会在 2012 年进一步酝酿,但时机看起来还没有成熟。

我们前面提到过,现有的地方债务不是一个定时炸弹,随着经济的快速发展,大部分债务会逐步被稀释,许多项目也会显示出合理性。但同样可以肯定的是,个别地方的债务风险超出其能负担的水平。从偿债年度看,2010 年底地方政府性债务余额中,2012 年到期偿还的占 17.20%,2013 年至 2015 年到期偿还的分别占 11.37%、9.28% 和 7.48%,2016 年以后到期偿还的占 30.21%。在稳健货币政策下,地方融资的难度和成本都在上升,对于某些地区和某些平台,还本付息将会成为一个问题。

第五章
房价泡沫的"相对论"①

　　房价历来是一个全民话题,2012 年的争议尤大。为什么这么说呢?

　　同学 A:2012 年房价要跌了! 我喜欢的一位经济学家先生多次讲过,2012 年将是中国房地产市场的崩溃之年,许多城市的房价将骤降 40%～50%之多。

　　同学 B:你说的那个经济学家是一贯的看空派,他的话不能作数的。你可以去查一查,2004 年的时候,他判断中国房地产泡沫已经开始了两年,那年的 10 月,他写报告说,世界经济正处于有史以来最大的房地产泡沫中,而且中国的房地产泡沫尤其严重,并"精准"预测中国的房地产泡沫将在数个月内破裂,最长不会超过一年。2005 年 2 月,他又说上海房地产可能步曼谷崩盘的后尘。结果怎样呢? 他的话对美国来说有点靠谱,但完全不符合中国后来的情况。

　　同学 A:"房地产存在大量泡沫"可不是他一个人的观点,这其实是社会共识。我们经常看到有关城镇储户问卷的调查显示,认为房价"过高,难以承受"的居民比重长期维持在 70%以上。这意味着房价已经超过了大多数人的承受力。既然大多数人觉得贵,那就是太高了;太高了,就要跌了。

　　同学 B:房价是涨得很快,可是经济增长很快,居民收入增加也很快。那么多房子不都卖出去了吗? 房价说到底还是人们拿钱推上去的。如果房子每平方米 2 万元能卖出去,开发商为啥要卖 1 万 5 呢? 并且,除了房子,其他商品也在涨价,包括建筑材料、土地价格以及工人工资,既然所有价格都在涨,房价不可能不涨。

　　同学 A:高房价已经把房地产变成了有钱人的市场。网民对高房价的声讨你没看见吗? 高房价已经成为全民公敌。这说明房价已经撑不下去了。

---

① 陈晨博士对本章第二、第三部分亦有贡献,在此表示感谢。

同学 B：房价是否过高不能光看网民意见，网民是老百姓，但不能代表老百姓。活跃的网民最多 2 亿人，而且主要是年轻人，他们不是有实力购房的群体。还有，说房价过高的一般都是还没买房的，他们属于看跌的一方，或者希望房价下跌，看涨的人没他们那样爱发牢骚。

同学 A：你太乐观了——不是开发商的托儿吧？

同学 B：……

以上对话纯属虚构，如有雷同，纯属巧合。

1

如何衡量房价泡沫？

每当出现金融危机，人们就会怀念经济学家明斯基。他曾写道：经济好的时候，投资者倾向于承担更多风险；随着经济向好的时间不断推移，投资者的杠杆越来越大，直到其资产所产生的现金不再足以偿付他们用来获得资产所举的债务。投机性资产的损失促使放贷者收回其贷款，从而引导到资产价值崩溃时刻。

这个时刻被称为"明斯基时刻"（Minsky Moment）。简单地说，明斯基认为经济系统中存在三种借贷人：正常借贷人，他的现金流可以还本付息；投机借贷人，他的现金流可以支付利息，但无法支付本金，只能借新债还旧债；庞氏借贷人，他的现金流无法支付借款的利息，只能指望资产升值，或者说，他赚钱不是靠投资也不是靠资产带来的现金流，而是靠资产本身的升值。

人们常常说，泡沫是指价格超过了价值。这句话是对的，但几乎没什么用。明斯基的上述观点是为了分析金融不稳定性，不过同时也给出了泡沫的定义，并且这个定义看上去更具体。著名投资家詹姆斯·查诺斯（James

Chanos)说,泡沫是债务推动的资产升值。在这种情况下,人们借钱购买资产,但资产自身(如房产、办公室大楼)所产生的现金流无法支付购买资产所借债务的本息,只能期待未来资产升值。这个说法和明斯基的话很像。

这个定义对理解泡沫有帮助,但用它来判断房市泡沫也不那么容易。我们都知道,相对于房产增值来说,中国的租金回报是比较低的。这被很多人当作中国房地产泡沫化的证据。但另一方面,中国的实际利率①也很低,甚至常常是负的。国外的租金较高,但要缴很多的物业税,也要承担可观的维持费用。所以,用租金能否覆盖利息支出来判断泡沫并不准确。还要注意到,中国人购房的贷款比重并不高,银监会就说过,即便房价跌去50%,银行也不会有大的麻烦。特别是从2010年4月以来,中国的信贷已经严格收紧,购房者的杠杆更小了。而前几年购房的人,由于房价涨了很多,也没有多少债务负担。因此,泡沫是债务推动的资产升值一说也不太符合中国的实际。

从真实房价变动中区分出基本面驱动的变化以及泡沫部分,无论是对理论研究还是政策评估,都是一项核心工作。不同的人会得出不同的结论,主要是因为他们用的方法和数据不同。在实践中,对房价基本面和泡沫的研究主要有两种方法。第一种方法是考察房价收入比、房价租金比、空置率和房地产贷款比等指标,如果某些(个)指标高于历史平均水平或国际正常水平,便可认为房价中存在泡沫。第二种方法是综合考虑收入提高、成本上升等供求基本面变量的影响,如果房价高于这些变量所预测的基本面价值,即可认为其存在泡沫。

哪种方法更准确呢?第一种方法旨在计算一组可用以国际比较的指标,其困难在于随着经济基本面经常发生变化(如收入增长、租金上升等),

---

① 实际利率:指剔除通货膨胀率后储户或投资者得到的利息回报的真实利率。——编者注

均衡水平的房价租金比和房价收入比等指标也会随之变化,很难找到一个动态的合理参照系。此外,由于中国可能存在规模较大的灰色收入[①],以及较强的长辈为子女购房动机,中国的房价收入比和房价租金比等指标在20世纪90年代末住房市场化以来就明显偏高,使用这些指标进行的国际比较均显示中国住房价格一直存在大量泡沫,难以给出合理的政策建议。在这些研究中,用房价与收入之比作为标准,并与国外成熟市场相比较,来判断房价过高和房价将下降,这种预测总是与现实不符。其道理就像不能因为股票的市盈率(P/E)高,就认为该股票估值过高了一样,关键要看企业赢利的增长性。

从图5-1来看,如果根据某种国际标准,中国20~60倍的大城市房价租金比可能是较高的,但与此同时中国城市居民的人均收入增加也较快,因而近十年来,中国的房价收入比没有出现明显上升。

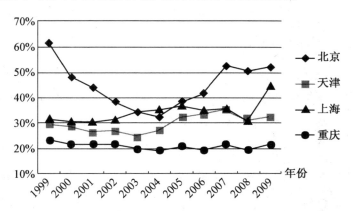

资料来源:根据历年《中国统计年鉴》整理所得。房价总额为100平方米乘以当年该城市商品房单价。

图5-1 中国大城市的房价收入比

---

① 王小鲁:《我国的灰色收入与居民收入差距》,《比较》2007年第31辑,中信出版社;《灰色收入与国民收入分配》,《比较》2010年第48辑,中信出版社。

第二种方法考虑了经济基本面变化对房价的影响,且容易利用面板数据控制一些制度性因素,在住房价格的研究中得到了较好的实践。如美国有学者的研究就表明,1997—2007 年间美国房价的快速上涨已经超过了其基本面变化可以解释的幅度,从而佐证了次贷危机前美国房地产市场的泡沫化。从这个角度出发,不少研究认为房价的高涨可以由供求基本面很好地解释。一项基于亚洲新兴经济体范围的研究表明,在全国范围内,中国房价至少在 2006 年前甚至还存在低估;国际货币基金组织的研究者认为,中国没有出现普遍性的房地产泡沫,并认为房价仍会继续上涨。

第二种方法的问题在于忽略了房地产作为一个周期性很强且投资属性明显的市场,由于信息不对称、供给滞后、信贷市场摩擦等原因,其住房价格变化客观上存在一个偏离基本面的波动周期。也就是,价格总是围绕着价值上下波动,两者不可能每时每刻都相等,不能一看到价格超过价值就认为是泡沫,因为一定幅度的偏离是正常的。因此,我们在判断房价泡沫大小时,应该将这种正常偏离排除在外。

后面笔者将给出对中国房价泡沫的估算。思路是这样的:首先,假定房地产市场是有效的,房价就完全等于由基本面因素决定的房价,这时房价的变化仅仅是因为基本面发生了变化;其次,考虑现实中房地产市场的不完善和惯性波动会导致房价围绕着均衡价格波动,这可能也会导致房价超过基本面价值,但不属于泡沫;最后,除此之外的房价高估即为泡沫。由此,住房价格变化可分三个部分:一是均衡价格的波动,由此得出房价高估部分;二是房价围绕基本面价值的周期性调整;三是在房价高估的部分中扣除周期性波动影响,分辨其中的泡沫大小。

显然,对房价变动区分基本面变化、短期的波动以及泡沫部分是很有必要的。如果房价上升主要由基本面推动,那么改善住房市场的中长期供给就十分必要；如果房价偏离均衡值主要是因为周期性波动，那么调控重心应放在减少住房市场的摩擦上；如果存在明显的泡沫成分，政策应着力打击投机。

2

房价中有多少基本面价值？

住房的基本面价值由住房供求基本面因素决定。确定房价的基本面价值并非易事，但有关房价基本面的大量研究表明，实际可支配收入、人口规模、土地价格、建筑成本变化以及实际贷款利率等因素在长期中决定着房价的均衡水平，由此我们可以在此基础上开展泡沫研究。

具体来说，基本面价值可由三组变量组成。第一组变量考虑住房市场需求面因素对住房价格的影响，选取实际收入、人口数量和实际抵押贷款利率三个指标。我们预期，更高的收入和更多的人口会增加对住房的需求，从而推高房价；实际抵押贷款利率上升则会提高购房成本，从而会对房价上涨起到抑制作用。

第二组变量考虑住房供给面因素对住房价格的影响，选取住房竣工造价和单位面积土地购置费用两个指标。住房建筑造价和土地购置费用是最主要的住房供给成本，更高的建筑成本和地价自然会被买者分担，我们预期，房价基本面价值与这两项成本之间存在正相关关系。

第三组变量考虑人口结构变化对住房价格的影响。我们经常会听到这样一种说法，现在城市青年人的父母通常有两套房，将来一个年轻家庭就会拥有四套房，会出现供过于求的局面。也就是说，适龄劳动人口是家庭收入的主要创造者和购房的主力军。在发达经济体内，人口抚养比例与住房价格之间呈负相关关系,但中国显著的父母为子女买房倾向可能会削弱两者的负相关性。

社会上也流传着一种"丈母娘推高房价"的说法,即不少女方家庭会要求男方提供婚房,男女比例的上升会增加男方的购房压力。这一点并非空穴来风,我们也要把"丈母娘效应"考虑在内。一般认为,随着未婚人口中男性比重上升,男方家庭会增加对住房的需求,以提升其在择偶竞争中的"议价"能力。有经济学家发现,中国男女比例的上升所带来的"竞争性储蓄动机"(Competitive Saving Motive)可以解释60%左右的中国储蓄率的上升,并且他们还发现,这种效应还会溢出到住房市场,导致大户型住房需求的增加和住房总价的上升。[①]

笔者的结论是,房价与家庭或个人收入、建筑造价、地价及人口数量显著正相关,也就是说,这些因素促使房价的上升,显示出房价上涨有其基本面支撑,但房价的上涨无法全部由基本面改善得到解释,中国房价经常会超过这些基本面决定的价值。

总体上看,人口数量对房价的影响最大,人口数量每增长1个百分点,房价将上涨0.56个百分点,收入增长与总成本上升(建筑造价和地价)对房价变动也有着等量齐观的显著影响。由此笔者认为,中国经济和居民收入快速上升、人口规模膨胀带来的需求扩张,以及建筑造价和地价上升所带来的供给成本上升,成为房价持续快速上涨的根本性动力。以北京市为例,2008—2009年间,消除价格因素影响后,北京住房价格上涨15.3%,其中收入、人口数量、地价增长分别拉动房价上涨4.5、2和4.9个百分点,建筑造价下降拉低房价1.3个百分点,这些基本面因素可解释房价变化的

---

① Wei S. and Zhang X. ,2011,"The Competitive Saving Motive: Evidence from Rising Sex Ratios and Savings Rates in China", *Journal of Political Economy*, forthcoming.

66%,即 2/3。

实际利率与住房价格不存在明显的负向关系。这一发现与理论预期,和许多国家的实证研究不一致。其原因可能在于两个方面:一是中国的利率调整与房价存在明显的顺周期性。也就是说,房价上涨较快的时期,通常也是加息周期。二是与利率自由化国家相比,中国的实际利率明显偏低,且与房价持续明显上涨带来的收益相比,利息支出成本较小,这些因素严重削弱了利率对房价的抑制作用。

住房价格和人口老龄化程度不存在显著的关联。这个发现与国际经验不一致,可能与我国特有国情有关。随着房价不断上涨,父母(甚至祖父母)帮助子女购房的现象在我国较为普遍,父辈或祖父辈积累起了很多的财富,他们比年轻人的购买力更强。此外,尽管中国的人口抚养比例已经出现拐点,但人口老龄化的影响可能还没有真正显现。这表明,人口结构转变在近期还不会对中国的高房价产生抑制作用。加上我们还处于城市化进程之中,老年人口数量的增加还没有让城市住房变得过剩。

有趣的是,在全国范围内,未发现所谓"丈母娘推高房价"的证据。其原因可能在于内,当男方家庭出于结婚考虑而购房时,女方家庭的购房需求会减弱,从而产生抵消作用;此外,大量存在的跨地区购房也可能削弱两者的关联。

就短期波动而言,中国房价波动存在明显的周期性特征和区域特征。在 1999—2009 年间,房价高估部分中,有相当部分是周期性波动所致。中国房价有着较强的惯性特征,这或许验证了适应性预期的存在。均值回复速度较快,表明中国房地产波动周期相对较短。此外,东部地区的住房周期性更加明显,我们特别发现,收入和用地成本增长快是东部地区房价波动大的主要原因。

最后,我们来看中国房价中到底包含了多少泡沫成分。从 2009 年的情况看,首先,我国大部分地区房价上涨仍可用宏观经济基本面的变化来解释,不存在全国范围内的房价高估现象。以房价泡沫达到 5% 为临界点,全国 2/3(20 个)省份的房价没有出现明显泡沫。其次,我们发现在个别地区,住房价格与基本面价值确实存在较大偏离,且房价高估中泡沫占较大比例。

在中国的房价高估部分中,泡沫所占的比重如今已有所增加。我国大部分地区过去也曾出现过房价高估现象,如北京(2007 年)、福建(2006 年)、四川(2007 年)房价高估程度都在 20% 左右,但与 2009 年的情况有所不同,内生性的房地产周期波动部分在房价高估中占较大比例。也就是说,在 2009 年以前我国大部分地区房价高估与房地产周期波动密切相关,房地产周期波动可以解释房价高估中的较大部分,住房泡沫在房价高估中只占较小比例。这时的政策应主要针对房价周期性波动,保持地价稳定以减小房地产周期波动幅度。但 2009 年房价高估比较严重的地区,却主要是由于房价泡沫所导致,这时政策应主要针对投机行为。另外,部分中西部地区也出现了明显的泡沫特征。从这个角度说,笔者不认为所有的二、三线城市都比一线城市安全。

总之,金融危机后,中国出现了结构性的住房价格泡沫。收入增长、人口数量增加作为需求面因素,以及建筑成本、用地成本作为供给面因素,对中国住房价格的持续快速上涨构成了基本面支撑。我们没有发现普遍性的住房价格泡沫,但伴随着经济快速发展,中国住房价格经常出现超过基本面价值的高估现象。在金融危机之前,高估的部分主要由周期性波动解释,但 2009 年的房价高估中,泡沫所占的比重明显增加,需引起重视。

3

越调越高＝房市调控失败？

金融危机史反复表明,房地产领域的泡沫是各经济体系统性金融风险的主要来源,甚至直接诱发了日本 20 世纪 90 年代以来的经济疲软以及 2007 年以来的这轮国际金融危机。像中国这样的快速发展国家,房地产泡沫风险尤其值得关注。

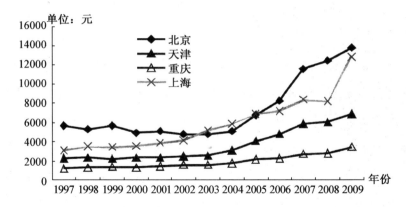

资料来源:根据历年《中国统计年鉴》整理所得。房价为商品房销售额除以商品房销售面积。

图 5 - 2   中国大城市的房价:越调越高?

中国商品房市场自形成以来,就伴随着一轮比一轮严厉的房地产调控,但房价一直处在上升通道,由此引发调控变"空调"的讨论和质疑。

评价房地产调控成败涉及多个层次的问题。首先,如果房价出现全国范围内的泡沫化,或者在部分地区出现严重的泡沫化,那么房地产调控就是失败的。其次,如果相当大的群体没有房子住(注意:不是买不起房子),那么也可以说房地产调控是失败的。最后,房地产市场是否有足够的弹性,是否为需求者提供了足够多的住房供给。从这几个方面看,笔者认为,中国房市调控没有看上去那样失败。

先来看房价泡沫问题。总体来看,在经济快速发展期,房价较快上涨有一定合理性。收入增长、人口增加作为需求面因素,建筑成本、用地成本作为供给面因素,都对中国住房价格的持续快速上涨构成了基本面支撑,我们没有发现普遍性的住房价格泡沫。在抑制房价泡沫方面,近年来的多轮调控尽管存在争议,但总体上避免了住房市场的普遍泡沫化。在1999—2008年的10年间,住房价格泡沫虽在部分地区时有显现,随之而来的调控还是在较短时间里消化了泡沫。

然而,值得引起警惕的是,随着应对危机的一篮子刺激政策的出台,住房市场的正常调整周期受到一定影响,2009年在一些地区出现了新一轮住房价格泡沫。这意味着,2010年4月份以来,住房领域刺激政策的退出是十分必要的。同时,我们也要注意到,近期住房市场的泡沫还只是区域性的。从政策层面看,这意味着有必要出台更有地方色彩的房市调控措施。鉴于一些省份存在房价的潜在低估,全国性的调控政策有可能抑制这些地方住房市场的合理发展。此外,就部分地区的泡沫程度来说,并没有大到立刻就会破灭的程度。由于购房者的杠杆率较低,由过度举债推高房价的特征并不明显。

其次看住房自有率。有人说,房价是个民生问题,房价过高造成了中低收入群体的生存问题。因而,有人主张要像中国香港、新加坡等那样,由政府提供大量的保障性住房,以满足中低收入群体的住房需求,高收入阶层的需求则由市场满足。这种两条腿走路的政策有一定合理性,但在土地供给不增加的条件下,保障房比例的增加会挤压商品房供给,从而有可能推高商品房价格。这种政策建议还忽视了一点,就是中低收入群体是社会的大多数,社会学里也有一个二八定律,就是说 20％ 的人掌握着 80％ 的财富,除了这 20％ 的人群,剩下 80％ 的人都是中低收入者。由中国政府主导为这部分人提供低价房,是不可能做到的。因而,新加坡以及我国香港等国家和地区政府主导住房市场的模式,恐怕不适合中国。

有人说,高房价让很多人买不起房,但其实中国城市人群的住房自有率是很高的。学者陈全生先生指出,挪威大约 5 万多美元的人均 GDP,40％ 家庭住自有住房,60％ 家庭靠租赁住房。英、美、日等发达国家 2/3 家庭拥有自己的住房,1/3 家庭的住房靠租赁解决。美国家庭租赁房屋的占32％、英国占 33％、日本占 34％。而这些国家的大城市、特大城市这个比例数是倒过来的,因为大城市地价和房价太高,一般人买不起。纽约的租赁比重为 66％、伦敦为 42％、东京为 57％。但是,我国大城市的住房自有率现已达 70％～80％。实际上,就连香港地区政府也提出:"要让市民安居容身,但不是要让人人成为业主。"①

这和我们的感觉是一样的,城里人没有自己房子的是很少的。买房难主要是新城市人,或者没有城市户口的外来人口。由于房价高、房租贵,近年来大城市就出现了一批过着群租生活的"蚁族",甚至一些人逃离"北上广",结束"漂"在大城市的生活。客观来说,这是一个必然现象。中国自古就有京城"居大不易"的现象。在一定程度上,高房价以及高房租实际上起着调节人口规模和拥挤度的作用。尽管一线城市房价高高在上,租金也节节攀升,但这些也是全国最拥挤的地方。如果很容易就能买到房,那大城市会更加拥挤,低附加值的企业也没有理由搬出去。

中国城市房屋自有率很高,说明房价很可能还有上涨空间。如果房价已经很高,在中国购房杠杆总体不高的情况下,就不会有那么多人能买得

① 陈全生,《宏观经济形势与房地产调控》,天则经济研究所双周报告。

起房子。此外,如果不是预期房价将继续上涨,那么大家也就不会这么争先恐后地去买房。发达国家的年轻人不着急去买房,一方面是因为房价高,买不起,另一方面也是因为预期房价稳定。在一些国家,比如德国,首次购房者的平均年龄是 40 岁,且多数人是一生只买一次房。在中国,如果大家都预期未来房价是稳定的,那么丈母娘也就不会逼着准女婿去买房。因为只要工作收入有保障,早一点买还是晚一点买差别也不大。

最后看住房市场的供给弹性。合理的房地产市场应该具有较为充分的弹性,以满足多数人的住房需求。住房在短期里,供给弹性是很小的,因为有一个建设周期,但在中长期,应该具有较高的弹性,也就是供给应该大致跟上需求的增加。从这点来说,中国的房地产调控还有较大的改进余地。

中国的房市调控一直是以收紧"银根"和"地根"为核心的。这在一方面抑制了购房需求,但同时也限制了住房供给,包括新房供给和二手房供给。房地产过热时,土地市场通常也处于繁荣期,看上去也是有泡沫的,因而调控政策会限制开发商拿地,但这又为下一轮住房供应紧张制造了条件。限制二手房买卖也有类似的效果,在打压了需求的同时,也压制了置换和改善型的住房供给。因而,总体来说,中国的房地产市场弹性较小,在需求快速增加的背景下,供给没能及时跟上,从而构成了房价越调越高的现象。当然这中间最为关键的是,土地供给的弹性比较小。

4

合理的房地产政策是什么?

就基本面因素而言,与经济发展和收入增加带来的购房需求增加相比,供给面的用地成本是一个有一定可控性的变量。如果土地供应能够适当增加并稳定市场对土地供应的预期,将有助于控制房价。

经常会有人说,把房价降下来并不难,我们可以直接按照成本加上合理的利润来规定房价的上限,不让开发商牟取暴利。其实,现在我们已经有了限价房。在经济学中,这就是价格上限管制。不光是住房,其他商品也有过价格管制,特别是在通货膨胀时期。这种政策的效果取决于供给会不会增加。如果短缺是暂时的,过段时间供给跟上来了,那么价格管制就可以取消了。但这不是限价本身的作用,相反限价会抑制供给,导致价格高的时候供给都不足;价格下来了供给会更少。限价没有增加住房供给,100 套房子价格再低,也只能解决 100 个家庭的住房。价格定得低,供不应求会更加严重,拿到房子的就会成为幸运儿,这也会带来分配不公的问题。

因而,控制房价过快上涨归根到底是要提供足够多的房子,满足城里人的改善性需求、年轻人的婚房需求以及城市化的需求。这里满足需求是指有房住,而不是人人都有房。如果政策着力在压制需求,要么会阻碍城市化和经济发展,要么会招致下一轮报复性反弹。而要增加住房供给,最重要的是增加土地供给。

合理增加住房用地供给在理论上是可行的。香港大学的经济学家许成钢就指出,"18 亿亩耕地,即 120 万平方公里耕地,只占中国国土面积约 1/8。中国还有绝大部分不可耕地完全可以用于城市建设。如果这些不可耕地可允许被用于城市建设,中国的房地产价格不会这么高"。许成钢还给出了他的直观感受。上海、北京等地的人口密度要远远低于首尔和东京,但如果到这些城市的市区看,明显会感到上海、北京要比首尔和东京拥挤。其原因就是上海、北京通过以核心城区为中心,一环一环地向外扩张,人口主要集中在外环或五环以内,而在外环或五环以外,有大量的土地仍没有得到充分利用,而这些土地并不在耕地范围之内。①

就保护耕地来说,建设商品房并没有占用多少耕地。相反,城市化伴随着人口聚集,这会节约土地资源。如果考虑到农民进入城市后释放出来的农村宅基地,耕地还是会增加的。陈全生先生提到的一组数据显示,2009 年全国耕地 18.3 亿亩,住宅用地实际供应 114.7 万亩。住宅用地又可分为:廉租房、经济适用房、限价房、一般商品房、高档公寓和别墅用地,其中一般商品房用地约占 70%。按此比例计,2009 年一般商品房用地 80.3 万亩,仅占全国耕地面积的 0.044%,即 4.4‰。由此可见,即便商品房用地全部占用的是耕地,也不会危及 18 亿亩耕地红线的保护。②

随着城市化进程的推进,商品房用地会不会蚕食掉大量耕地呢?陈全生先生大概地算了一笔账:假如 80% 的人进入城市,中国的城市化用地再增加 6000 万亩就足够了。这 6000 万亩占我们现存耕地的 3.8% 左右。同样,我们农村居民点的用地可以置换出 1 亿亩以上,这些宅基地很容易就能够变回成耕地。③

这些年,地方卖地收入增加很快,有很多人也指出,官员在任时会尽可能多地卖地,因为这样能够将未来 70 年土地使用权一次变现。但事实上土地出让的数量并没有逐年大幅增加,卖地收入增加快,主要是因为地王频现,单价上去了。这可能是有道理的。大家都知道"谷贱伤农",就是丰年收成好,但收入低,歉年收入反而更高。当土地供应快速增加后,卖地收入很可能还是会下降的。笔者建议,应该规定房价上涨较快的城市,要加大土地供应,而不是收紧地根。

---

① 许成钢,《诊治中国地产痼疾》,《中国改革》2011 年第 3 期。
② 陈全生,《宏观经济形势与房地产调控》,天则经济研究所双周报告。
③ 陈全生,《宏观经济形势与房地产调控》,天则经济研究所双周报告。

5

2012 年展望：房价的谜底

房地产政策在 2010 年二季度转为严厉之后，房地产业看上去被套上了龙头。人们不再担心房价会大涨，而是担心房价会大跌。但在笔者看来，这种可能性不大。在经济增长 9％以上、城市化率每年增加 1％的背景下，房价保持稳定或略有松动就是相当不容易的了。

经济学家李迅雷先生指出，就资产保值增值来说，跑赢 CPI 并不难，近十年 CPI 的累计涨幅在 23％左右，低于 1994 年一年的涨幅；相比之下，跑赢 M2 增长率更重要，2010 年 8 月，中国广义货币 M2 的规模达到 68 万亿元，大约是 10 年前的 5.5 倍。如果你的财富赶不上货币供应量的增长，那在某种意义上意味着你的财富在缩水。

如何才能跑赢 M2？李迅雷先生指出了房地产的胜出。过去 10 年中，很多资本品的涨幅都跑输了 M2，如黄金的涨幅为 350％，石油的涨幅为 200％左右。过去 10 年，全国房价平均累计涨幅超过 500％，一些东部沿海城市的涨幅则更惊人，并且假如其资本金只占房地产投资总额的一半，则实际投资收益平均在 10 倍左右。此外，古玩、珠宝玉器及部分艺术品等，涨幅也远远超过 M2，很多都在 10 倍以上。A 股在过去 10 年中的涨幅并不大，其中，上证指数只上涨了 25％左右。

笔者与李迅雷先生的结论有所不同。他认为，过去 10 年房价涨得多，而股票涨得少，未来可能正好反过来，房价涨得会没有股票多。但笔者认为，股票要跑赢房价还是很难的。中国房地产经过了快速成长的十几年，房价大涨在很多转轨国家也出现过，俄罗斯大城市近 10 年的房价涨得比中国还多。这是一个长期压抑需求集中释放的结果。未来房价涨速会慢下来,中国经济增长也会慢下来。但对于大多数家庭来说,买房依然是最稳健的选择。

房价是已很贵,但它也是相对的,现在买得起房的人还是比过去要多。下面这个例子可以说明这一点。曹仁超先生写过,1981 年香港太古城住宅每平方尺(注:每平方尺约 0.09 平方米)售 1200 元、供楼利率 24 厘,一间 1000 平方尺住宅卖 120 万元,首付 30 万元、贷款 90 万元计,月供利息要 1.8 万元。以 1981 年港人收入计,有多少人供得起?今天,同样 1000 平方尺太古城住宅,虽然卖 850 万元,首付 250 万元、贷款 600 万元,供楼利率 2.6 厘,月供利息仅需 1.3 万元,以 2010 年港人收入计,大部分港人都供得起。

这就是房价高低的相对论。

第六章
熊市反弹的宿命

当历史一次次照进现实,我们相信洞察历史能预见未来。

2008 年 10 月 3 日,标准普尔 500 指数(以下简称"标普 500 指数")收盘于 1099.23 点;3 年后的 2011 年 10 月 3 日,标普 500 指数同样收盘于 1099.23 点。花旗集团的一位分析师做了一张两个时间两个相同点位的标普 500 指数图,声称将这张图献给那些不相信历史会自我重复的人。历史,有时候真的很诡异!

2008 年 10 月,正是全球金融危机集中爆发的时间,美国股市暴跌;2011 年 10 月之后,美国股市和全球经济又将如何发展?

按照这样的逻辑,股市和经济的前景实在不妙。尽管很早就有人在讨论道琼斯指数和标普 500 指数是否在构筑头肩顶,但与 2008 年那一波金融危机相比,现在这个时候谈论头肩顶可能会有更多的人相信。

历史,真的经常会自我重复吗?

预测股市点位本不是笔者的专长和研究领域。但笔者一直试图搞清楚金融危机时期不同股市走势的异同,总结熊市反弹的原因、特征、历史背景,并观察和总结当时经济周期的波动、新兴产业的发展。

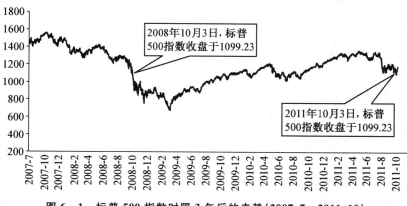

图 6-1　标普 500 指数时隔 3 年后的走势(2007.7—2011.10)

1

经济周期与股市波动

　　每一次经济周期的变化都带来了股市的剧烈波动,股市的周期转换可以看做是经济周期转换的表征。对经济周期的研究很早就引起经济学家的注意。19世纪中叶以来,经济学家提出了不同事件跨度和类型的经济周期理论,如基钦周期(短周期)、朱格拉周期(中周期)、康德拉季耶夫周期(长周期或长波)、库兹涅茨周期(长周期)、熊彼特周期(创新周期)。拉斯·特维德在其《逃不开的经济周期》一书中对历史上各种经济周期作了总结。他认为,一个经济周期中大约包含了四个存货周期、两个资本性支出周期和一个房地产周期。房地产周期最长,库兹涅茨周期是典型房地产周期,平均18年,频率有变化且受利率结构化趋势的影响。在房地产开始兴盛后的15~16年,房地产市场会开始陷入停顿,而后便是崩溃,一国经济会出现债务紧缩、银行危机、经济危机。房地产周期中的衰退期会持续3~3.5年,周期振幅很大。

　　我曾经作过推算,以本次金融危机(正是起因于房地产市场崩溃)为例,把本次金融危机全面爆发的时间向前推18年左右,你就会得出一个可怕的结论:18年左右的房地产周期基本是成立的。因为20世纪80年代末90年代初这段时间,西方主要经济大国发生了大规模危机,股市、楼市泡沫破灭。1987年,由于经济发展前景的不断恶化以及中东局势的不断紧张,华尔街出现崩溃,这就是所谓的"黑色星期一"。1987年10月19日,标准普尔500指数狂泻20%,全球股市暴跌。危机一直持续到1992年才得到缓和。而日本经历了股市和楼市泡沫破灭之后,正式进入了"失去的十年"时代。中国在 20 世纪 80 年代末 90 年代初也经历了一轮高通胀、高增长时期,甚至还出现过社会危机。而从 20 世纪 80 年代末 90 年代初往前推 18 年,大致是历史上的石油危机时期。美国著名的经济史学家金德尔伯格在《疯狂、惊恐和崩溃——金融危机史》中所列举的这一时期的投机对象也是股票、房地产(还包括油轮、波音 747 飞机)。

2

产业周期与股市波动

　　熊彼特的创新周期则是更长的经济周期和产业周期。熊彼特把经济发展分为三个长波:1787—1842 年工业革命发生发展时期;1842—1897 年蒸汽机和钢铁时代;1898 年以后为电气、化学和汽车工业时代。

　　产业周期与股市牛熊息息相关。16 世纪中叶开始,英国越来越广泛地使用煤做燃料。那些较早、较大规模地进行煤炭开发利用的矿区如伯明翰、曼彻斯特等英国最早的工业化城市都是由煤炭基地逐步发展起来的。到了 19 世纪,以煤炭为燃料的蒸汽机广泛采用,煤炭与蒸汽机的结合引起了煤炭工业、交通运输的技术革新,提高了运输效率,使远距离运输成为可能。19 世纪三四十年代是英国铁路发展的重要时期,煤炭的使用、能源供应社会化网络的建立以及蒸汽机的使用形成了能源—交通体系。1836—1837 年是英国的铁路狂潮期(Railway Mania),铁路建设突飞猛进,也导致英国的铁路股票一路高涨,1845 年时达到高点。但由于这段时间的投资完全是由私人进行的,缺乏国家的整体规划,伴随铁路的迅速发展,一系列诸如安全之类的问题出现了。为了切实解决这些问题,英国政府开始对铁路发展进行干预和规范。1850 年英国的铁路股票跌至低点,5 年间股价下跌了 70%。

电的发现和应用极大地节省了人类的体力劳动和脑力劳动,使人类的信息触角不断延伸。1831 年法拉第发现了电磁感应现象,提出了发电机的理论基础;1866 年德国人西门子制成发电机,实际可用的发电机问世。伴随远距离输电技术的出现,电气工业迅速发展起来,电灯、电车、电气产品不断地涌现出来。1879 年 10 月 21 日,美国发明家爱迪生点燃了世界上第一盏有实用价值的电灯。受电灯发明影响,英国伦敦的煤气股票价格狂跌,煤气行也出现一片混乱。爱迪生将美国率先带入电气时代。在电气时代的领跑使得美国在 1894 年成为世界第一大经济强国。

图 6-2　1927—1928 年标准普尔 500 指数走势

19 世纪 50 年代,石油资源被大规模开采并进入商业运营,世界石油史上的墨西哥湾时代拉开帷幕。1883 年,德国的戴姆勒(Daimler)创制成功了世界上第一台立式汽油内燃机。石油与内燃机的结合再次引发石油工业、交通运输的技术革新。20 世纪 20 年代,汽车工艺、无线装置等新技术发展为经济发展提供了无限前景。自由贸易扩大,通胀率保持在低位,美国企业的管理方式和竞争力迅速提高,美国经济进入了空前繁荣的年

代。经济繁荣加之国际资本的大量涌入,刺激股市直线上升,汽车和无线
电的股票被爆炒,在 1925 年到 1928 年的三年时间里标准普尔 500 指数上
升近 200%。参见图 6-2。

　　20 世纪 50 年代末计算机出现并逐步普及,1989 年互联网出现,此后
网络经济迅猛发展,人类正式进入了信息时代。美国作为此次技术革命的
先驱,加之其在世界经济中举足轻重的地位,受信息及通信技术(以下简称
IT)的驱动,从 1990 年开始了长达 10 年的经济增长期,进而推动了股市的
长期繁荣。1999 年美国股市的市值相当于美国 GDP 的 191%,当年全美
70%以上的风险投资涌入互联网,各类电话公司、媒体公司、计算机公司、
软件公司、卫星制造公司、互联网服务商都在积极投资建设互联网。纳斯
达克指数也一路狂飙到 2000 年 3 月的历史顶点 5100 多点。1999 年 10
月—2000 年 3 月,仅仅 5 个月,纳斯达克指数从 2700 点左右上升到 5132
点。整个美国笼罩在一片高科技带来的繁荣之中,进入了所谓的"非理性
繁荣"时期。传统产业类股票也在飞速翻倍,但是其速度无法与高科技概
念板块比肩。1995—1999 年的 5 年间,微软的股票上涨了 1400 倍,而同期
国际石油巨头英国石油公司的股价只上涨了 2 倍。参见图 6-3。

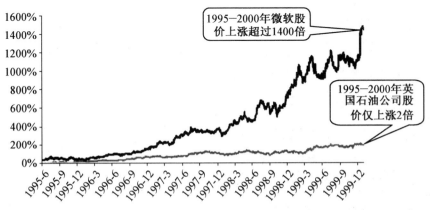

图 6-3　1995—1999 年微软与英国石油公司股价涨幅对比

新经济突进期间,美国通胀也持续上升,由 1998 年的 1.4% 上升到 2000 年 7 月的 3.7%。为抑制通胀,联邦利率由 1992 年的 3% 提高到 2000 年 5 月的 6.5%。在紧缩货币政策作用下,科技网络泡沫破灭,不到一年的时间里纳斯达克指数从其最高点(5132 点)跌去了近 68%。北电网络、朗讯科技等都从近百美元跌到了十几美元(最低一美元都不到)。直到今天,纳斯达克指数才从 2002 年谷底的 1100 多点涨到 2600 多点,仅是 2000 年高点的一半。

网络经济泡沫破灭后,政治家和金融家们为如何让经济走出低谷而绞尽脑汁。此时,发生了"911 事件",将本已羸弱不堪的世界经济打入谷底。为了尽快拯救世界经济,世界主要经济体纷纷以宽松的货币政策刺激经济,并将低利率政策保持数年。由于利率降低,信贷规模膨胀,货币发行增加,美元贬值,全球流动性过剩,资产价格膨胀,投机行为十分活跃,股市进入了持续数年的大牛市。2003 年开始,美国股票市场开始触底反弹、GDP 增长重回 3% 以上的稳健成长区间、CPI 维持低位运行,经济呈现出景气复苏迹象。与此同时,全球经济增长也呈现出良好的势头。其中,中国的出口导向型经济以及住房、汽车等消费升级换代产品市场蓬勃发展;金砖四国、欧盟、日本等全球主要经济体全面复苏,全球经济步入了高增长、低通胀的最佳状态。

但是,宽松货币政策无疑为之后的美国次贷危机和全球金融危机爆发埋下隐患。为了解决一个问题,带来了更大的问题。甚至有人笑称,金融危机完全是拜"911 事件"和本·拉登所赐,要不是本·拉登把世界经济"撞"了下去,格林斯潘和美联储可能不会这么长时间维持低利率以刺激经济,资产泡沫也不会出现,金融危机就不会以如此面目发生了。当然,这些"假设"不可能改写历史。金融危机的爆发也将全球股市拉入深渊,全球主要股市的跌幅都在 50％以上。在各国经济刺激计划出台后,全球股市又历经了大幅度的反弹,反弹幅度也都在 50％以上。

3

经济政策与股市波动

每个年代的经济特征和经济政策都有其时代烙印,股市的牛熊就发生在这些经济周期内,并受到经济政策的极大影响,例如,20 世纪70 年代,我们想到的是石油危机、经济滞胀、尼克松下台以及布雷顿森林体系崩溃;20 世纪 80 年代,供应学派取代凯恩斯主义占据了西方政治家的办公桌,冷战结束,全球统一市场开始形成;20 世纪 90 年代,网络经济兴起,新经济政策实施,格林斯潘给世界经济"加油";21 世纪的头 10 年,IT 泡沫破裂,"911 事件",实行低利率政策,全球经济大繁荣和大危机。

中国经济在 20 世纪 70 年代与世界几乎没有什么关系。20 世纪 80 年代西方进行深刻的经济结构调整之时,中国刚刚迈开改革开放的步伐,并终于抓住了这次产业转移的机会。20 世纪 90 年代,在邓小平"南方谈话"之后,中国坚定地走向市场经济。但此时中国资本市场刚刚起步,各种法律法规及制度安排都极不健全,其混乱程度甚至比 19 世纪 20 年代的美国证券市场更为严重。"深圳 810 事件"、"327 国债事件",几乎让高层对中国资本市场失去了最后的耐心。20 世纪 90 年代中后期,中国股市与全球股市一样,走出一波牛市行情。但在网络经济泡沫破灭、国有股减持等内外因素的夹击下,21 世纪的头 5 年,中国股市历经漫漫"熊途",最低跌至

998 点,此后两年的超级牛市也就此拉开序幕。

未来 10 年世界和中国的经济将会有何特征?也许是救市、复苏,也许是经济恶化、二次危机,也有可能再"南方谈话"、再改革。不管经济如何波动,政策如何调整,通胀之下无牛市,不改革亦无牛市。那么,我们如何来看待金融危机后的这一波股市反弹?

4

熊市反弹和未来的经济周期、产业周期

关于此次金融危机以来的股市反弹的性质,亨利·布洛杰特(Henry Blodget)在《历史上的大型傻佬反弹》(*The Greatest Sucker's Rally In History*)一文中表示,这是典型的熊市反弹。在 2008 年的这次金融危机中,道琼斯指数的反弹(53%)要超过 1929 年大危机那一次(48%),且反弹持续的时间要长于 1930 年的反弹。的确,道琼斯指数在 1929 年下跌 50% 后有过一轮反弹,上涨的幅度也接近 50%,但这也仅仅到前期峰值的 20%,随后再次暴跌,较 1929 年高点下跌 89%,较 1930 年高点下跌 80% 以上。而在随后的 25 年内再没达到过 1930 年的高度。

笔者认为,本次金融危机之前的繁荣周期,是一个债务资产周期,即低利率的货币环境有利于债务人,不利于债权人,出现房地产、股票等资产牛市和国债熊市;危机之后经济将面临一个收缩周期,是一个债权资产周期,即收缩的货币环境有利于债权人,不利于债务人,出现国债牛市和资产熊市。历史经验告诉我们,在经济收缩周期中,经济发展的动力并非来自资源能源的消耗、基础设施建设的扩张等无机增长,而是来自

企业创新能力、技术水平的提高以及新的营销模式和商业模式的创建等有机增长。因此,资源、能源(特别是油气能源)、基础设施建设等行业在经济收缩周期都处于蛰伏期,而那些基于知识和创新的逆周期行业则成为新的经济增长动力。如果没有新的技术革命,全球经济很难走出泥沼,实现"凤凰涅槃"。

在经济收缩周期内,即目前的环境之下,与消费相关的产业(生产制造、物流、销售)将成为较为平稳的投资领域,金融服务、咨询服务(政策咨询、市场研究)以及人力资本投资成为投资亮点;奢侈品、高档品的消费需求被削减,这对房地产、汽车等行业来说是场灾难,可对轻工业和纺织业来说却是最大的福音。例如,纺织业虽受国际金融危机影响,出口减少,但其内销稳步上升,正所谓"此消彼长"。中国纺织业的主营业务收入累计同比从 2009 年 2 月的 3.36％增长到 2011 年 8 月的28.76％,上涨趋势明显。

值得一提的是,影视等娱乐产业将获得令人难以想象的发展。萧条时期恰恰是娱乐产业大繁荣的时期,历史上很多著名的电影作品和电影演员都产生于危机和萧条时期。例如,大萧条时期(1929—1941)就产生了费雯丽、赫本、卓别林这样的伟大演员。这一次也不例外。2008 年金融危机后,基于信息技术、网络技术以及新的商业模式的产品依旧受到追捧。从2009 年末到 2010 年初,美国 3D 电影《阿凡达》全球票房突破 20.39 亿美元,刷新了《泰坦尼克号》在 1998 年创下的 18.43 亿美元的纪录。电影行业是"口红效应"①代表,中国的城市电影票房收入从 2002 年的 9.2 亿元上涨到 2010 年的 101.72 亿元,上涨了 1005.65％,惊人的增长率真是羡煞其他行业。参见图 6-4。

---

① 口红效应:也叫低价偏爱趋势,即在经济不景气的情况下,人们仍然会有强烈的消费欲望,所以会转而购买比较廉价的商品。——编者注

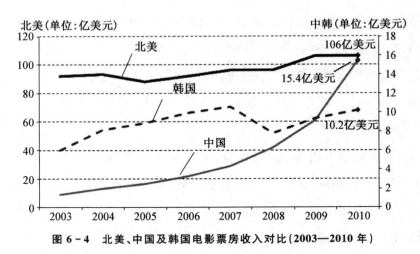

图 6 - 4 北美、中国及韩国电影票房收入对比（2003—2010 年）

具备科技创新和商业模式创新的产业或公司受到市场认可和投资者追捧。苹果公司的市值在 2011 年已经数度超过石油巨头埃克森美孚公司。参见图 6 - 5。亚马逊的电子书销量在 2011 年 4 月 1 日首次超过了印刷书销量，电子书与印刷书的销量比为 105：100。IT 产业与新的商业模式结合，发展同样十分迅速。网络零售业、网络旅游业、网络游戏业等均异军突起，逆势而上，发展态势锐不可当。中国网络游戏市场从 2006 年 6 月的17.8 亿元增加到 2011 年 6 月的 87.6 亿元，上涨了 392.13%。参见 6 - 6。

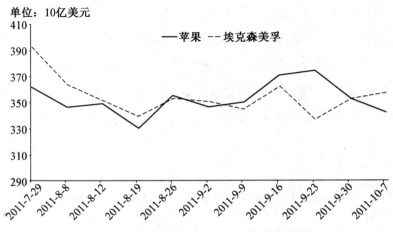

图 6 - 5 2011 年苹果市值数度超越埃克森美孚

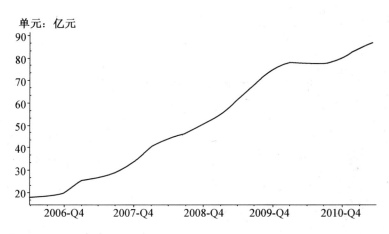

图 6 - 6　中国网络游戏市场收入规模

　　代表高科技公司的纳斯达克指数的表现也要优于道琼斯指数。尽管现在我们还看不到哪一个新兴产业将带动世界经济走向新的繁荣，但可以预见的是，美国可能仍然是爆发新科技革命的大本营。参见图 6 - 7。

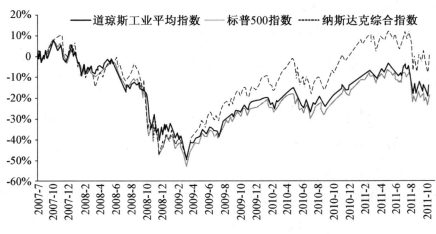

图 6 - 7　金融危机后美国三大指数走势对比

5

熊市反弹的特征及中国股市的前景

金融危机之后,全球持续的股市反弹给投资者带来了经济复苏的信心和希望。当下,股市又重新处于一个十字路口,几乎每个交易者都对股市下一步的走向充满不安。向上继续攀升还是重归下跌趋势?有人从对市场本身的技术分析得出结论,有人从宏观经济和微观企业状况的改善得出自己的结论。与之不同,笔者则希望从历史的比较来判断股市的牛熊趋势。初步的结论是:始于 2009 年 3 月的这次全球股市行情不过是一次大型的熊市反弹。1929 年之后的道琼斯指数、2000 年峰值之后的纳斯达克指数、1990 年之后的日经 225 指数都发生过类似的大型熊市反弹。通过对历史和现实的行情进行大尺度的分析,也许我们会得到一些不同的启示。

① 熊市反弹的四大规律

我们将 1929 年之后的道琼斯指数、2000 年峰值之后的纳斯达克指数、1990 年之后的日经 225 指数作对比,见图 6-8、图 6-9。我们发现,历史上的这几次大型的熊市,虽然时代、市场环境和货币体系不同,牛市形成和熊市下跌背后的原因众说纷纭,但峰值前后的涨跌相对幅度和时间分布等方面具有如下四个方面的基本规律:

第一,峰值之前出现超级牛市。上述几次超级熊市,之前皆为超级牛市,在峰值之前,都经历了超过 10 年的长期上涨。特别是在峰值之前的几年内,股票指数经历了指数级的高速上涨。例如:1971 年 2 月 8 日纳斯达克最初的指数为 100 点,10 年后的 1981 年突破 200 点;1991 年 4 月 12 日纳斯达克指数为 500 点,2000 年 3 月 10 日创造 5048.62 点的最高纪录。

而从 1921 年 8 月至 1929 年 9 月,道琼斯指数上升了 468%。1989 年末的峰值之前,日经 225 指数经历了长达 17 年的牛市后,整体上涨了20.23倍。

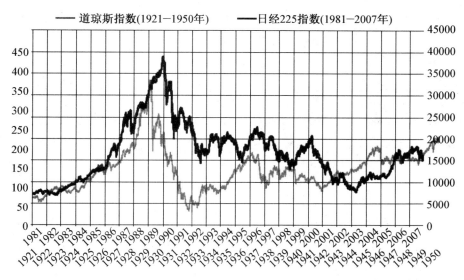

图 6-8　道琼斯指数(1921—1950 年)和日经 225 指数(1981—2007 年)的对比

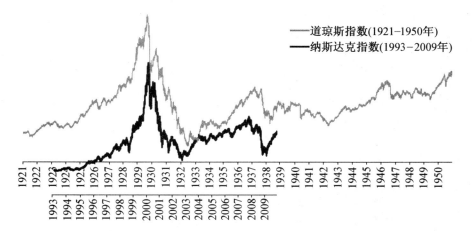

图 6-9　道琼斯指数(1921—1950 年)和纳斯达克指数(1993—2009 年)的对比

第二,牛市峰值之后的跌幅惊人,峰值之后 3 年内的跌幅超过 50%,甚至更多。日经 225 指数从 1989 年底的最高 38916 点降至 20221.86 点用了 9 个月,而到了 1992 年 8 月 18 日降至 14309 点,比最高峰值下降了约 63%。而纳斯达克指数 2000 年 3 月 10 日的峰值为 5132 点,仅两个月之后就跌到了 3042 点,在第三年的 2002 年 10 月下跌到 1108 点,和峰值相比下跌了约 78%。道琼斯指数从 1929 年 9 月 1 日的 386 点跌到 1932 年的 41 点,跌幅超过 86%。

第三,熊市反弹的高度能够达到之前跌幅的 50%,甚至更高。熊市反弹持续时间往往长达数月,反弹后期,分析师和交易者普遍认为熊市已经结束。当熊市反弹在恐慌性下跌中结束时,交易者们才意识到他们参与的"迷你"牛市其实是个"傻佬反弹"(Sucker Rally)。从 1929 年 11 月到 1930 年 4 月,道琼斯指数和标普 500 指数经历了和 2009 年同样的为期 5 个月的反弹,收回了之前 50% 的跌幅,之后持续下跌直到 1932 年的最低点。而纳斯达克指数在 2000 年 5 月开始从 3042 点反弹到 4289 点,也收回了 60% 的跌幅。

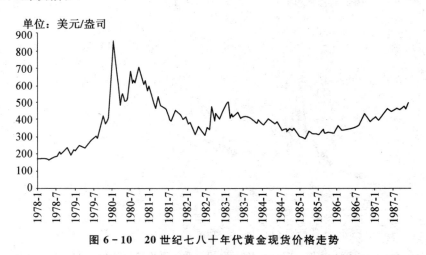

图 6-10　20 世纪七八十年代黄金现货价格走势

第四,熊市持续的时间之长超过当时大多数人的预期,在峰值之后的第 14 年再次触及低点。例如,道琼斯指数从 1929 年的峰值下跌后,直到

1942 年再次触及低点(仅高于 1932 年最低点)后才开始进入长期上涨趋
势。日经 225 指数于 1990 年达到峰值之后,也是在 2003 年触及最低点。
而目前的纳斯达克指数处于峰值之后的第 9 年,其走势和 1929 之后第 9
年的道琼斯指数的第二次大型反弹非常类似。

　　很多交易者认为 1929 年爆发的经济危机,特别是 1929 年开始的道琼
斯指数和标普 500 指数下跌的走势是孤立的、独特的,认为在 1929 年之前
没有类似的情况,在这之后也没有类似的情况。实则不然。笔者通过上述
比较发现,在 1932 年过去很久之后,大熊市的这几个基本规律仍然会在不
同的市场上发生作用。笔者还发现,和 1929 年前后若干年的大熊市四项
特征相似的行情,远远不止上述几例,比如 1980 年之后的金价走势。

② **道琼斯指数有再创新低的可能**

　　笔者把 1994—2009 年的道琼斯指数和 1921—1956 年的道琼斯指数进
行对比后发现(参图 6 - 11、图 6 - 12),2007 年之后的这次大熊市在特征上和
上述时期的走势相似。而如果这种相似延续下去,那么上述的三个大熊市在
十几年中所表现的四个规律就能给我们提供股市未来发展的一些线索。

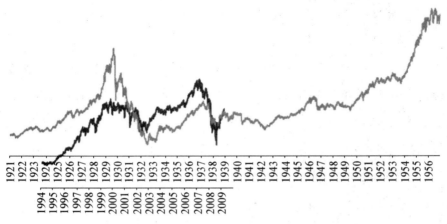

图 6 - 11　道琼斯指数(1921—1956 年)和(1994—2009 年)的对比 A

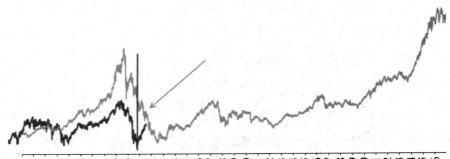

图 6－12　道琼斯指数（1921—1956 年）和（1994—2009 年）的对比 B

在图 6－11 中，我们把道琼斯指数 2000 年的峰值和道琼斯指数 1929 年的峰值的时间坐标重合进行比较；而在图 6－12 中，我们把道琼斯指数 2007 年的峰值和道琼斯指数 1929 年的峰值的时间坐标重合进行比较。两次比较方式下，笔者发现，2007 年的峰值和 1929 年的峰值以及 1937 年的峰值都有相似之处。背后原因或许是，2000 年后的道琼斯指数和标普 500 指数达到峰值之后，格林斯潘用更大的货币泡沫延缓了大熊市的到来，产生了 2007 年的更大的峰值。那么道琼斯指数的处境是和 1931 年一样，还是和 1939 年一样？

如果是和 1931 年一样，那么从下跌时间上看本次下跌时间还不够，道琼斯指数 2007 年之后第一波大型下跌仅仅持续了一年半，而不是像前述三个大型熊市一样到第三年，也就是说，道琼斯指数在经过前段时间的这波反弹之后，是否又将在未来一年多的时间内再创新低？从历史的眼光看，道琼斯指数有再创新低的可能。

从下跌的幅度上看也还远没有达到，道琼斯指数在 2009 年 3 月份的低点 6688 点，是从最高点 14088 点下跌了约 52％，和上述几次大型熊市初期三年内的跌幅相比都相去甚远。有些预测认为未来一两年内,道琼斯指数将试探 1966—1982 年时期的顶部,就是大致 1000 点。但即使道琼斯指数再创新低,之后数年内仍将迎接一次至少能收复一半跌幅的大型反弹。有些预测认为真正的熊市反弹需要等到 2012 年左右,之后还会有多次振荡反弹,在峰值之后 14 年的低点过后,最迟在 2020 年开始新的一轮长期上涨,由此,股指将步入下一个长期的持续上涨趋势中,同时伴随着长期的经济繁荣。

如果是和 1939 年一样,则这波道琼斯指数变化将可能类似 1938—1939 年的反弹,反弹高度将是之前高点和低点的上黄金分割线,在大致 11200 点附近。也就是说 2009 年的道琼斯指数还有 2000 点左右的上升空间。而 3 年后(也就是相当于 1942 年),即 2012 年将再经历一次低点,之后道琼斯指数将进入一个长期的大型上涨趋势中。

③ 中国股市未来几年股指很难超过熊市反弹的峰值

在图 6-13 中,笔者把上海证券综合指数(以下简称上证指数)2007 年的峰值和道琼斯指数 1929 年的峰值的时间坐标重合进行比较,显示上证指数在 2007 年前后的涨跌更加陡峭、更加剧烈,其陡峭程度也许只有 1980 年前后的黄金行情可以与之相比。当笔者把上证指数的横向时间尺度扩大后,再和道琼斯指数进行比较(即图 6-14),我们看到,从最低点的下跌幅度、反弹的相对高度来看,上证指数和前述三次大型熊市的特征高度相似。

因此我们有如下推断:

第一,2009 年上半年的股市反弹,沪深 300 和中证流通指数都已经超过 50%,深指接近了 60%,和大熊市规律中的"傻佬反弹"高度相似;未来几年只能多次逼近这个次峰值,很难超过这个高度。

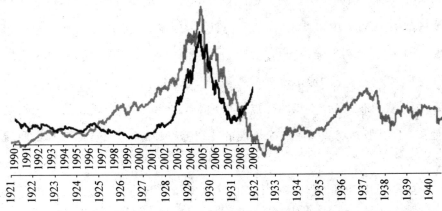

图 6 - 13　上证指数(1990—2009 年)和道琼斯指数(1921—1942 年)对比 A

图 6 - 14　上证指数(1990—2009 年)和道琼斯指数(1921—1942 年)对比 B

第二,未来数月甚至数年的股票指数,按照 1929—1942 年的规律,是之前最低值和次峰值之间的下黄金分割,上证指数约在 2300～2380 点。

第三,今后若干年之内的多个低点,包括可能在峰值之后第 14 年出现的低点,未必一定低于峰值之后第一个低点。也就是说未来的股指再次跌破 1664 点的可能性很小。

第四,未来 10 年内类似 2007 年前后几年数千点的大起大落将极少发生,股指将在 3400 点和 2300 点之间的区域长期波动。

④ 熊市的漫长将超过预期

未来最先走出熊市进入长期上涨态势的很可能是日本股市,日经 225 指数从 2003 年的低点之后,可能已经进入了一次长期的牛市上涨趋势中;但 2007 年全球爆发的经济危机不可避免地影响了日本股市的上涨趋势。2008 年日经 225 指数跌破 2003 年的 7603 点和 7000 点整数关口之后,并没有深跌;笔者认为,在未来两年之内,日经 225 指数如果有效突破 14600 点,则将形成一个新的不同于其他国家股市的上涨趋势。借用一个商品期货分析者的评论:天道酬勤,风水轮回,日本这 20 年中虽然经济统计数字是原地踏步,但日本企业和民众这 20 年的踏实工作最终将换来日经 225 指数的涅槃。

以纳斯达克为代表的高科技产业股将领先进入再一次的长期牛市:美国纳斯达克指数将于 2013—2014 年经过一次低点后,开始领先道琼斯指数和标普 500 指数,步入一次长期的牛市中。基本面的原因可能在于手机和移动设备仍将爆炸性增长,世界人口的一半将用上手机,而已经在使用手机的世界另一半用户将拥有更多的功能和服务,移动设备和通信网络将整合目前的通信、导航、电视、电脑乃至安全系统的所有功能,进而衍生出无数的产业和商业模式,再一次点燃全世界对于高科技和知识经济的投资热情。

熊市的时间之长将超过大多数市场人士的预期,未来的道路对于股市和经济来说,可能都是漫长而苦闷的。笔者猜测,美国的股市低迷期不会再像 1929—1942 年那么长,我们的股市低迷期也不会像 1990 年之后的日本股市那么长,但肯定比今天绝大多数人的预期要长得多。投资者需要更加重视货币时间价值。在关注股价之外,真正重视价值的长期投资者更应当关注企业的分红回报、赢利状况和财务状况。

笔者推测,或许是朱格拉周期、库兹涅兹周期、康德拉季耶夫周期等几种不同周期的共振、叠加作用,以及市场本身投机力量和大众情绪影响的因素,造就了股指低位徘徊的长周期。在漫长的熊市中,一些曾经伟大的企业会消失,但总有一些企业会生存下来并在之后的繁荣时期茁壮成长。当熊市结束,伟大的牛市再一次来临的时候,我们身边的会计准则、货币体系和商业理论等一切都可能已不是现在的模样。理论上,本文对股市未来的长期预测肯定是会失效的,因为预测本身已经改变了未来。但我们确信,历史总会重演,因为人性永远不变。

第七章
中国的"刘易斯拐点"已经到来？

"2006年前后，我看到了一个转折点，尤其是在劳动力成本上。"

美国的一位家具商在2011年10月这样告诉《华尔街日报》。而《华尔街日报》的这篇报道则用了这样的标题——"准备好了，美国，中国正在变贵"。这位家具商分析他自己的行业说：

"以前中国制造、美国销售的家具的价格优势高达50％，现在这一优势只剩下10％～15％，部分原因是中国的工资水平大幅上升，某些地区一年的涨幅高达15％或以上。"

他的话代表了很多人的感观。

2010年春节刚过，全国各地就遍传"用工荒"。与一般的印象不同，这次的"用工荒"有这样几个特点：一是在工种上，不仅是技工和管理人员缺乏，普通劳工也开始短缺；二是在地域上，不仅是在长三角和珠三角等沿海地区，内地企业招工也出现了困难；三是在严重性上，用工荒愈演愈烈，往年"用工荒"基本是春节前后的暂时现象，而现在有成为常态之势。

这些特征表明，"用工荒"不会是一个暂时现象，这意味着中国的劳动力市场上真的出现了某种转折点。

实际上，在学术界，关于"刘易斯拐点"是否已经到来的争论也很大。一些人认为，中国农村还存在规模不小的剩余劳动力，现在经济发展的首要任务之一还是千方百计地扩大就业，怎么能说劳动力进入了短缺时代了呢？然而，另一些学者认为，剩余劳动力其实并没有那么多，城市工资上涨已经很好地证明了劳动力已经开始短缺了。

那么，"刘易斯拐点"真的到了吗？它会带来怎样的影响？中国"世界工厂"就要徒有虚名了吗？

1

刘易斯的世界

分析人口流动的经典模型是刘易斯和托达罗分别于 20 世纪 50 年代和 60 年代末 70 年代初创立的。刘易斯模型提出在前,托达罗模型在后。不少人认为刘易斯模型过时了,托达罗模型适合发展中国家。托达罗提出新模型,确实是为了解释当时(包括现在)发展中国家现实的,而刘易斯模型看上去是在总结发达国家的经济史。但就中国来说,我们更像是处在刘易斯的世界里。

刘易斯从城乡二元经济结构出发,假定农村存在大量的剩余劳动力,城市现代部门可以固定工资获得无限的劳动供给,这促进了资本积累和工业发展,并不断吸收农村剩余劳动力,变二元经济为一元经济,从而肯定了人口流动的积极意义。托达罗模式旨在解释发展中国家 20 世纪六七十年代出现的城市高失业率和人口仍持续从农村流入城市的现象。他假定农村不存在剩余劳动力(农民边际生产率大于零),而发展中国家的二元经济结构决定了城乡收入存在着较大差别,这诱使农村人口持续流入城市并在城市中等待就业,导致严重的失业问题。其政策建议在于解决城市不断增加的高失业率,即通过降低城市工资、发展农村经济以缩小城乡差距,从而抑制人口流动。①

可见,这两个模型在前提假定和政策含义上是对立的。刘易斯描述了剩余劳动力转移的过程,认为这是经济发展的关键。托达罗则看到,

---

① 人口流动模型可参见谭崇台,《发展经济学》,上海人民出版社,1989 年版。

在这个过程中,虽然农村还有大量的剩余劳动力,但城市已经出现了严重的失业问题。托达罗描述的是一些发展中国家出现的现象,这些国家大城市中存在大量的贫民窟和失业人群。他们没有正式工作,却不愿意回到农村。

不少学者认为,考虑到托达罗描述的这种情况,中国应该转变城市导向的发展策略,更多地走离土不离乡的道路,避免出现城市过度拥挤的状况。

问题是,中国是处于刘易斯描述的世界,还是托达罗的世界?

两者的关键分歧在于:农业劳动者在城市的工资是如何决定的。刘易斯假定城市劳动力市场是完全的,工资起着调节机制,则市场出清,不存在失业。托达罗那里,城市工资被假定由外生的制度因素(政府的最低工资法和工会的垄断力量)决定,并呈上升态势,这时城乡巨大的收入差别将吸引农业劳动者承担失业的风险进入城市,并留在城里寻找工作;这样,城市工资越高,城乡差距越大,城市的失业率越高;其中的调节机制在于失业率的上升而不是工资。

刘易斯认为城市的工资由农村收入决定,在农村剩余劳动力全部转移之前,城市部门以不变工资获得无限供给的劳动力。所以,在市场化条件下,永远不会处于托达罗世界,而总是处在刘易斯世界之中。

乍一看,我国是两个模型的综合情况:农村有大量的富余劳动力,平均劳动生产率很低,城乡差距引起劳动力的无限流动;城市存在一定的失业。然而,我国转型经济的特点是由计划经济向市场经济的转变,城市中存在着明显的二元体制:计划体制部门和市场主导部门。前一部门的用工制度由政府严格控制,缺乏激励和流动机制,收入分配有平均主义的倾向,可以说这类部门的工资或收入由制度决定;后一个部门的供求双方在劳动力市场上自由决策,工资水平完全由市场决定。这就是城乡二元的劳动力市场。

这样,如果农业劳动者进城通过较完全的劳动力市场就业于市场主导部门,那么人口流动就是刘易斯的;如果就业于计划控制部门,工资由制度决定,人口流动就是托达罗的。中国的现实显然属于前一种。

笔者同时可以解释,为什么中国没有出现托达罗所描述的大的城乡差距将和城市高失业率并存的现象。城市劳动力市场在较低的工资水平处出清,均衡工资刚等于农村收入与流动成本之和,只要城市工资不高于这个均衡水平,农业劳动力就无法承担进城找不到工作的风险,大规模失业就不会出现。实际上,农民进城之前,一般都通过亲朋事先联系介绍,有较大的就业把握才进城,"盲流"的高成本使"盲流"很少。同时,找不到工作的农业劳动者在城市得不到任何失业保障,城市生活水平相对较高,农民很难长期承受;另外,由于城市的文化、习惯和农村差异很大,农民待在城市需要很大的心理调整成本,相反,务农的收入虽低,却有着保障的功能。所以,农民一旦进城找不到工作,将会很快返乡,而不是像托达罗认为的将会留在城市中寻找工作。

事实上,当前农民工在城市所获得的保障还是很少的,反而在农村获得的保障更多。中国现在陆续提高了最低工资标准,这些标准成了企业招工的基本工资,然而,就这个基本工资而言,相比在农村的基本收入,并没有多少吸引力。进城务工者通常要通过赚取加班费,才能获得过得去的收入。当前,农村已经初步建立起了一套基本的社会保障体系,除了土地能够提供基本的生活条件外,还有了新型农村合作医疗体系,以及最低保障制度。这些制度全都是依赖于户籍制度,进城务工者在城市是享受不到类似保障的。

2

"刘易斯拐点"，不再是传说

刘易斯是获得过诺贝尔奖的发展经济学家，他认为在城乡二元经济中，开始时城市可以不变的工资找到无限多的劳工，因为农村劳动力过剩，但到了某个时刻，城市除非涨工资，否则就不会有新增劳动力进城工作。这个时刻，就被称为"刘易斯拐点"。珠三角等地外企出现的"用工荒"和"加薪潮"就是"刘易斯拐点"到来的有说服力的证据。

在此后经过经济学家拉尼斯和费景汉的发展，上述的"刘易斯拐点"被称为"刘易斯第一拐点"，用来描述工资由固定到上涨、劳动力供给进入相对短缺的时刻。随着经济进一步发展，还会迎来"刘易斯第二转折点"，就是"城乡一体化点"，即在收入报酬上，劳动力在城市还是农村就业完全没有区别。

当然，进城务工者收入的增加有多种可能，而不仅仅是劳动力短缺造成的。"刘易斯拐点"是由于剩余劳动力转移到一定阶段，劳动力出现相对短缺而出现的工资上涨。进城务工者工资上升，可能只是对通货膨胀的一种反应。如果所有东西都在涨，包括在城市生活的衣食住行，而务工工资只是同步上涨，那实际工资其实是没有变化的。这时候，农村可能仍有大量剩余劳动力，这当然不能被看做是"刘易斯拐点"到来的标志。

现存的数据看上去支持了"刘易斯拐点"到来的判断。2010年中国的通胀率接近5％，2011年在5.5％左右。然而，如果你去问企业这两年的普通工人工资上涨了多少，他们大都会给出年均上涨10％～20％的回答。无论是外资企业，还是民营企业，这两年工资上涨都是相当明显的，中小企业的工资涨幅尤其明显。要知道，前些年沿海地区工资一直没有显著上涨。当然,你可以说数据有问题,通胀率不准。撇开这点不谈,如果就看上述两组数据,那么中国工资上涨速度已经大大超过了一般物价的涨幅。这已符合"刘易斯拐点"到来的定义。

进城务工者工资上升还有一些显而易见的原因,比如他们在农村收入的增加,会相应增加他们在城市要求的工资。这些年,劳动者在农村的收入水平有了较大提升,如果城市工资水平不涨的话,就很难吸引到农村剩余劳动力。现在不少人对于背井离乡去打工挣钱并不满意,他们在家乡也能找到季节性工作或者做点小生意。一年算下来,收入也差不了多少。参见表7-1。

表7-1 农村居民家庭人均年纯收入、年经营性纯收入及增长率(1999—2009年)

年份	农村居民家庭人均年纯收入(元)	名义增长率	实际增长率	农村居民家庭人均年经营性纯收入(元)	名义增长率	实际增长率
1999	2210.30	2.20%	3.70%	1448.36	−1.21%	0.29%
2000	2253.42	1.95%	2.10%	1427.27	−1.47%	−1.37%
2001	2366.40	5.01%	4.20%	1459.63	2.24%	1.44%
2002	2475.60	4.61%	5.00%	1486.54	1.83%	2.23%
2003	2622.20	5.92%	4.30%	1541.28	3.62%	2.02%
2004	2936.40	12.00%	7.20%	1745.79	12.46%	7.66%
2005	3254.93	10.85%	8.60%	1844.53	5.50%	3.30%
2006	3587.04	10.20%	8.70%	1930.96	4.58%	3.08%
2007	4140.36	15.43%	10.00%	2193.67	12.76%	7.36%
2008	4760.62	15.00%	8.50%	2435.56	10.46%	3.96%
2009	5153.00	8.24%	8.50%	2526.80	3.68%	3.98%

资料来源:根据 CEIC 数据计算。

那么,如果是由于农村收入的增加带动了城市工资的上升,这还是"刘易斯拐点"吗?答案是肯定的。这时的城市工资上升虽然不是剩余劳动力加速转移的结果,但它也会改变"刘易斯拐点"的到来,确切地说,它会加速

"刘易斯拐点"的到来。因为,农村的工作机会和收入增加后,城乡差距就缩小了,农村相对于城市来说,就没有那么多剩余的劳动力需要转移了。

还有一种说法是,现在"80后",甚至"90后"逐渐成为新生代农民工的主体。他们的生活方式已经和父辈有很大不同了。他们的需求增加了,生活成本增加了,如果再像过去那样赚微薄的工资,甚至没办法养活自己,因而增加工资是必需的。这么说有一定道理。可是,对企业而言,如果农村中仍有大量剩余劳动力,他们就能不增加工资或者只增加少量的工资招到足够多的工人。工资上升说到底还是劳动力变得相对稀缺了。

中国廉价劳动力时代正在结束,这也能够从很多报道中看出来,就像我们在引言中提到的那样。现在有很多人将中小企业经营的困难归结为贷款难、贷款贵,实际上,你要是问企业最大的困难是什么,很多企业会说是用工成本和原材料成本的上升,而同时自己商品的价格却很难涨上去。由此来说,劳动力成本上升越来越成为一个趋势。

3

劳动力成本上升怎样影响宏观经济?

2010年的食品价格在供求大致平稳的情况下不断走高,一个重要原因是用工成本的上升。一个在用工成本—食品价格—生产生活成本之间相互强化的正反馈机制正在形成,这是前所未有的。

特别是,工资—物价螺旋式上升机制有所显现。在20世纪70年代的西方"大滞胀"时期,工资和物价有一个很强的轮番上涨现象,并且两者互为因果。工资上升了,企业成本增加,商品价格就要上涨;而通货膨胀后,基本生活费用增加了,工会就要求加工资。

　　工资—物价的螺旋式上升是否会出现,取决于工资上升速度是否超过了劳动生产率的提升。近年来,我国制造业的工资水平一直快速上涨,但国内物价和出口商品价格保持稳定。原因在于,工资上涨在很大程度上被劳动生产率的提高所抵消,单位产出的劳动力成本增速保持在低位。有迹象显示,上述情况已有所改变。2009年单位产出的劳动力成本增速有了跳跃性上升。

　　并非巧合的是,在2010年用工成本影响突然加大的背后,是中国的"人口红利"同时也经历了拐点。尽管严格意义上的"刘易斯拐点"是否到来这种争议还很大,但中国的"人口红利"已经历史性地见顶回落。按照世界银行的相关统计,中国15~65岁的人口比重在2010年达到72%的顶点后就开始快速下降,至2050年将降至61%左右;同为人口大国的印度,其适龄劳动人口比重将到2040年才会见顶回落。参见图7-1。

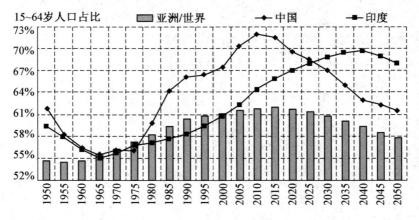

资料来源:世界银行。

图7-1　中国的"人口红利"趋弱的负效应将会越来越强

　　"刘易斯拐点"的出现是中国经济增速放缓、通货膨胀中枢抬升的一个重要因素。劳动力成本的上升增加了企业成本,这会减少商品的生产,商品价格也会上升。笔者在前面已经分析了中国经济在危机后表现出的一定的微型滞胀特征。这在一定程度上与劳动力成本上升有关。

4

"刘易斯拐点"会否终结中国制造?

从定义看,首先应该强调的是,"刘易斯拐点"的到来是中国经济发展的一个结果,不应该被视为洪水猛兽,总体来说它是一种积极现象。"刘易斯拐点"的到来将全方位改变中国的社会经济现状,而这些改变将会让更多普通劳动者更有尊严、更幸福地活着。

只有到了这个阶段以后,中国普通工人的待遇才能真正逐步改善。10年来,中国沿海地区工资水平基本维持不变,而出口和经济总量均有了很大的增加。可以说,普通劳工并未分享他们自己创造的经济财富。工资水平的适当提高可以促进节约劳动力的技术的进步,并且会提升人力资本投资的价值。而技术进步和人力资本投资是新经济增长理论的要义所在,这对于调整中国弊端多多的粗放式生产结构有着关键意义。

实际上,仔细辨析,当前工资水平的上调并不真正反映了中国已进入了劳工短缺时代,在很大程度上这只是对过去劳工待遇过低的一种调整。从一般商品价格到耐用商品价格,在过去这段温和通胀时期,均有了明显上涨,生活成本也就明显增加。相应地,从公务员到一般白领,过去10年工资福利也呈上升趋势,相比之下,普通工人工资的增加则极为有限。

"刘易斯拐点"的到来也将开启消费拉动型经济时代。尽管存在统计数据低估中国消费占GDP比重的问题,但中国投资和出口长期以来超高速增长是显而易见的,经济未来最大的增长动力只能来自消费。启动消费的动力来自两个方面:一个是收入水平更加公平,因为低收入者会将更多的收入用于消费;另一个是家庭收入在国民收入中的比重增加。数据显示,消费在 GDP 比重中的下降,其实反映了家庭收入相对企业收入和国家收入在国民收入中占比的下降。显然,普通劳动者工资待遇的增加有助于从总体上改善中国的经济结构。

此外,随着人口结构的变迁,社会中进行"正储蓄"的劳动人口下降,而"负储蓄"的老年人增加。因而,整个社会总的储蓄率将下降。也就是说,中国持续 40％的高储蓄率将不会永远持续下去。这固然会带来一定的风险,因为高储蓄率对中国这种增长方式的重要性有目共睹。但是,高储蓄的背后是低消费,而一个家庭的收入只能是由这两个此消彼长的部分构成。我们要变投资和出口推动的经济为消费推动的经济,储蓄率的下降就是题中之意。"人口红利"的消失将有利于这种转变。

人口结构转变之后,劳动力成本的增加会给企业带来不可逆转的压力,但这是否会逼死企业,而不是促进企业顺利转型? 答案将是复杂的。一些人担忧"用工荒"引起的加工资,将使得"中国制造"丧失低成本优势。静态地看,根据中国制造业当前所处的全球分工位置,消化成本提升的空间十分有限,一定幅度的劳动力价格上升对一些产业和企业来说就可能是致命的。

然而,鉴于中国的国情,劳动力成本不大可能转变为中国企业竞争力的一个短板。中国的劳动力成本虽会不断增加,但相比而言,仍然是低廉的。在相当长一段时间里,我们都要为如何充分利用庞大的劳动力而不是解决劳动力短缺而焦头烂额。现在,一听说"用工荒",好像我们的劳动力资源会立刻紧缺,实际上,农村还有超过 2 亿的劳动力等着"市民化"。这需要一个壮观的城市化进程来完成。

更要紧的是,低劳动力成本只是经济增长的一个条件,甚至是一个并不那么重要的条件。改革开放前,中国的人口数量就是世界第一,为什么经济不增长呢? 现在非洲的劳动力仍远比中国便宜,为什么非洲经济长期停滞呢? 与劳动力低廉相比,中国的经济增长在更大程度上得益于改革开放所构建的有效的激励机制以及巨大的市场和人力资本的积累。再者,我们时常抱怨我们卖出八亿件衬衫才能进口一架空客飞机,如果劳动力无限供给不改变,我们就只能陷于低附加值的"比较优势陷阱"①而无法自拔。

人口结构转变与增长方式成功转型之间的关键点在于,技术进步能够同步实现。这在很大程度上取决于人力资本的提升。在人口转变之后,中国的劳动力是贵了,但变贵了的劳动力要能被世界市场认可就必须具有相应的劳动生产力。劳动生产力提高之后,中国企业就能够将增加的成本负担转移给国内外消费者。

劳动力的减少并不会自然而然地带来中国制造业的转型,坐等人口结构转变催生技术进步可能过于乐观了。加快人力资本投资是提升劳动生产力的必然一步。人力资本形成需要一个周期,这正是我们现在需要着手人力资本积累的原因。中国的人力资本投资在城市取得了可喜的进步,但广大农村地区的情况仍不容乐观,很多青少年所接受的教育仅限于中学阶段。基础教育的普及为中国制造业的崛起提供了强大支持,但可能无法支撑中国制造业的进一步转型。

此外,人口结构转变也不会自然带来全要素生产率(Total Factor Productivity,简称 TFP)的改进。全要素生产率的提升是结构调整的要义所在。苏联曾经有过辉煌的产出增长纪录,但主要是靠资本和劳动力投入增加实现的。改革开放之初,中国的全要素生产率随着体制改革而出现过若干次跳跃式提升,但既有的改革动能已经释放殆尽。在金融等部门深化

① 比较优势陷阱:一国(尤其是发展中国家)完全按照比较优势,生产并出口初级产品和劳动密集型产品,则在与技术和资本密集型产品出口为主的经济发达国家的国际贸易中,虽然能获得利益,但贸易结构不稳定,总是处于不利地位。——编者注

改革开放，应该是实现经济增长方式转变的必由之路。这需要一系列积极的举措。

结构性调整主要应依赖市场，其中包括人口结构转变带来的要素价格的变化，但更多的要靠放松管制。金融危机再度表明，自由放任的市场模式是有缺陷的，但中国的问题恰恰是距离自由市场体制太远，而不是太近。市场经济仍然是最有效率的资源配置方式，中国尚未充分挖掘其效率。在过去，政府将大量资源直接投入到基础设施建设之中，现在，社会保障、收入差距等制度性基础设施更值得政府去做。这是结构性调整动力的主要源泉。由此，消费和服务业才能更快增长。这些是我们自己要办好的事情。

5

劳动力变贵了，还能靠什么？

总产出的增加，即经济增长有两种途径：一是增加投入，如投资基建和增雇员工；二是提高效率，如创新管理和更新技术。新古典经济学认为，增加投入推动的增长因要素的边际生产率递减而难以持续，只有依赖效率提升的增长才是可持续的。由此，研究怎样提高效率是研究经济长期增长的核心。全要素生产率是度量增长效率的主要指标，指在剔除要素（如资本和劳动）投入之后，由技术进步和规模效益等因素导致的产出增长。

自1978年经济改革启动以来，我国小步渐进的改革策略促使国内经济取得了令人瞩目的高增长。与此同时，关于中国经济增长方式的讨论日益增多。然而，苏联以及金融危机前的东亚的经验表明，经济增长的关键不在于实现了一段时间的高增长，而在于实现的是什么样的高增长、增长能否持续。许多学者指出，中国的增长方式带有鲜明的"粗放式"特征，全要素生产率的贡献度较低,有证据表明,20世纪90年代中期后中国还出现了增长质量下降的苗头。那么,中国的增长在多大程度上是粗放式的增长? 全要素生产率贡献了多少? 全要素生产率是否存在恶化趋势?

笔者认为,中国的技术进步对经济增长的贡献还有很大的提升空间。1978—2006年间全要素生产率平均年增长达2.9%,对同期经济增长的贡献达27.08%。这个增长率和贡献度差强人意。全要素生产率增长率波动呈现收敛态势,显示出更强的可持续性。与20世纪80年代相比,20世纪90年代以后的全要素生产率变动较为平稳。1978—1990年间全要素生产率增长率的标准差为2.43,明显高于1991—2000年间的1.69,而1995—2006年间仅为0.59。全要素生产率增长率未有明显下滑。而且,20世纪90年代的全要素生产率平均增长率明显快于20世纪80年代,由2.1%上升到3.8%,提高了1.7个百分点之多。其中,在20世纪90年代的前5年里,全要素生产率平均增长率达到了29年中的峰值,即5.2%,对经济增长的平均贡献率达34.5%。新千年之后的全要素生产率平均增长率为3.3%,仍高于改革开放以来的平均增速。见图7-2、图7-3、表7-2。

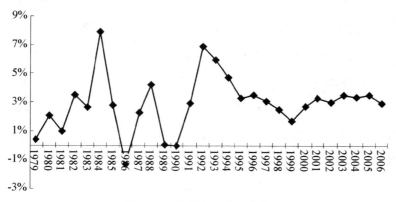

图7-2 全要素生产率变化

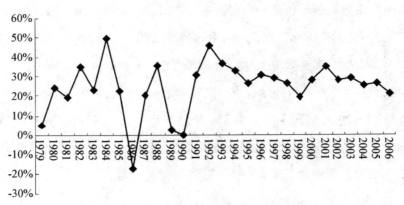

图 7-3　全要素生产率的贡献率

　　改革进程和重大事件对全要素生产率影响巨大。1978—1984 年全要素生产率出现了一个举足轻重的增长期,从 1979 年的 0.4％提升到 1984 年的 7.9％,对经济增长率的贡献度也由同期的 5％迅速提升到 50％。这个成就应该主要归功于改革开放的启动和经济制度的变革,二者有力促使经济增长向潜在水平靠近。改革重心转到城市后,进展并不像农村改革那样顺利,同时通胀也开始"活跃"起来,导致了全要素生产率增长率的快速回落。全要素生产率增长在 1987—1988 年间有所恢复后,在 1989 年重陷停滞。1992 年开始的第二轮改革开放显著地提升了全要素生产率增长率,但其后出现了一个下降周期,尤其是 1995 年开始的全要素生产率增长乏力,在学界引起了广泛关注,此时出现了一个明显的"资本深化"过程。不过,进入新千年,全要素生产率增长开始企稳。

　　我们还可以进一步看全要素生产的来源。近 30 年来,我国技术效率无明显改善。2006 年 48％的技术效率,比 1978 年的 46％改善不多。改革开放以来技术效率在 45％～53％间变动,大部分年份在 50％以下。这意味着,与可以达到的最佳效率状况相比,全国平均的技术效率只达到其一半左右。技术效率波动较大,近年处于较低水平。1978—1982

年,全国平均意义上的技术效率有一个明显的提升,此后回落并在1983—1989 年间保持在 48% 的水平上下。1988—2003 年间的技术效率变化经历了一个倒 U 型路径,并在 1995—1996 年间达到了 53% 的峰值,此后出现明显下滑,并回落到 1983—1989 年期间的水平,直到 2003年以后才有所扭转。2004 年以后技术效率开始企稳,并略有改善,但仍处于历史较低水平。

表 7 - 2　全要素生产率的增长、构成及其对经济增长的贡献度

年份	技术效率变化	技术进步	纯技术效率变化	规模效率	全要素生产率变化	实际 GDP 增长率	全要素生产率贡献度
1979	1.010%	0.994%	1.016%	0.994%	1.004%	7.91%	5.060%
1980	0.983%	1.038%	0.974%	1.009%	1.021%	8.64%	24.297%
1981	1.071%	0.943%	1.031%	1.039%	1.010%	5.12%	19.539%
1982	1.042%	0.993%	1.039%	1.003%	1.035%	9.99%	35.032%
1983	0.960%	1.068%	0.975%	0.985%	1.026%	11.07%	23.492%
1984	0.995%	1.085%	0.997%	0.998%	1.079%	15.93%	49.607%
1985	1.010%	1.018%	1.012%	0.998%	1.028%	12.36%	22.651%
1986	0.991%	0.996%	1.002%	0.989%	0.987%	7.48%	−17.385%
1987	0.987%	1.037%	0.994%	0.993%	1.023%	11.23%	20.482%
1988	0.998%	1.045%	1.000%	0.998%	1.042%	11.80%	35.593%
1989	1.015%	0.986%	1.011%	1.004%	1.001%	3.97%	2.521%
1990	1.028%	0.973%	1.019%	1.009%	1.000%	5.29%	0.000%
1991	1.021%	1.008%	1.027%	0.994%	1.029%	9.39%	30.894%
1992	1.010%	1.058%	1.066%	0.948%	1.069%	15.04%	45.876%
1993	1.009%	1.050%	1.020%	0.989%	1.059%	16.14%	36.564%
1994	1.013%	1.034%	1.009%	1.004%	1.047%	14.23%	33.018%
1995	1.014%	1.019%	1.011%	1.003%	1.033%	12.53%	26.342%

续　表

年份	技术效率变化	技术进步	纯技术效率变化	规模效率	全要素生产率变化	实际GDP增长率	全要素生产率贡献度
1996	0.997%	1.038%	0.989%	1.009%	1.035%	11.53%	30.351%
1997	0.976%	1.056%	0.983%	0.993%	1.031%	10.81%	28.669%
1998	0.989%	1.037%	0.988%	1.000%	1.025%	9.57%	26.110%
1999	0.985%	1.032%	0.991%	0.995%	1.017%	8.73%	19.465%
2000	0.986%	1.041%	0.989%	0.997%	1.027%	9.60%	28.119%
2001	0.988%	1.046%	0.989%	1.000%	1.033%	9.47%	34.846%
2002	0.969%	1.063%	0.982%	0.987%	1.030%	10.59%	28.319%
2003	0.981%	1.056%	0.997%	0.984%	1.035%	12.19%	28.724%
2004	1.009%	1.026%	1.026%	0.983%	1.034%	13.44%	25.289%
2005	0.997%	1.039%	1.016%	0.981%	1.035%	13.27%	26.367%
2006	1.003%	1.026%	1.007%	0.997%	1.029%	13.84%	20.951%
1978—2006	1.001%	1.028%	1.006%	0.996%	1.029%	10.71%	27.080%

　　总之,与发达国家相比,我国全要素生产率增长的贡献率仍有较大的提升余地。在经济增长中,资本投入贡献率比全要素生产率增长更大。从这个意义上说,笔者的结论无法打消对中国粗放型增长模式的忧虑。中国经济要实现更好更快的增长还需要加快落实科学发展观。与东部和西部省份相比,中部省份的全要素生产率增长率较低。这在一定程度上是因为当前中部省份的尴尬境地:东部地区具备对外开放的区位优势,而西部地区拥有西部大开发的政策支持。笔者的研究验证了加快实施中部崛起战略的必要性。与20世纪80年代相比,近10年的全要素生产率增长更趋稳定,更具可持续性。虽然1995年以后全要素生产率增长出现过连续几年的下滑趋势,但2000年以来全要素生产率重新开始稳定增长。这意味着,中国经济持续增长的基本面未变。

6

中国人力资源前瞻

正如哈佛大学的帕金斯教授所指出的,中国经济在改革开放之前就具备了许多优良的增长要素:庞大而受过良好教育的劳动力、较为完备的工业体系等,那时也不缺乏良好的发展愿望,但所有这些只有在良好的制度安排下才能转换为国民财富。

最近,中国经济专家、美国匹兹堡大学的罗斯基(Thomas G. Rawski)教授发表了一篇论文,着重讨论了人力资源在中国经济增长中的重要作用。他特别指出,中国在 1949 年之前其实就积累起了大量的人力资本;中国异常丰富的人力资本是中国经济持续增长的最重要的驱动力;在改革开放之后,中国的人力资本积累也相当迅速,沿海地区的人力资本深度尤为惊人。这意味着,如果别的国家没有像中国这样优越的人力资本基础,那么即便施行了与中国类似的经济政策和体制改革,也很可能不能获得与中国类似的增长绩效。

在"刘易斯拐点"出现之后,人们说中国的人力资源正在萎缩。尽管如此,对于世界第一人口大国来说,在人力资源上仍有相当大的腾挪空间。尽管中国经济总量位居世界第二,但人均 GDP 离领先国家还相距甚远。

更为重要的是,人力资源包括劳动力数量和质量两个方面。罗斯基教授其实强调的不是前者,而是后者。就人口密度来说,中国不在密度最大的国家之列。人口众多的国家还有很多,印度和巴西的人口都有可能在将来超过中国。人力资源更关键的在于劳动力的质量,也就是人力资本的大小。

人力资本是蕴涵在劳动者身上的生产能力,它包括通过正规教育、在职培训和实践中"干中学"(一边干一边学)所得到的知识、技能和经验,通过提高营养而改善的健康状况。同物质资本一样,这些资本不是人类与生俱来的,而是后天投资形成的;而且,人们进行人力资本投资的目的也是为了提高生产效率,这是它被称为"资本"的原因所在。实际上,我们也可以把学生称作"工人",他们的重要工作是生产将来用于未来生产的人力资本。

应对"刘易斯拐点"到来的最后一个利器就是技术进步,简单地说,技术进步代表了更好的生产方法,用同样多的劳动和资本可以获得更多的产品和劳务,它包括知识的进步与运用、规模经济的实现以及资源配置的改善。要想提高学习成绩,光有先天的IQ(自然资源)、学习材料(物质资本)和基础知识(人力资本)是不够的,高效的学习方法(技术知识)才能让一些聪明的学生事半功倍。在古代,大多数人都是农民,这不仅是"重农抑商"的结果,还因为牛耕铁犁的落后技术需要大量劳动力投入才能养活所有的人。现如今,由于农业技术进步,少数人生产就可以保证整个国家所需的农产品。

第八章
美元危机和人民币崛起的共识与偏见

> 一个伟大时代的落幕,必然伴随着另一个伟大时代的开启。自2007年金融危机爆发以来,国际货币体系从单极向多元发展的"星河欲转"渐成大势,地球人似乎已经无法阻止美元的没落和人民币的崛起。2011年下半年美债危机的爆发和"占领华尔街"浪潮的兴起,让美国和美元显得更加风雨飘摇;而国际社会对人民币升值的翘首以盼甚至粗暴施压,则令人民币的升值预期进一步增强。星云变幻之中,千帆舞动,货币时代的更替似乎正在加速到来。那么,这一切会在2012年迎来高潮吗?美元危机是否近在咫尺?人民币崛起又将如何演绎?美元和人民币之间有怎样不可不说的故事?

1

美元危机,"Not 2012"

"思想是块泥土,随着环境的变迁它被揉捏成不同的形状。"就像雷马克在《西线无战事》中写的那样,经济理论和经济思想并非一成不变,而现实的经济世界更是色彩斑斓、变幻莫测,用僵化的思想去理解和套用新鲜的现实,往往会走进误解和偏见的死胡同,"许多理论都像一扇窗户,我们通过它看到真理,但是它也把我们同真理隔开"(纪伯伦《沙与沫》)。在经济学的众多百叶窗里,汇率理论是最多叶的,无论是汇率决定的购买力平价理论、利率平价理论、国际收支理论,还是资产市场理论,都给理解汇率提供了一种独特的视角。从每一叶望出去,现实世界的汇率变化似乎都有理可循,但其下一步的走势又往往出人意料。因此,在接受每一个关于汇率的市场共识之前,我们都需要多一分的小心、多一度的观察和多一秒的思考。

如果稍加留意,就会发现,自 2007 年至 2011 年,市场中断断续续地流行着一个关于美元的共识,更确切地说是,诅咒。伴随着 2007—2009年的次贷危机和 2011 年 7—8 月的美债危机,市场愈发笃信,美元危机渐行渐近,美元的霸权时代势必将一去不复返。但有趣的是,美元有过跌跌不休,也有过节节攀升,一直在波动,从未被超越。命中注定的崩溃和危机似乎近在咫尺,却从没有真正降临。这个桥段不禁让人联想起乔治·马丁的《冰与火之歌》,在这部关于剑、魔法和龙的魔幻史诗里,深沉、睿智又审慎的北境之王艾德·史塔克总是在念叨"凛冬将至",但直到死亡,他都生活在那个看似随时都会终结的长夏里,以至于"凛冬将至"这句名言后的惯常性答复更让人记忆尤深:"Not Today(不是今天)。"

那么,在"2012"这个最不缺少诅咒的年份,被诅咒的美元危机会最终到来吗? 我们的答案很熟悉,也很简单,"Not 2012(不在 2012)"。不管国际货币体系从单极到多元的演化是多么必然,不管美元的未来是多么苟延残喘,至少在 2012 年,这一切不会迎来宿命的终结。这个答案源自对美元短期波动、中期趋势和长期命运的全息观察和动态思考。

综合理论世界的多维视角和现实世界的实践经验,笔者认为:短期内,汇率是国际外汇市场的货币价格,由买方和卖方的市场行为所共同决定;中期内,汇率是宏观基本面相对强弱的真实货币反映;长期内,国际地位的变化则决定着一种货币的长期命运。对于 2012 年这个说长不长、说短不短的时间切面,汇率市场多空角力和心理变化导致的短期波动并不是我们关注的焦点。伴随着时间长度的延伸,短期波动终将被熨平,美元在2012 年中期趋势的大致走向,以及一年中长期命运的微妙变化才是决定美元危机在这一年是否会发生的关键。

从中期趋势看,2012 年美元可能依旧会在"先扬后抑"的结构变化过程中,呈现出相对弱势的整体状态,但大幅度贬值引发美元危机的可能性微乎其微。美元不会崩盘式贬值的原因有二:其一,危机伴生的避险需求将给美元汇率形成无形托底。真正的危机恐慌和不确定性始终是美元坚挺的温床,而非美元贬值的推手。虽然布雷顿森林体系已经崩溃,但美元一直在全球范围内发挥着价值贮藏的货币功能,美元资产,特别是中长期美国国债,被市场公认为最具有避险价值的投资品之一。即便美国自己置身于危机漩涡的中心,避险需求依旧会继续追逐美元资产,因为以美国为核心的危机总是会升级为全球危机,而全球危机的企稳也往往以美国危机的见底为契机。回眸历史,危机往往是美元走强的催化剂。参见表 8-1 和图 8-1。在 1964 年 1 月至 2011 年 8 月连续的 572 个月内,美元名义有效汇率(由美元对 27 种货币双边汇率根据贸易比重折算而来的,美元对一篮子货币的综合汇率)升幅排名前 10 位的月份均伴随着影响深远的危机,其中有 6 个月份处于官方认定的美国衰退周期内,排名前 5 位的月份有 4 个处于衰退期,排名前 15 位的月份则有 13 个伴随着危机。最近的两个例子是次贷危机和美债危机,2008 年 8 月至 2009 年 2 月可谓次贷危机中最黑暗的几个月,美元名义有效汇率却于此间升值了 13.41%;2011 年 7—8 月,美债危机轰轰烈烈,美元却几乎不为所动,走出了一条匪夷所思的水平线。再看 2012 年,主权债务危机的演化甚至恶化还将深入下去,全球经济的失速则将更趋明显,满地堆积的避险需求将继续扮演美元护花使者的角色,力阻美元任何可能的破位下行。

表 8-1 美元升幅历史排名及所处阶段(1964.1—2011.8)

排　名	时　间	升值幅度	所处危机阶段	所处衰退周期
1	2008.10	6.27%	次贷危机	2007.12—2009.6
2	1982.6	4.56%	石油危机	1981.7—1982.11
3	1991.3	4.26%	海湾危机	1990.7—1991.3
4	2008.8	4.14%	次贷危机	2007.12—2009.6
5	1997.12	4.06%	亚洲金融危机	NA
6	2010.5	3.66%	主权债务危机	NA
7	1992.11	3.60%	欧洲货币危机	NA
8	1974.1	3.60%	石油危机	1973.11—1975.3
9	1964.5	3.50%	古巴导弹危机	NA
10	1995.8	3.12%	墨西哥比索危机	NA
11	2008.11	3.07%	次贷危机	2007.12—?
12	1981.5	3.00%	石油危机	NA
13	1982.2	3.00%	石油危机	1981.7—1982.11
14	2000.5	2.91%	NA	NA
15	1984.7	2.89%	NA	NA

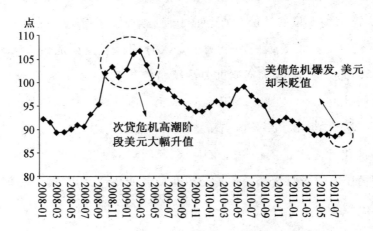

数据来源:IMF、BIS、CEIC、Bloomberg,如无特别说明,下同。

图 8-1 两次危机阶段的美元名义有效汇率走势(2008.01—2011.08)

其二,美国经济的相对稳健将给重心下沉的美元汇率形成有效托力。实体经济永远是货币汇率的物质基础,2012 年最超出市场预期的经济动向之一,可能将是美国经济的相对稳健:相对纠结于制度危机的欧洲、受困于自然灾害的日本和局促于追赶疲惫的新兴市场国家,美国经济在就业企稳、消费接力后有望呈现出更为强势的复苏态势,美国经济的表现甚至可能优于市场惯常理解的那些"稳定轴"。根据国际货币基金组织 2011 年末的最新预测,2012 年美国经济有望实现 1.8% 的增长,较 2011 年提高 0.3 个百分点,是少数能够实现增长提速的经济体。2012 年,欧元区经济增长预估值为1.1%,较 2011 年下降 0.5 个百分点;作为欧元区的"稳定轴",德国和法国的增长预估值也将较 2011 年下降 1.4 和 0.3 个百分点。2012 年,新兴市场国家经济增长预估值为 6.1%,较 2011 年下降 0.3 个百分点;作为新兴市场的"稳定轴",巴西、俄罗斯、中国和印度这金砖四国的增长预估值也将较 2011年分别下降 0.2、0.2、0.5 和 0.3 个百分点。参见图 8 - 2。2012 年美国经济可预期的相对稳健可能归因于:危机状态下全球资本流动对美国的青睐;相对于欧洲的财政优势和新兴市场的物价稳定优势所带来的,相对更大的政策刺激空间;美国房市在多年危机后的最终企稳;美国消费在家庭去杠杆化完成后的重新崛起;美国经济领跑全球经济数十年所积累的极强韧性。

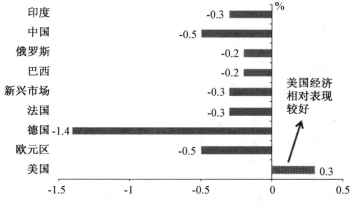

图 8 - 2 主要国家 2012 年经济增长率预估值相对 2011 年的变化

2012 年,避险需求的无形托底和经济对比的有效托力都将避免美元的崩溃式贬值,但却很难改变美元相对弱势的延续。影响汇率中期趋势的要素种类繁多,而其中一些将始终对 2012 年的美元走向形成下行拉力。一是全球套利交易的新变化。全球各国的利率水平总是存在巨大差异,为实现全球资产配置的最大收益,套利交易者从低利率国家借入资金,将其兑换成高利率国家的货币并投资,赚取利率差价,这一过程必然在国际外汇市场上伴随着卖出低息货币、买入高息货币的行为,进而导致高息货币相对于低息货币的汇率升值。以往,长期处于零利率状态的日元是套利交易借入货币的主要标的,而现在和未来,美元也正在并将继续加入这一阵营。毕竟,在 2011 年,美联储是少数没有贸然加息的央行,而在 2012 年,伯南克也已明确表示将继续维持 0%~0.25% 的基准利率区间。因此,作为低息货币的新代表之一,美元将继续受到全球套利交易的持续冲击。二是美国政府的弱势美元倾向。在次贷危机之后入主花旗集团的美国前财长鲁宾曾经天才地创造了一句经典货币名言:"强势美元符合美国利益。"这句饱含美国民族精神的话语,就像马丁·路德·金的"我有一个梦想",或是里根的"伟大的美利坚应该从事与自己相配的事业"一样,令人印象深刻。但实事求是地看,在就业压力较大、传统增长引擎效能不足的 2012年,弱势美元才真正符合美国利益。美国经济增长从来不以贸易为主引擎,却需要弱势美元"以空间换时间",借由奥巴马的出口倍增计划为美国经济增长换挡前行提供暂时性的补充动力。三是美联储量化宽松货币政策的延续。次贷危机爆发以来,美联储通过公开市场操作,买入政府支持债券和企业债券,向市场注入资金,2008 年 11 月 24 日启动的第一轮量化宽松货币政策(QE1)创造了超过 1 万亿美元的流动性,2010 年 8 月启动的第二轮量化宽松货币政策(QE2)则注入了超过 6000 亿美元的流动性。2011 年 8 月,在美债危机冲击下,美联储又进行了 4000 亿美元的"扭转操作", 即卖出短期债券买入长期债券, 力求压低长期利率。2012 年, 美联储将继续维持较大的资产负债规模, 并可能进行新一轮的资产购买 (QE3) 以向市场注入流动性。可能到来的新一轮资产购买, 以及美联储其他宽松货币举措, 将给 2012 年的美元汇率形成下行压力。

总之, 从中期趋势看, 2012 年发生美元危机的可能性微乎其微。避险需求的托底和经济相对强势的托力将避免美元发生崩溃式贬值, 但套利交易、弱势美元倾向和流动性注入政策反向的下行拉力将使美元整体维持弱势。从时序结构看, 伴随着货币政策效果的滞后显现, 下行拉力将在 2012 年渐次加大, 进而引致美元汇率"先扬后抑, 整体偏弱"的趋势。就市场熟悉的美元指数 (美元对 6 种主要货币的一篮子综合汇率) 而言, 2012 年走下 71 点历史低位的可能性较低, 但也难以在较长时期内高于 81 点。伴随着 2012 年不确定性的逐渐释放, 全年美元汇率的波动性将明显加大。

从长期命运看, 美元单极体系势必将被多元体系所取代, 美元的国际地位也的确在不断下降, 与此相对应, 美元汇率的长期重心则在一路下移。但就美元霸权的终结和美元危机的到来而言, 2012 年依旧是量变的中间站, 而非质变的终点站, 甚至从某种意义上看, 2012 年美元失势的程度在放缓, 这也意味着 2012 年爆发美元危机的可能性非常小。

深层次分析, 美元单极体系从诞生起就具有先天性缺陷: 鱼和熊掌不可兼得, 要维持市场对美元的信赖, 美元就不能多发行, 而美元要满足全球性货币需要又不能少发行。两难之下, 美元不断滑落, 自 1985 年 3 月至 2011 年 8 月, 美元名义有效汇率就下跌了 48.3%。

长期中, 美元国际地位的下降具体体现在两个层次: 第一个层次是金融层次, 美元在国际金融市场中的影响力不断下降。截至 2011 年 6 月, 国际债券以美元标价的比例为 38.16%, 较 2001 年的阶段性高点下降了 13.74 个百分点; 截至 2010 年底, 全球衍生金融产品中的美元及美国相关

产品占比为 38.3%，较 2001 年的阶段性高点下降了 7 个百分点。第二个
层次是经济层次，美国经济在全球经济中的影响力也在不断下降。1980—
2011 年，美国 GDP 占全球 GDP 的比例从 24.635%一路降至 19.105%。

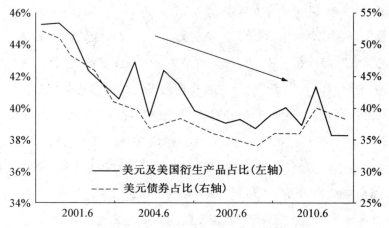

图 8-3 美元在全球金融市场的影响力(2001—2011 年)

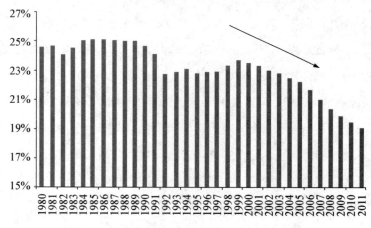

图 8-4 美国 GDP 全球占比(1980—2011 年)

2012 年，美元和美国经济的影响力恐将延续下降态势，但值得注意的
是，下降的速度将明显放缓，这为美元危机的爆发提供了缓冲。从金融层
次上看，欧元区的制度困境将进一步深化，对于其竞争对手美元而言，恰恰

是一个利好;从经济层次上看,根据国际货币基金组织的预测,2012 年美国 GDP 的全球占比将降至 18.708%,但占比降幅为 2.078%,不仅低于 2011 年 2.171% 的占比降幅,还低于 2007—2011 年 2.545% 的年均占比降幅,表明美国经济地位的快速下降将受到抑制。

总之,从长期命运看,2012 年发生美元危机的可能性依旧很小。尽管国际货币体系从单极到多元的发展趋势不可逆转,美元和美国经济的地位下降也为这一趋势奠定了物质基础。但 2012 年,美元和美国的失势速度将有所放缓,美元依旧是国际货币体系的核心,美元的坠落还在半空,并未真正"硬着陆"。

结合中期趋势和长期命运,即便美元危机在未来不可避免,但至少可以相信,"Not 2012"。

花开两朵,各表一枝。2012 年以美元为主角的故事似乎并不那么悲剧,那么,以人民币为主角的故事又将怎样演绎?

2

人民币崛起不等于人民币升值

"整体思想被局部观念所仇视,这就是进步的斗争。"雨果在《九三年》里如是写道。伴随着国际货币体系的演化和进步,一个以美元为单一核心的旧世界有如明日黄花,日渐式微,而另一个缤纷多彩、龙腾虎跃的新世界则迈着碎步,悄悄走来。新旧世界的更替和货币时代的变迁,夹杂着旧势力的挣扎和新势力的崛起,此间种种,似水流年,市场的焦点太容易被过程中的华彩所吸引,以至于局部观念和狭隘偏见充斥其中,让整体思想指引下的未来变得更加缥缈和模糊。

　　除却美元危机，人民币崛起是市场最为热议的货币话题，而不管是无心插柳，还是有意为之，这个话题无疑又充斥了最多的矛盾、非议、误解和局部观念。从整体思想审视，人民币崛起包括四个层次的内涵：以中国经济起飞为物质基础，以人民币汇率制度改革为必要条件，以人民币稳健升值为伴生过程，以人民币国际化为最终表现。但市场的局部思想总是习惯于将人民币崛起等同于人民币升值，甚至有大量别有用心的"友邦"对人民币指手画脚、横加指责，完全无视国际货币体系改革内生的渐进性，以及中国经济金融和谐互促的有序性，以至于人民币无辜地走向了全球经济再平衡的风口浪尖，走向了国际政策博弈的矛盾中心，走向了经济问题政治化的尴尬境地。

　　站在 2011 年和 2012 年的十字路口，人民币的艰难处境更趋明显。作为最为重要的国际性组织之一，国际货币基金组织多次强调人民币汇率"低估"，在最新的半年度《世界经济展望》短短数页的摘要中，国际货币基金组织就不惜两次点名中国应在全球经济再平衡中承担更大的货币升值责任。而继伯南克、盖特纳等政要不断抛出施压言论之后，美国更进一步，将施压人民币直接付诸于行。2011 年 10 月初，美国参议院就程序性通过了《2011 年货币汇率监督改革法案》立项预案，此案剑指人民币，将操纵汇率与贸易补贴绑定，要求美国政府调查主要贸易伙伴是否存在直接或间接压低本国货币币值以及为本国出口提供补贴的行为，并对汇率低估的国家施惩罚性关税。此外，就连少数新兴市场伙伴也加入了施压人民币的国际阵营。

　　逆流的冲击让人民币的未来变得愈发扑朔迷离起来。抛给 2012 年第一个问题就是：人民币崛起的萌芽会不会被国际社会的倒行逆施、口诛笔伐所扼杀？笔者的答案是不会。原因很简单、很直接，但依旧有力：人民币崛起的物质基础依旧坚实。在过去 30 多年时间里，中国经济增长强劲又不失稳健，潜移默化之中已经变成全球经济中一股不可轻视的新力量，这一势头，并不会在 2012 年发生任何趋势性的改变。根据国际货币基金组织的数据,1980—2011 年间,中国经济的平均增长水平为 10.01%,不仅高于发达国家平均的 1.92% 和全球经济平均的 3.35%,甚至还高于新兴市场国家平均的 4.57%。在国际货币基金组织有统计数据的 184 个经济体中,中国经济长期的平均增速高居第二位(仅低于由于 GDP 大幅波动而导致平均增速数据虚高的赤道几内亚),波动性也相对较小,而同为金砖四国的印度、巴西和俄罗斯的此项排名仅居第 16、第 110 和第 152。实事求是地看,过去的 30 年,是中国经济高速起飞、稳健发展的 30 年,就增量表现而言,中国经济可谓艳冠全球。而增量表现的一骑绝尘也在日积月累之后,让中国经济的存量表现日趋亮眼,成长为全球范围内不可忽视的重要力量。根据国际货币基金组织的估算,1980—2011 年间,中国经济经过购买力平价调整后的全球占比从 2.19% 上升至 14.35%,中国 GDP 绝对水平也高居全球第二位,仅落后于美国。参见图 8-5。丰厚的历史积淀为人民币的和平崛起奠定了基调,而这一基调并不会在 2012 年发生突然的逆转。根据国际货币基金组织的预测,2012 年,中国经济有望实现 9% 的增长,而根据中国自身"十二五"规划中的稳健目标,2011—2015 年,中国经济则将力争实现 7% 的年均增长。这一增长水平虽较前些年略有放缓,但依旧在横向比较中处于绝对领先地位,高于全球经济 4% 的预期增长。

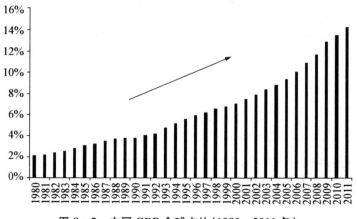

图 8-5　中国 GDP 全球占比(1980—2011 年)

2012 年，人民币崛起的物质基础依旧稳固，接下来的问题就是：2012
年人民币的崛起将会伴随着怎样的币值变化历程？全球诸多国家翘首以
盼的"人民币大跃进"会不会在万般逼迫之下变成无奈的现实？笔者认为，
伴随着人民币汇改的稳步推进，2012 年，人民币可能将延续小步升值态
势，出现大幅升值的可能性较小。

人民币不会大幅升值的原因有四：其一，汇改的三性原则将约束人民
币汇率的大幅波动。大国兴衰、货币崛起看似高深莫测，其实和人类的成
长有很多共通之处。一个人，即便发育得再快、长得再高，在独立的人格形
成之前，都只是未成熟的小孩。一种货币，即便币值表现再炫目，只要不具
有独立性、市场性，就难以在国际货币体系中担当重任。就人民币崛起而
言，币值强弱变化并不是特别重要，关键在于人民币是否具有独立的"币
格"，即其波动是否受到其他强权的限制，以及其价格形成是否及时、有效
地反映了市场供求和经济对比的变化。自 1994 年人民币摆脱"币格分
裂"，结束市场汇率与官方汇率并存的双重汇率制，探索建立有管理的浮动
汇率制度以来，美元就一直是人民币挥之不去的阴影。1994—2005 年，人
民币就像是拴在美元身上的风筝，随着美元币值的波动而上下起伏。2005
年，"币格"觉醒的人民币，决定剪断这根风筝线，力求在国际货币体系的蓝
色天空下自由翱翔。2005 年 7 月 21 日，中国正式实行以市场供求为基础、
参考一篮子货币进行调节且有管理的浮动汇率制度。在走过风雨飘摇的
5 年之后，2010 年 6 月 19 日，中国人民银行宣布，根据国内外经济金融形
势和我国国际收支状况，决定重启汇改。参见图 8 - 6。

回眸过往，人民币汇改一直在路上，并在危机间歇渐渐提速，但离最终
目标还差距甚远。展望未来，人民币汇改的有序推进还将秉承主动性、可
控性和渐进性的三性原则，在此过程中，人民币汇率币值发生大起大落的
可能性较小。

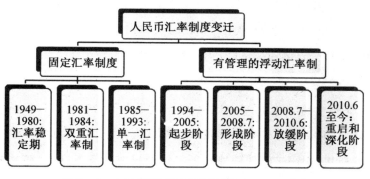

图 8 - 6   人民币汇率制度变迁(1949—2011 年)

人民币不会大幅升值的原因之二是升值空间较为有限。很多时候,市场感到不满足,并不是得到的不够,而是因为想要的太多。对于人民币,很多国家总是有一种畸形的欲望:他们并不关心人民币的成长,却异常渴望人民币的升值;他们并不在意人民币过去升值了多少,却不断要求人民币继续升值。事实上,自 2005 年汇改以来,人民币还未真正成长为成熟货币,就已经在这种畸形欲望的影响下体验了币值快速上涨的心路历程。2011 年 8 月人民币名义有效汇率为 112.54 点,2005 年 1 月则为 96.67点,此间人民币对 58 种货币整体升值了 16.42%;截至 2011 年 9 月 30 日,人民币兑美元汇率中间价为 6.3549 人民币/美元,2005 年 7 月 20 日则为8.2765 人民币/美元,此间人民币对美元升值了 30.24%。从绝对数值看,人民币 5 年来的升值幅度已然不容小视,更重要的是,相对而言,人民币汇率的变化已经较为充分地反映了过去几年中国经济实力的积聚和经济地位的提升。利用国际货币基金组织的数据进行测算,2005—2011 年间,中国 GDP 的全球占比上升了 4.89 个百分点,对应每一个百分点的地位提升,人民币对 58 种货币升值了 3.36 个百分点,对美元则升值了 6.19 个百分点。再看一看和中国同为金砖四国的印度,2005—2011 年间,印度 GDP的全球占比上升了 1.38 个百分点,对应每一个百分点的地位提升,印度卢

比对 58 种货币反而贬值了 10.12 个百分点。再看一看对人民币非议最多
的美国,2005—2011 年间,美国 GDP 的全球占比下降了 2.63 个百分点,
对应每一个百分点的地位下降,美元对 58 种货币贬值了 5.09 个百分点。
众所周知,这是一个全球化的世界,国际贸易的开展已经渗透到每一个角
落、每一种商品,对于任何一个国家而言,货币升值带来的出口抑制总是让
人心有不甘,货币贬值带来的增长刺激却让人乐于接受。以上对比表明,
在过去几年里,中国已经低调地接受了较大幅度的货币升值,而其升值幅
度更是充分反映了中国经济的地位变化;同为全球经济新贵的印度却不
愿、也没有承担起相对应的货币责任,依旧流连于货币贬值的畅快之中;至
于美国,更是放纵了美元的过度贬值,给国际金融市场带来了更大的波动
性风险。数据不会撒谎,无论从主观角度还是客观角度,人民币在汇改之
后已经经历了较为充分的币值调整,未来偏离基本面而发生大幅升值的空
间已然不大。此外,值得特别注意的一点是,人民币对 58 种货币的升值幅
度要明显低于人民币兑美元的升值幅度,这也是人民币受到非美国家指责
的重要原因之一。而这种结构恰恰表明,人民币同美元之间的瓜葛尚未彻

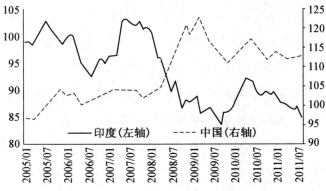

图 8-7　人民币和印度卢比名义有效汇率趋势(2005—2011 年)

底厘清,美元不负责任的快速贬值也给人民币带来了很多莫名烦恼。斩断愁丝,人民币迫切需要的不是升值,也不是贬值,而是进一步完善汇率形成机制,完善货币崛起的必要条件,不再为美元的变化而断愁肠。

人民币不会大幅升值的原因之三是,"外升内贬"的深层矛盾限制了人民币大幅升值。2005—2011年,人民币对外升值,名义有效汇率业已上升16.42%;而与此同时,人民币对内贬值,中国消费物价指数预估值上升了21.87%。外升内贬的结构让人民币充满了看似虚幻、实为真实的矛盾。从根本上看,这种矛盾恰恰是中国经济内部均衡与外部均衡同时缺失的货币表现。从内部看,中国经济的长期快速增长使得周期性风险潜在积累,产能过剩、流动性过剩、信贷增长较快、外贸增长较快、资产价格高企等"过热"现象的存在给物价稳定带来了较大冲击,导致人民币对内贬值。从外部看,不稳定的跨境资本流动,以及国际市场的过高预期给人民币对外升值提供了助力。展望未来,解决中国内部均衡和外部失衡同时存在的问题,需要对内经济结构调整与对外国际收支调节同步进行。而这一过程之中,人民币汇率的相对稳定是解开矛盾之结的必要前提,任何方向的大幅波动都将是中国货币当局所着力避免的。

人民币不会大幅升值的原因之四是,人民币不会因为不合理的国际施压而被动大幅升值。很长时间以来,人民币一直面临着较大的外部升值压力。汇改的主动性原则从主观角度表明,人民币不会轻易屈从于压力;更重要的是,从客观角度看,外部对人民币的施压并不合理。分析来自国际社会的论调,欧美国家和部分国际机构认为人民币汇率"应该大幅升值"的核心理由是,人民币汇率的实际水平较大程度弱于其"真实水平"、"均衡水平"或"合理价值"。遗憾的是,均衡汇率本身就是一个模棱两可的概念,物价、利率、货币、贸易、财富、资本、周期、生产力等要素似乎都能从不为人知的角度去影响这一虚幻的潜在水平,很难确切获知哪一种要素在哪一段时间发挥了怎样重要的作用。因此，均衡汇率理论及以此为基础的均衡汇率测算本身就充满争议，难以令人全然信服，用不同的方法去测算人民币汇率，可能会得到截然不同的结果。例如，在许多经济学家强调人民币汇率低估的同时，高盛研究团队在 2010 年 3 月 16 日的月评中却得出了"金砖四国货币都已高于其合理价值"的实证结论。普通的市场主体，可能并不知道那些放言人民币需要升值的经济学家们到底是用什么模型在测算均衡汇率，如果这些貌似高深的模型本身就不可信，由此衍生出的结论又有多少"理"在其中呢？其实，越是貌似玄妙看不懂的东西，可能越是不靠谱，刚刚过去的次贷危机已经从衍生品方面给我们上了现实的一课。

有趣的是，笔者曾用流行的模型做过一个关于美元均衡汇率的测算，结果让人啼笑皆非。测算结果表明，就其均衡汇率而言，美元在较长一段时间内一直是被低估的，按其理，也应该升值。这意味着，以"均衡之名"要求人民币升值的美国可能更需要用同样的尺子去量一量自己的货币。"理"的背后，其实是"利"，联系到奥巴马政府 5 年出口倍增的计划以及危机之中欧美复苏对贸易贡献的高依赖，西方政要要求人民币升值的利益诉求不言自明。因此，从客观角度深入分析，国际社会迫切要求人民币升值并非有理有据，2012 年，人民币不需要、也不会在这种无理的压力之下贸然大幅升值。

由此可见，2012 年，人民币崛起的物质基础依旧稳固，但崛起过程中伴生的人民币升值依旧是温和的、渐进的、有序的，大幅升值的可能性微乎其微。

接下来的最后一个问题就是，2012 年，在温和的币值变化过程中，人民币国际化会否继续？答案是肯定的。就像歌德在《上帝、心情和世界》中所吟唱的："流水在碰到抵触的地方，才把它的活力解放。"外部对人民币的议论纷纷甚至指手画脚,并不会改变人民币走出国门、走向国际的决心。

人民币国际化,即人民币在境外市场的逐步流通、人民币金融产品在国际市场的逐步渗透以及人民币在国际贸易结算中的逐步推行,不仅仅是中国金融竞争力提升的内在要求,也是国际货币体系多元化和全球经济多极化发展趋势的客观需要。大势所趋之下,人民币国际化一直在有序推进:2007 年,人民币债券首登香港;2008 年,人民币区域化进程提速,广东和长江三角洲地区与港澳地区、广西和云南与东盟的货物贸易开始进行人民币结算试点,中国与包括蒙古、越南、缅甸等在内的周边八国签订了自主选择双边货币结算协议;2009—2011 年,人民币互换协议规模不断扩大,跨境贸易人民币结算试点范围不断扩展。展望 2012 年,人民币国际化还将以区域化发展为核心方向、以扩大结算试点范围为主要内容,以发展人民币金融产品海外市场为创新手段,进一步大力推进。

总之,人民币崛起以中国经济起飞为物质基础,以人民币汇率制度改革为必要条件,以人民币稳健升值为伴生过程,以人民币国际化为最终表现。2012 年,人民币崛起的物质基础依旧坚实,重新启动的汇改也将按照既定步伐有序推进,人民币将进一步摆脱与美元的历史纠葛,完善与一篮子货币挂钩的汇率形成机制。在此过程中,人民币汇率将延续渐进、小幅升值的稳健态势,大幅升值的可能性微乎其微。即便受到外部不确定性加大、国际施压加剧的不利影响,人民币国际化仍将以区域化为核心方向大力推进。

2012 年,人民币崛起仍将继续,终点尚远,路途颠簸,但过程依旧激荡人心。

那么,这一路又将邂逅怎样的风景?

3

人民币 vs 美元：摩擦但并不对立

人民币崛起的未来并非一路坦途。新势力的崛起必将引起旧势力的抵抗，2012 年的人民币崛起将不可避免地伴随着争议和摩擦。人民币的崛起，是人民币的事，也是美元的事。可以打这样一个比喻：原本只属于你一个人的秘密宝地，突然变得不再由你独享，你能心甘情愿地与人分享和毫无怨言地接受？别忘了，这曾是一块专属的宝地，独自站在那里，不仅仅意味着居高临下的优越心理，还意味着唾手可得的经济利益。而美元，曾经就独自站在那样一个唯我独尊的位置，享受着天下我有的快感。人民币崛起，最最起码的，将终结美元一个人的精彩，让世界变得更加缤纷。这会让美国不高兴？显然是的，因为这预示着美国难以像以前那样凭借货币霸权轻而易举地收割来自全球的廉价资源和额外收益。

那么，人民币崛起，美国为什么不高兴？从根本上看，导致美元痴迷霸权的，不是过去那个赋予美元特权的布雷顿森林体系，而是信用货币骨子里的那份轻佻和放荡。

在影响颇大的《全球通史——1500 年以前的世界》中，斯塔夫里阿诺斯将人类最伟大的发明归结为铁、字母和货币。货币的神奇之处在于它将财富这个虚无缥缈却又引人入胜的概念变得具体和清晰起来。经过货币这个统一度量衡的量化，色诺芬、亚里士多德等哲学家眼里"直接或间接满足人类欲望"的财富立刻被庸俗却又有效地实现了"数字化"。令人吃惊的是，这个看似简单的转换魔法却让财富世界变得更为暗礁四伏和扑朔迷离起来。其中的奥妙在于，一小部分聪明却贪婪的人很快将"金银天然不是货币,货币天然是金银"的金玉良言扔进了历史的垃圾箱,而用不同的方式将货币这个伟大的发明印在了一钱不值的纸屑上。于是乎,上帝创造了金银,人类却选择了信用货币。

远离了真金白银这个所谓的"野蛮的遗迹",信用货币体系中的财富世界充满了虚幻的色彩,就像马克思说的,"受恋爱愚弄的人,甚至还没有受货币愚弄的人多"。早在1928年,美国经济学家费雪就睿智地发现了"货币幻觉"①,利用这种幻觉,别有用心的货币霸主往往可以通过转动货币魔方不为人知地完成财富再分配的"乾坤大挪移"。1868年,贝内特就抛出一个惊世骇言:"在新的时代,人们已经不再试图用剑来统治世界,用金钱作为武器同样锋利而且有效。"在经济全球化的游戏中,拥有货币霸权的国家作为真正的规则制定者掌握着财富跨国分配的主导权。而利用货币霸权虹吸财富,永远有一个有效而又隐蔽的秘诀,那就是贬值。

试想这样一个极端的例子:假设散布于全球的美元有10块钱,其中美国5块,其他国家5块,这10块钱可以换来价值为10美元的资源,那么财富的分配是五五开,后来美国又印刷了5块钱的美元,现在美国有10块钱了,美元货币价值的下降让其他国家现在手上的5美元变得只相当于过去的3.33美元,美国毫不费力就赚到了1.67美元。对于世界上大多数国家而言,持有美元或美元资产是加入全球化游戏不可避免的潮流和时尚,而在那些政局不稳或是高度开放的小国甚至还存在美元对其本币的"货币替代",美国作为"世界货币"的生产者不得不面对凯恩斯所言的征收"全球通胀税"的财富诱惑,像迈耶在其名著《美元的命运》中坦言的那样:"美元的生产成本几乎为零——在联储按个按钮就能生产出美元来。"

---

① 货币幻觉:指人们只是对货币的名义价值作出反应,而忽视其实际购买力变化的一种心理错觉。——编者注

没有人能够经受起这种诱惑。于是乎,美元的历史,就是每一个毛孔都渗透出贪欲的贬值史。以黄金为参照物,从1871年的20多美元兑换一盎司(1盎司≈28.35克)黄金,到1971年的35美元兑换一盎司黄金,再到2011年8月超过1900美元兑换一盎司黄金,跌跌不休的美元在货币霸权带来的"财富"盛宴面前丝毫没有节制力。可能人类货币史上从没有出现过这么可笑的场景,从鲁宾到盖特纳,每一个美国财政部长都怀揣廉价的美国梦慨然以慷——"强势美元符合美国利益",但美元从没有真正强势过。可以想象弱势美元这一路的飞流直下给美国积累了多少"全球通胀税",而一旦美国失去这独一无二的货币霸权,再大的贬值又能有何可斩获的?所以,人民币崛起,美国不高兴。这意味着,2012年,伴随着人民币崛起的延续,摩擦、争议,甚至指责和争斗,可能都难以避免,人民币崛起不经意间就动了美元霸权的奶酪,美国总会有所回应。在人民币崛起的路途上,我们必须要对沿路的政治博弈、阴谋阳谋、不确定性心存警惕。这个故事注定不会温柔,也不会浪漫。

但,值得强调的是,人民币崛起的背后,是美元走下神坛的故事,却未必对应着人民币走上神坛的故事。人民币和美元的故事不是一个非此即彼的竞争故事,人民币崛起也不能实现一统江湖的跳跃。美元走下神坛,标志着一个单极货币时代的终结和一个多极货币时代的开始,而不是人民币单极时代的开始。不管遥远的未来会不会有另一个"超主权货币"的单极时代回归,在正在到来的这个多极货币时代里,人民币和美元,连同本文很少提及的配角欧元一起,将构成一个三分天下的鼎立格局。

因此,"2012"所开启的货币时代,将是一个包容万象的时代,人民币国际化和美元国际化相生相伴,人民币在加大区域贸易结算试点,美元则在危机中加强了与多个国家的双边流动性互换制度。有趣的是,在"金融战争论"的爱好者看来,两种"货币国际化"相互对立、不可兼容,一边是现有霸权货币的誓死抵抗,另一边则是未来新贵货币的锋芒初露,在争夺核心地位的道路上,美元和人民币的发展战略没有交集。但联系到三分天下的论调,实际情况恰恰相反,中美两国最新的货币"国际化"战略并非南辕北辙,而是期限互补、面朝同一个方向。

从美元的角度看,加强美元的货币互换有利于短期内减少国际货币体系的现有风险,其中包含美元兑主要货币双边汇率大幅波动的汇率风险,以及离岸市场美元供不应求的信贷紧缩风险;而从人民币角度看,推进跨境贸易的人民币结算试点有利于中长期内减少国际货币体系的结构风险,主要是主流币种地位与经济、金融全球对比变化相背离而产生的结构风险。由此可见,中美在货币"国际化"方面的有所作为并非非此即彼的争斗,而是减小短期和中长期体系风险的共同施力。进一步深思,为何以"金融战争论"者为代表的部分市场人士会将"角力"和"竞争"作为主要切入点呢?其根本原因在于误解了人民币崛起的含义。

何为人民币崛起?部分市场人士将其理解为"人民币取代美元的过程"。这是一个莫大的误解。人民币崛起,以人民币国际化为最终表现,是人民币走向国际的过程。这个过程伴随着人民币货币地位的上升,其最终结果可能是人民币成为国际货币体系中的主流货币之一、在超主权世界货币的基础构成中占据着较为重要的地位,而并非人民币取代美元成为世界货币。这个看似突兀的结论其实与人民币本身没有太大关系,从长期愿景看,单极的国际货币体系不再能够带来所谓的"霸权稳定",主要原因在于,单极货币体系与世界经济结构变化方向相矛盾,世界经济结构在长期发展中日趋多元化,任何单一经济体在经济领域都难以具有绝对霸权地位。而且,单极体系本身存在较大缺陷,霸权国能够提供稀缺的国际社会公共商品,引导政策博弈趋向协作,并化解局部金融风险的一个重要前提是霸权国尚有余力顾及全球,并在追求个体利益最大化的同时实现整体利益优化。但一旦金融危机和经济危机爆发于霸权国，那么霸权国将难以担负起维系体系运转的责任。而且此时其个体利益体现在通过霸权来向外分散风险，这与国际金融和世界经济全局稳定的整体利益存在巨大冲突。这种冲突一方面将导致危机从局部扩散到全局，另一方面也将深刻动摇霸权国的霸权地位。因此，多极化的客观发展规律注定未来世界货币将具有"超主权"的本质属性，不仅是人民币，任何主权货币充当唯一世界货币恐怕都难以实现长期的体系稳定。

结合长期趋势理解人民币崛起的内涵，美元和人民币的"国际化"举措实质上具有互补性，二者并非货币战争的一个分战场，人民币区域化是国际化循序渐进、务实前行的必要一环。崛起的人民币也许不是独一无二的王者，但绝对是鼎足而立的强者。

因此，人民币和美元的故事，既包含着美元霸权没落带来的纷争和博弈，也伴随着人民币和平崛起带来的合作和互促。这是一个最坏的时代，也是一个最好的时代，2012年的货币故事里，有争吵、有摩擦，但也有和谐、有共赢。这不是一个轻松的故事，但也不是一个沉重的话题，人民币 vs 美元，谁领风骚并不重要，重要的是这个世界将因此而更加和而不同、缤纷多彩。

第九章

谁动了我们的外汇储备？

　　2011 年夏季以来，欧洲主权债务危机卷土重来并愈演愈烈。与 2010 年夏季的危机相比，本轮危机已经开始向欧元区核心国家传导。2011 年 9 月 20 日，标准普尔 500 下调意大利主权债务评级，因为意大利政府债务占 GDP 的比率已经接近 120%，在欧元区内仅次于希腊。欧元区国家除被迫自救外，也迫切需要从外部获得资金援助。2011 年 9 月，据英国《金融时报》披露，意大利财政部官员先后会晤了中国国家外汇管理局与中国投资有限责任公司（以下简称中投公司）的代表，表示希望中国购买相当数量的意大利国债，以帮助其走出危机。同月，中国总理温家宝在大连举办的第五届夏季达沃斯论坛上表示，中国准备"随时"帮助欧洲债务国，但强调欧洲债务国应该"把自己的事情做好"。同时，温总理还要求渴望中国出手相助的欧洲国家承认中国的市场经济地位。事实上，早在 2011 年 6 月温家宝总理访问匈牙利时，他就曾宣布中国有意在欧洲扩大投资，并购买欧盟国家的主权债券。

　　欧洲债务国向中国求援的直接原因是，截至 2011 年 9 月底，中国的外汇储备高达 3.2 万亿美元，雄踞世界各国之首。相比之下，2010 年 5 月由欧盟、欧洲央行与国际货币基金组织联手出台的欧洲金融稳定机制（European Financial Stability Facility，EFSF）的规模也不过 7500 亿欧元。如果中国政府能够慷慨地"该出手时就出手"，欧洲主权债务危机有望显著缓解。然而，主权债务危机的爆发本身就意味着欧元区国家还本付息的能力下降，在欧元区主权国家债券的信用等级被不断调降、市场价值不断下跌之时，中国政府应该动用外汇储备购买这些债券吗？

　　但是，外汇储备究竟是什么？中国政府为什么会积累如此之多的外汇储备？外汇储备越多越好吗？中国的外汇储备是如何管理的？中国外汇储备投资的收益率与风险如何？在金融危机频发、市场跌宕起伏的今天，中国外汇储备的投资策略是否应该进行重大调整？本章将试图回答上述问题。

外汇储备是资产还是负债？

根据维基百科的定义，外汇储备是指一国政府持有并可以随时兑换为他国货币的资产，通常用美元来计算。外汇储备是一国国际清偿力的重要组成部分，可以用来平衡国际收支（例如支付进口）、偿还外债本息以及稳定本币汇率。

如果把中国视为一家公司，那么中国也有自己的资产负债表与损益表。中国的资产负债表是国际投资头寸表，反映中国作为一个主体在特定时点上对其他国家的债权债务。中国的损益表是国际收支表，反映中国作为一个主体在特定时期内的资金收付状况。

从 2004 年起，中国政府开始公布年度国际投资头寸表；从 2011 年一季度起，中国政府开始公布季度国际投资头寸表。在国际投资头寸表中，中国政府的海外资产主要包括对外直接投资、政府投资、其他投资（主要是贸易信贷、外债与货币存款等）与储备资产。而储备资产又可以划分为外汇储备、黄金储备、中国在国际货币基金组织中的储备头寸以及中国政府持有的特别提款权。例如，在 2011 年 3 月底，中国政府持有外汇储备 3.04 万亿美元、黄金储备 485 亿美元、特别提款权 126 亿美元、在国际货币基金组织中的储备头寸 99 亿美元。这意味着，外汇储备是中国政府储备资产的主要部分，占比高达 97％。

此外，由于中国人民银行负责外汇储备的经营管理，所以外汇储备也会体现在央行的资产负债表上。例如，在 2011 年 3 月底，中国人民银行持有国外资产 22.63 万亿元人民币，其中外汇资产 21.75 万亿元人民币。按相关汇价计算,则中国人民银行 2011 年 3 月底持有外汇资产 3.32 万亿美元,高于同期外汇储备 3.04 万亿美元。央行外汇资产余额高于外汇储备余额的主要原因是央行还持有其他一些外汇资产,例如商业银行上缴的外币存款准备金等。

既然外汇储备同时位于中国国际投资头寸表以及央行资产负债表的资产方,那么外汇储备是中国政府持有的资产就似乎没有疑问了。然而,多年以来,就外汇储备是央行的资产还是负债这一问题,一直存在很大争议。一种代表性观点认为,外汇储备是中央银行用人民币从中国企业与居民手中购得的,中央银行每购买 1 美元外汇储备,就会发行 6~7 元人民币。由于人民币是中央银行的负债,而外汇储备是中央银行举债购买的,因此外汇储备也是央行的负债。未来,如果中国企业与居民要用手中的人民币向央行换取美元,央行就必须出售美元并收回人民币。既然外汇储备是央行的负债,那么央行就没有自由处置外汇储备的权利。诸如 2003 年央行用外汇储备注资中国建设银行与中国银行,以及 2007 年央行用外汇储备与财政部发行的特别国债置换后注资中投公司的行为,都未必妥当。

上述观点的最大问题,在于混淆了资产与净资产(即所有者权益)的概念。毫无疑问,在任何实体的资产负债表上,由于资产等于负债与净资产之和,那么资产或者与负债相对应,或者与净资产相对应。央行购买外汇储备的过程就是发放基础货币的过程,因此 1 美元外汇储备的累积对应 6~7 元人民币的基础货币发行是毫无疑问的。然而,这并不能改变外汇储备是央行资产的事实。由于央行在购买外汇储备的过程中已经向企业或居民支付了相应的人民币作为交换,因此央行就有自由处置外汇储备的权利。此外,尽管 2011 年 3 月底央行的外汇资产高达 21.75 万亿元人民币,但同期央行的基础货币余额只有 4.95 万亿元人民币。这说明央行并没有放任外汇储备的增加导致基础货币泛滥,而是在用人民币购买外汇储备之后,又通过发行央行票据或提高法定存款准备金的方式,回收了大部分之前释放的人民币。这种操作被称为"冲销"(Sterilization)。

诚然,如果中国居民与企业要用手中的人民币向央行兑换美元,央行的外汇储备规模将会显著下降。然而,对一个正常的经济体而言,居民与企业不可能将手头所有的人民币都兑换为外币资产,况且中国政府还一直在实施相对严格的资本管制。

简言之,外汇储备是央行的资产,它在负债方的对应项目既可能是人民币基础货币,也可能是央行票据或法定存款准备金,还可能是央行的净资产。认为外汇储备是央行负债的观点是站不住脚的。

2

外汇储备的增长状况

如图 9-1 所示,中国内地外汇储备的快速增长其实也就是过去 10 年的事情。2000 年底,中国内地的外汇储备存量仅为 1656 亿美元,2010 年底已经激增至 2.85 万亿美元,10 年时间内增长了 16 倍!在过去 10 年内,增长最快的又是后 5 年。2000 年底至 2005 年底,外汇储备增加了 6533 亿美元,而 2005 年底至 2010 年底,外汇储备增加了 2.03 万亿美元!2010 年底,中国内地的外汇储备存量占到全球外汇储备存量的 31%,中国内地的外汇储备比全球外汇储备持有量第 2 位至第 8 位的经济体所持有外汇储备之和还要高![1]

为什么近 10 年来中国外汇储备增长得如此之快呢?事实上,导致一国

---

[1] 这些经济体按持有外汇储备规模由高至低排序分别为日本、俄罗斯、中国台湾、印度、韩国、巴西、中国香港。

外汇储备增长的原因或者是经常账户顺差(例如贸易顺差),或者是资本账户顺差(例如引入外商直接投资)。导致中国外汇储备快速飙升的根本原因,是中国存在持续的经常账户与资本账户双顺差。如图 9 - 2 所示。2004 年至 2008 年,中国的经常账户顺差由 687 亿美元激增至 4124 亿美元,增长了约 5 倍。全球金融危机爆发后的 2009 年与 2010 年,中国的资本账户顺差显著上升:2001 年至 2008 年,中国年度资本账户顺差平均为 399 亿美元,而 2009 年与 2010 年该顺差分别达到 1809 亿美元与 2260 亿美元。

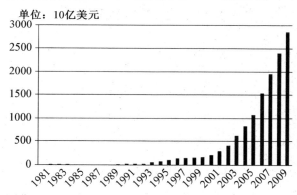

资料来源:CEIC。

图 9 - 1　中国的外汇储备存量

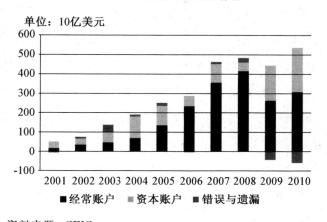

资料来源:CEIC。

图 9 - 2　中国外汇储备增量的来源

激增的经常账户顺差背后,是中国贸易顺差的增长,而 2004 年以来贸易顺差的急剧上升,则与中国贸易结构的变化有关(我们将在第十一章详细讨论该问题)。攀升的资本账户顺差背后,是全球金融危机后短期国际资本的加速流入(我们将在第十章详细讨论该问题)。

3

外汇储备越多越好吗?

从表面上看,既然外汇储备是中国政府的资产,那么外汇储备自然越多越好。更多的外汇储备可以用来支付更多的进口、偿还更多的外债,以及更好地应对投机性资本对人民币汇率的冲击,何乐而不为?

然而,凡事过犹不及。一旦外汇储备超过了合理的规模,那么外汇储备的继续上升至少会带来以下三方面的成本或风险:

第一,持有外汇储备的机会成本很高。一方面,中国的外汇储备绝大部分投资于高信用等级的发达国家国债与机构债。既然这些债券的信用等级很高(风险很低),那么这些债券的收益率必然很低。高等级发达国家长期国债与机构债的收益率一般在 5% 左右。而本轮全球金融危机爆发以来,由于大量资金流入美国国债市场避险,导致美国国债收益率显著下降,目前美国 10 年期国债的年收益率还不到 3%!中国政府将外汇储备投资于美国国债,相当于把钱借给美国。然而,中国并非一个资金宽裕的国家。另一方面,2001 年至 2010 年这 10 年间,中国引入了总额 7505 亿美元的外商直接投资(FDI)。由于很多外商直接投资企业倾向于隐藏利润,因此官方公布的外商直接投资利润率数据并不可靠。世界银行在 2006 年对中国 120 个城市的 12400 家外资企业的调查显示,外资企业在中国的平均投资回报率高达22％！这就意味着,我们一方面将资金以不到3％的回报率借给外国人,另一方面又以22％的回报率从国外借入资金。这种以高收益率资产去交换低收益率资产的做法(或者说用股权换债权的做法)自然会造成极大的福利损失。

第二,中国的外汇储备投资面临着金融产品市场价格下跌与美元贬值风险。尽管中国的外汇储备绝大多数投资于高信用等级的发达国家国债与机构债,然而本轮全球金融危机爆发以来的教训表明,这些债券并非绝对安全。例如,2008年8月,美国的两大房地产金融机构联邦国民抵押货款协会(Fannie Mae,以下简称房利美)与联邦住宅贷款抵押公司(Freddie Mac,以下简称房地美)(合称"两房")濒临破产倒闭的境地,而当时中国有数千亿美元的外汇储备投资于"两房"债券(也被称为机构债)。又如,2011年7月,美国政府与国会就是否如期提高美国国债上限陷入了激烈争论。如果当时双方未能达成妥协,则美国国债甚至有短期内违约的风险。尽管最终美国国债上限如期提高,但标准普尔依然调降了美国国债的信用评级。再如,欧洲主权债务危机的风声鹤唳生动地表明,市场规模位居全球第三的意大利国债也并不靠谱。如果这些债券的信用等级被调降、市场价格下跌,那么中国的外汇储备将遭受重大损失。此外,中国外汇储备投资的资产大多是用美元与欧元计价的,这意味着一旦美元或欧元对人民币大幅贬值,那么以人民币计算的中国外汇储备也将显著缩水。例如,2011年三季度末中国的外汇储备规模为3.2万亿美元,假定其中2/3投资于美元资产,那么如果美元对人民币贬值10％,则以人民币计算的中国外汇储备将会缩水2144亿美元,这相当于中国2010年GDP的4％！本轮全球金融危机爆发后,由于美国政府债务居高不下,美国政府很可能会通过美元贬值来降低真实债务与刺激经济增长,这意味着中国的外汇储备面临着很大的汇率风险。

第三,外汇储备的积累会给中国央行带来巨大的冲销压力,并有可能加剧中国国内的通货膨胀及资产价格泡沫。如前所述,中国央行购买外汇储备的过程也就是释放基础货币的过程。如果央行不进行冲销(对基础货币的增长听之任之),则无疑会加剧国内流动性过剩,进而推高国内通货膨胀率或资产价格。因此,从 2003 年以来,中国央行就通过发行央行票据以及提高法定存款准备金率的方式对外汇占款的增加进行了持续的冲销。迄今为止,央行的冲销还是相当成功的。然而,央行为此付出了巨大的冲销成本。目前,1 年期央票的收益率为 3% 上下,央行给商业银行法定存款准备金支付的利率为 1.62%。截至 2011 年 6 月底,央行资产负债表上的央票余额为 2.73 万亿元人民币,法定存款准备金与超额存款准备金之和为 15.47 万亿元人民币。过去,央行从外汇储备投资中获得收益率,还能覆盖央行为央票与存款准备金支付的成本。然而在本轮全球金融危机爆发后,美国国债收益率直线下降,导致中国央行目前已经出现净亏损。事实上,由于央票收益率显著低于市场上同期拆借利率,这意味着,除央行外,中国商业银行也分担了部分冲销成本。随着冲销成本的上升,央行实施冲销操作的意愿与效果将会下降,因此外汇储备的继续累积将在更大程度上加剧国内流动性过剩、推高通货膨胀与资产价格。

那么,中国外汇储备的合理规模大约是多少呢？针对中国外汇储备合理规模的估算大致为 1 万亿~1.5 万亿美元。这说明当前中国的外汇储备规模实在是太高了。更为严重的是,迄今为止外汇储备还在以很快的速度不断增长。

4

当前中国的外汇储备投资资产与投资收益率

遗憾的是,中国人民银行与国家外汇管理局迄今为止从未公布过中国外汇储备投资的币种结构与资产结构,因此我们只能根据国际组织或其他国家提供的一些数据来推算中国外汇储备的投资结构。

在币种结构方面,如果我们假定,中国外汇储备投资的币种结构与其他新兴市场经济体及发展中经济体大致相同,那么我们就可以用国际货币基金组织的官方外汇储备币种构成数据库(Currency Composition of Official Foreign Exchange Reserves,COFER)来推算中国外汇储备的币种结构。目前,共有 139 个经济体定期向国际货币基金组织汇报关于其外汇储备投资的币种结构(这里面并不包括中国)。截至 2010 年底,全球外汇储备总量约为 9.26 万亿美元,其中向国际货币基金组织汇报的经济体的外汇储备之和为 5.12 万亿美元,占比为 55%。

图 9-3 显示了 1999 年至 2010 年新兴市场与发展中经济体外汇储备投资币种结构的演变状况。美元资产占比由 2000 年的 75% 逐渐下降至 2010 年的 58%,欧元资产占比由 1999 年的 17% 逐渐上升至 2009 年的 30%,此外英镑与日元资产占比合计达到 10% 左右。根据上述数据推算中国外汇储备的币种构成,我们认为,中国外汇储备中美元资产占比可能更高一些,原因是中国外汇储备的规模太大,而只有美国国债市场才能提供如此之大的规模与流动性。笔者的估算为,截至 2010 年底,中国外汇储备中美元资产占比约为 65%、欧元资产占比约为 25%、其他币种资产占比合计约为 10%。

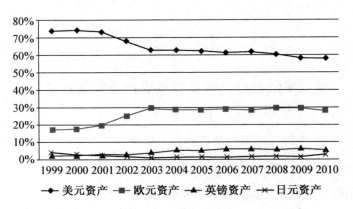

资料来源：IMF。

图 9-3　IMF COFER 数据库中新兴市场与发展中经济体外汇储备投资的币种结构

　　既然在中国的外汇储备投资中，美元资产占比接近 2/3，那么中国央行对美国金融资产的投资组合就能大体上反映中国外汇储备的资产结构。美国财政部会定期公布外国投资者投资于美国各大类金融资产的具体规模。在美国财政部公布的中国投资者的组合投资中，既包括中国央行的外汇储备投资，也包括中国其他有海外投资资格的机构投资者（例如商业银行与保险公司）的外汇资产投资。不过，一方面外汇储备占到中国海外资产绝大部分，另一方面假设中国央行的外汇储备投资与其他机构投资者的对外投资没有显著差异，那么我们就能根据美国财政部公布的中国投资者的资产结构来推算中国外汇储备投资的资产结构。

　　表 9-1 展示了 2000 年至 2010 年中国投资者投资于美国金融资产的具体情况。按 2010 年 6 月底中国投资者购买美元资产的规模由高至低排序，则中国投资者最青睐的资产依次为长期国债、长期机构债、股票、长期企业债与短期债券。从中国投资者购买长期国债规模占中国投资者购买美元资产总额的比率来看，2005 年 6 月底至 2008 年 6 月底，该比率由 53％逐渐下降至 43％，这说明中国投资者加快了投资多元化的步伐。同

期内中国投资者明显扩大了对长期机构债与股票的购买规模。然而，自美国次贷危机爆发以来，随着"两房"陷入运营危机，以及美国股市显著下跌，中国投资者从 2008 年 6 月底起，显著减持了长期机构债，也一度减持了股票，同时明显增持了长期国债。这导致长期国债占投资总额的比率由 2008 年 6 月底的 43％显著上升至 2010 年 6 月底的 69％，过去几年来投资多元化的努力明显逆转。

表 9-1　中国投资者持有的美元资产概况　（单位：10 亿美元）

截止日	合计	股票	长期国债	长期机构债	长期企业债	短期债券	长期国债占比
2000-03-31	92	1	71	20	0	0	77％
2002-06-30	181	4		165		13	NA
2003-06-30	255	2		250		4	NA
2004-06-30	341	3		320		18	NA
2005-06-30	527	3	277	172	36	40	53％
2006-06-30	699	4	364	255	59	17	52％
2007-06-30	922	29	467	376	28	23	51％
2008-06-30	1205	100	522	527	26	30	43％
2009-06-30	1463	77	757	454	15	160	52％
2010-06-30	1611	127	1108	360	11	5	69％

资料来源：美国财政部历年发布的《外国持有美国债务情况报告》(*Report on Foreign Portfolio Holdings of U. S. Securities*)。

表 9-2 比较了十大外国投资者在美国的金融投资组合，从中我们可以看出中国投资者的一些特点：第一，与其他投资者相比，中国与日本投资者似乎特别热衷于购买长期国债与长期机构债，长期国债占两国投资总额的比率分别达到 69％与 53％，而其他投资者的该比率平均仅为 12％；第二，尽管中国拥有最大规模的对美投资额，但中国投资者持有的长期企业

债规模却是 10 个投资者中最低的;第三,中国投资者持有的股票相对于投资总额的比率,在 10 个投资者中也是相当低的;第四,中国投资者持有的短期债券规模几乎可以忽略不计。从总体上来看,中国投资者的风险偏好比较低,投资偏重于流动性较强、收益率较低、风险较低的美国国债与机构债(当然,本次危机爆发后,美国国债与机构债的安全性也变得令人怀疑),而对公司债与股票的投资较少。

表 9 - 2　十大外国投资者持有美元资产明细的比较(截至 2010 年 6 月 30 日)

(单位:10 亿美元)

投资者	合计	股票	长期国债	长期机构债	长期企业债	短期债券	长期国债占比
中国	1611	127	1108	360	11	5	69%
日本	1393	224	737	234	130	69	53%
英国	798	324	72	10	369	22	9%
开曼群岛	743	290	36	32	303	82	5%
卢森堡	622	172	49	18	302	82	8%
加拿大	424	298	29	5	81	12	7%
比利时	408	19	31	9	343	6	8%
瑞士	397	162	87	13	111	25	22%
爱尔兰	356	77	27	23	131	99	8%
中东石油输出国	350	128	107	16	26	73	31%

资料来源:美国财政部,《外国持有美国债券情况报告》,2010 年 6 月 30 日(*Report on Foreign Portfolio Holdings of U. S. Securities as of June* 30, 2010)。

中国外汇储备的整体投资收益率如何呢? 这就需要我们根据之前对中国外汇储备投资的币种结构与资产结构的假设,通过对不同币种与不同类型资产的收益率进行加权平均计算后得出。张斌、王勋、华秀萍 2010 年

的估算表明,2002 年至 2009 年,以美元计价的中国外汇储备的名义收益
率约为 7%～8%,而外汇储备的实际有效收益率仅为 3%～4%。[1]如前所
述,与在华外资企业 22% 的投资回报率相比,中国外汇储备的投资收益率
明显偏低,这意味着外汇储备的机会成本相当高。

5

谁在管理中国的外汇储备?

与很多发达国家是由财政部负责管理外汇储备不同,中国负责管理外
汇储备的机构是中国人民银行下属的国家外汇管理局(以下简称外管局)。
再具体到部门,事实上真正负责外汇储备经营管理的是外管局的储备司
(现已更名为中央外汇业务中心)。该中心的编制大约两三百人,管理着高
达 3.2 万亿美元的外汇储备,平均每个人管理 100 多亿美元的资金,是个
名副其实的"超人公司"。两三百人要管理 3.2 万亿美元的金融资产,唯一
理性的选择就是只投资于高信用评级、高流动性、高安全性与低收益的资
产,即美国与欧元区的国债与机构债。如果中国的外汇储备仅仅由这两三
百人来管理,那么除非是外管局将大量的外汇储备委托给外部的投资银行
或基金来打理,否则进行大规模的多元化管理几乎是不可能的。[2]

2007 年 9 月,中国政府成立了中投公司(China Investment Corporation,
CIC),并将 2000 亿美元外汇储备注入该公司,作为该公司的资本金。中国政

---

[1] 张斌、华秀萍、王勋,《中国外汇储备的名义收益率与真实收益率》,《经济研究》第
10 期。

[2] 张斌、张明,《外储管理改革需要先正名》,中国社会科学院世界经济与政治研究所国
际金融研究中心,财经评论系列,NO.2011.024,5 月 4 日。

府创建中投公司的目的,是让中投公司投资于收益率更高的风险资产,从而间接实现中国外汇储备的多元化管理。中投公司的成立恰好赶上美国次贷危机的爆发,因此中投公司最初的几笔投资(特别是黑石与摩根士丹利)在金融危机期间价值大幅缩水,从而引发了大量的质疑与批评。然而,自 2009 年以来,中投公司在投资行业、投资地域、投资方式等方面已经明显多元化,这体现了中投公司的经营日臻成熟。根据中投公司的年报,截至 2010 年底,中投公司的资本金已经增长至 3743 亿美元,2010 年中投公司全球投资组合收益率为 11.7%,自成立以来中投公司全球投资组合的累计年化收益率为 6.4%。由上述数据不难发现,海外投资收益率并非中投公司资本金增长的主要来源,中投公司近年来的主要利润来自其 100%控股的子公司——中央汇金投资有限责任公司(以下简称中央汇金),而中央汇金是国内若干商业银行与证券公司的大股东。

除外管局与中投公司外,负责中国海外主权投资的机构,其实还包括全国社会保障基金理事会。根据相关法规规定,社保基金理事会可将 20%的资金投资于海外金融市场。根据社保基金理事会的年报,截至 2010 年底,该机构的权益总额为 8376 亿元人民币。2010 年社保基金理事会的投资收益率为 4.23%,而该基金自成立以来的年均投资收益率为 9.17%。遗憾的是,社保基金理事会未单独披露其海外投资的收益率。

综上所述,迄今为止,在中国主权财富管理领域,已经形成国家外汇管理局、中投公司与全国社保基金理事会"三驾马车"的并行格局。尽管分工不同,但事实上三者之间还是存在一定程度的竞争,尤其是外管局与中投公司之间。例如,中投公司未来能否获得新的注资,其实取决于中投公司的投资收益率是否显著高于外管局。又如,自中投公司成立以来,外管局也明显调整了自己的投资风格,开始较多地投资于发达国家股票市场与私募股权投资基金等。当然,在外汇储备的管理领域,引入竞争是好事,这有助于促进中国外汇储备投资的多元化,并相应提高中国外汇储备投资的收益率。

6

外汇储备可以分给老百姓吗?

与其他国家相比,中国绝大部分外汇资产集中在政府手中。如前所述,迄今为止,中国外汇储备的投资收益率相当低。既然如此,为何不把中国的外汇储备分给老百姓? 正如私营企业的效率普遍高于国有企业一样,实现"藏汇于民"是否有助于提高整体福利?

著名经济学家张维迎提出了将中国的外汇储备直接分给老百姓的观点,引发了激烈争论。主要的反对意见是,由于中国依然实施资本管制,美元在中国国内无法使用。因此老百姓在得到美元后,通常会向商业银行兑换人民币,商业银行再将收到的美元卖给中央银行。这意味着分给老百姓的外汇储备,最终又回到了央行手中。最终的结局实质上与中央银行印人民币分给老百姓没有任何区别。这种直接分掉外汇储备的做法只会导致更高的通货膨胀,而不能改善老百姓的福利。尤其是考虑到当前人民币汇率形成机制改革尚未完成,市场上存在持续的人民币升值预期,中国企业与老百姓手头有了美元之后就会尽快兑换为人民币,这意味着直接分外汇储备的做法是行不通的。①

---

① 另一种反对意见认为,由于外汇储备是央行的负债而非资产,因此央行没有权利分掉外汇储备。笔者已经在本章第一部分指出,这种观点是错误的。

　　然而,这并不意味着外汇储备没有办法分给老百姓。例如,中国政府可以把一部分外汇储备(例如 1 万亿美元)分配到每一个中国百姓的养老金账户上,然后授权全国社保基金理事会负责管理这些外汇养老金,在海外开展投资,相关投资的本息,老百姓退休之后可以享用。这种做法并非没有先例,例如很多石油输出国(挪威、科威特、卡塔尔、阿联酋)就专门设立了主权养老基金,这些基金在全球范围内开展投资,基金的投资收益将直接进入该国居民的养老金账户。

　　其实,中投公司有成为中国的主权养老基金的潜力。然而遗憾的是,对中投公司投资收益的使用,迄今为止没有明确规定,这还是一个灰色区域。如果能够设立相关法规,将中投公司改造为中国的主权养老基金,并让中投公司的运营接受全社会的监督,那么中国政府就可以考虑将更大规模的外汇储备注入中投公司,这其实相当于将外汇储备间接地分配给老百姓。

7

如何更好地管理中国的外汇储备?

　　在外汇储备的问题上,中国政府目前面临两大挑战:一是如何通过政策调整,抑制外汇储备继续增长。毕竟,中国的外汇储备已经远远超过适度规模,因此造成的机会成本与风险已经演化为难以承受之重;二是如何进一步实现外汇储备投资的多元化。

　　笔者认为,中国政府可以采用以下政策来抑制外汇储备的继续累积:第一,中国央行应降低对外汇市场的干预(即减少对美元的购买),放大人民币对美元汇率的日均波幅,让人民币汇率在更大程度上由市场供求来决定;第二,中国政府应加快国内要素价格市场化改革,让中国出口产品更好地反映国内的资源价格与制造成本,从而降低中国的贸易顺差;第三,中国政府应进一步取消对外商直接投资的优惠政策,尤其应取消对地方政府引入外资的政绩考核标准;第四,中国政府应鼓励国内企业加大在海外投资以及购买先进技术与设备;第五,中国政府应加强对短期跨境资本流入的监管,防止热钱流入推高外汇储备;第六,努力推动国际货币体系改革,如果能扩大特别提款权(SDR)的规模与使用范围,并敦促国际货币基金组织建立替代账户,将有利于中国央行将部分美元资产转为以特别提款权计价的资产,从而实现外汇储备的保值;第七,中国政府应该把握好人民币国际化与外汇储备增长之间的平衡,避免"跛足"的人民币跨境贸易结算加剧外汇储备增长。①

中国政府应该努力实现以下三个层次的多元化:第一,购买更多的与通胀率挂钩的国债(TIPs)。尽管这种国债的价格稍贵,但如果未来美国国内发生通货膨胀,这种国债的收益率也能够水涨船高。第二,大量增持美国的股票与公司债。目前美国国债的收益率极低(价格极高),其中可能蕴含了大量的泡沫。相比之下,目前美国的蓝筹股与公司债都比较便宜。从分散风险的角度来看,中国政府在对美国金融产品的投资上应该进一步多元化。第三,从全球范围来看,未来中国政府应该更多地购买其他发达国家与新兴市场国家的金融产品,尤其是应该重点考虑具有较高增长潜力的新兴市场国家(例如印度)与资源输出国(例如澳大利亚)的蓝筹股。

---

① 迄今为止,70%~80%的人民币跨境贸易结算发生在进口领域。这意味着中国企业出口继续收美元,而越来越多的进口转用人民币支付,这无疑会加剧中国外汇储备的增长。

8

2012 年中国外汇储备增长状况与投资动向展望

　　2007 年至 2010 年期间,中国每年外汇储备增量都超过了 4000 亿美元,年均增加 4452 亿美元。2011 年上半年,中国新增外汇储备 2777 亿美元,其中经常账户顺差 984 亿美元、资本账户顺差(含错误与遗漏项)1793 亿美元。资本账户顺差超过经常账户顺差成为中国外汇储备增量的主要来源,这是 2011 年的新现象。2011 年全年,预计中国外汇储备增量将为 4500 亿美元左右,继续维持在 2007 年至 2010 年的平均水平之上。

　　笔者认为,如果没有重大变化,预计 2012 年中国仍将新增外汇储备 4000 亿美元左右,中国外汇储备存量有望在 2012 年底或 2013 年超过 4 万亿美元。主要原因包括:第一,即使考虑到外部需求萎缩、国际贸易摩擦加剧与人民币升值等因素,2012 年中国的贸易顺差仍有望达到 1000 亿美元左右,再加上大约数百亿元的海外投资净收益,经常账户顺差有望达到 1500 亿～2000 亿美元。第二,即使欧洲主权债务危机恶化,短期国际资本流出中国(我们将在第十章中详细分析此问题),预计中国在 2012 年仍将面临持续的大规模短期国际资本流入。第三,由于中国经济依然有望维持 8% 左右的高增长,同时考虑到中国广袤的国内市场,预计中国依然会成为外商直拉接投资的首选地之一。

　　2012 年中国外汇储备的可能投资动向则包括:第一,由于外汇储备的继续增长,中国政府依然会继续购买美国国债。如果 2012 年欧洲主权债务危机依然动荡不安,美国国债将具有很强的吸引力,哪怕收益率极低。第二,中国政府可能会适当加大对欧元区债券的购买量。正如本章引言所述,中国总理温家宝已经数次表态中国政府会考虑增大对欧元区债券的购买数额。然而,直接购买希腊、葡萄牙、爱尔兰甚至意大利的国债,未必是一个明智的选择,因为这些国家在未来几年进行债务重组的风险很大。相比之下,通过购买欧洲金融稳定机制发行的多边债券或者未来可能发行的欧元区债券来为欧元区提供融资,则能为中国政府提供更高程度的保障。第三,由于欧美金融市场都动荡不安,中国政府可能会增加对具有高增长潜力的新兴市场国家(例如金砖国家等)与资源出口国的投资,除金融投资外,中国政府也会鼓励更多的中国企业到上述国家进行并购。第四,如果欧债危机继续演进、全球经济增长前景依然低迷,则2012年全球能源与大宗商品市场可能处于低位盘整之势,不排除中国政府会抓住这一机会,建立更大规模的能源与大宗商品战略储备。第五,如果国际货币基金组织再次面临可利用资源不足,从而进行增资或者发行以特别提款权计价的债券融资的话,那么中国很可能积极支持国际货币基金组织的融资行动。

第十章
"热钱"凶猛

　　随着我国经济的快速发展,人民币持续升值的趋势和预期,"热钱"涌入已是常态。地下钱庄及网络炒汇等非法买卖外汇的"热钱"跨境流动通道屡禁不止。

　　2010年11月刊登在外管局网站的新闻稿中通报的地下钱庄和网络炒汇案件包括:深圳吴记东诚商店非法开设地下钱庄;上海亚财同星投资管理有限公司擅自开展买卖外汇;珠海市陈某、林某等人非法买卖外汇案;东莞市某茶庄非法提供外汇买卖业务等。外管局称,管理部门将继续加大对外汇领域违法犯罪活动的打击力度,保持对"热钱"的高压打击态势,切实维护中国涉外经济和金融安全。从2011年初开始,外汇局开展了应对和打击"热钱"专项行动,主要针对利用货物贸易、服务贸易、直接投资、个人等开放度较高的渠道向境内渗透资金的行为。

　　2011年上半年,国家开展了一系列打击跨境资金违规流动的专项活动,沉重地打击了地下钱庄的外汇违法犯罪活动,有效遏制了跨境资金违规流动和"热钱"的涌入。这一系列的专项活动共捣毁非法交易窝点16个,抓获犯罪嫌疑人37名,冻结银行账户200多个,冻结资金1300余万元,取得了显著的效果。下一阶段,国家将采取"疏堵并举"的方针,进一步对外汇违规流动高压打击,从源头上遏制住外汇的违规流动。

　　以上案例生动地说明,2010年至2011年,中国政府在努力遏制"热钱"的流入。"热钱"是最近几年在中国社会被炒得沸沸扬扬的词汇。那么,究竟什么是"热钱"?近年来流入中国的"热钱"究竟有多少?"热钱"为什么会流入中国?"热钱"的流入会对中国经济造成何种不利影响?"热钱"是怎样流入中国的?中国政府应如何遏制"热钱"流入?2012年中国会继续面临"热钱"的大规模流入吗?本章将试图回答上述问题。

1

"热钱"是什么?

　　热钱(Hot Money),也称国际游资。顾名思义,热钱是指流动性较强的国际投机性资金。根据《新帕尔格雷夫经济学大辞典》的定义,热钱是指资本持有者或者出于对货币预期贬值(或升值)的投机心理,或者受国际利差收益明显高于汇率风险的刺激,在国际间进行的大规模短期资本流动。

　　事实上,正如区分投资与投机非常困难一样,要区分国际资本流动中的投机性资金与非投机性资金也是非常困难的。例如,在人民币对美元升值的背景下,中国的外商投资企业推迟汇出投资收益,那么这种停留在中国国内试图获得人民币升值收益的资金,究竟是投机性资金(热钱)还是非投机性资金? 一派观点认为,热钱是指期限在一年之内的国际资本流动,因此外商投资企业推迟汇出的投资收益不算热钱。而另一种观点认为,只要外商投资企业未汇出的投资收益流入了中国的股票市场或房地产市场,那么即使这种资金长期趴在国内,也应该算是热钱。再如,一种观点认为,热钱是指违法流入中国的外部投机性资金。那么,在持这种观点的人看来,合格的境外机构投资者(QFII)的投资肯定不算热钱了。而另一种观点认为,合格的境外机构投资者在中国主要投资于股票市场与债券市场,投机性很强,应该算热钱。

　　正是由于目前国内对热钱的界定存在激烈的争议,从而导致各方对中国面临的热钱流动的估算结果差距很大。在本章内,为了廓清困惑,笔者将采用短期国际资本(Short-term International Capital Flow)的概念来替代热钱。所谓短期国际资本,是指相对于外商直接投资(Foreign Direct

Investment，FDI）、长期外债等长期性资本而言的其他资金。短期国际资本具有两个特征：第一，具有短期性与投机性；第二，既包括合法的短期资金流动（例如合格的境外机构投资者与短期外债），也包括非法的短期资金流动（例如通过地下钱庄或虚假贸易等渠道流入的投机性资金）。不难看出，短期国际资本的范畴完全涵盖了但不局限于热钱。

2

中国面临的短期国际资本流动有多大？

要估算中国面临的短期国际资本流动规模，就必须首先熟悉中国的国际收支表（Balance of Payment，简称 BOP）。一个国家的国际收支表，有点类似于一个企业的利润表，前者反映的是一个国家在一段时期内的对外资金收付状况。国际收支表由经常账户（Current Account，简称 CA）、资本与金融账户（Capital Account，简称资本账户）、外汇储备变动以及错误与遗漏项（Error and Omission）等四个项目组成。经常账户主要记录一国在货物贸易与服务贸易方面的收支状况。资本账户主要记录一国在短期与长期资本流动方面的收支状况。从理论上讲，经常账户与资本账户的对外资金收付之和，就等于一国外汇储备的变动。例如，如果一国同时出现经常账户顺差（即贸易顺差）与资本账户顺差（即外部资金净流入），那么该国的外汇储备增量为正；反之则为负。然而，由于在汇总各种交易以及进行汇率换算方面难免出现各种错误与疏漏，因此，如果一国经常账户与资本账户之和不等于外汇储备变动，那么相关的差异就计入错误与遗漏项。因此，一个国家的国际收支表余额（即经常账户、资本账户、外汇储备变动、错误与遗漏项之和）总是等于零，换句话说，该国的国际收支表是平衡的。因此,国际收支表也被称为国际收支平衡表。

图 10-1 反映了 1997 年至 2010 年间中国的资本账户结构。资本账户分为直接投资、证券投资与其他投资三部分。按照定义,直接投资属于长期资本流动,证券投资属于短期资本流动,而其他投资(主要是债权债务与贸易融资)既包括长期资本流动(如长期外债),也包括短期资本流动(如短期外债与贸易信贷)。不难发现,中国在 1997 年至 2010 年间一直面临直接投资的净流入,而证券投资与其他投资的流向则变动不居。例如,在东南亚金融危机爆发后,中国在 1998 年至 2002 年期间面临证券投资的净流出,在 1997 年至 2000 年期间面临其他投资的净流出。又如,本轮全球金融危机爆发后,中国在 2007 年至 2008 年期间面临显著的其他投资净流出。不过在 2009 年至 2010 年间,中国面临着显著的证券投资与其他投资净流入。从过去 14 年来看,直接投资、证券投资与其他投资三种类型的资本同时净流入的情况仅发生在 2004 年、2009 年与 2010 年这三年。这意味着,2009 年至 2010 年期间中国面临国际资本持续流入的压力,这也是国家外汇管理局加大打击热钱流入力度的原因。

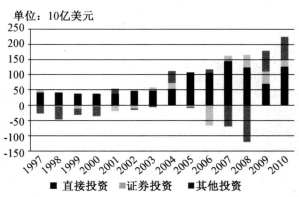

资料来源:CEIC。

图 10-1 中国的资本账户结构

目前,国内有三种比较流行的方法来计算中国面临的短期国际资本流动情况。

第一种方法可称为"错误与遗漏法"。这种方法用中国国际收支表中的错误与遗漏项来模拟中国面临的短期国际资本(热钱)流动。该方法的最大优点在于简单。这种方法背后的隐含假设是,热钱都是违规进入中国的资金,这种违规进入的资金可能没有进入正常的统计渠道,因此可能体现在国际收支表的错误与遗漏项中。图10-2显示了1997年至2010年中国国际收支表的错误与遗漏项。如图所示,在东南亚金融危机爆发后,中国在1997年至2001年间面临短期国际资本流出;2002年至2008年,中国面临短期国际资本流入;2009年与2010年,中国面临显著的短期国际资本流出。用这种方法得出的结论与我们的直观印象(2008年美国次贷危机全面爆发时中国面临资本流出压力、2009年与2010年中国面临资本流入压力)大相径庭。这种方法存在的主要问题是,短期国际资本完全可以通过经常账户与资本账户流入,而且错误与遗漏项可能真正包含统计误差与疏漏。因此这种方法目前已经很少使用了。

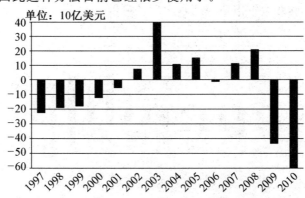

资料来源:CEIC。

图10-2 中国面临的短期国际资本流动:错误与遗漏法

第二种方法可称为"外汇储备间接法"。它是用某个时期内的外汇储备增量,减去贸易顺差与直接投资净流入而得到的结果。这种方法假定除了贸易顺差与直接投资带来的外汇储备增量外,其他的外汇储备增量都是由短期国际资本流入带来的。然而,由于市场上很多时候需要估算短期国际资本流动的月度数据,而中国政府并不公布服务贸易顺差以及中国对外直接投资的月度数据,因此在估算月度短期国际资本流动的规模时,上述公式转变为"月度外汇储备增量—月度货物贸易顺差—月度实际利用外国直接投资规模"。图 10-3 显示了通过外汇储备间接法计算的 1997 年 1 月至 2011 年 6 月中国面临的短期国际资本流动。1997 至 2002 年下半年,中国一直面临短期国际资本流出。2003 年至 2008 年上半年,中国基本上面临持续的短期国际资本流入(尽管个别时期发生了流出),2008 年下半年,随着美国次贷危机愈演愈烈,短期国际资本一度出现大规模的外流。然而从 2009 年下半年起,短期国际资本再度大规模流入中国。

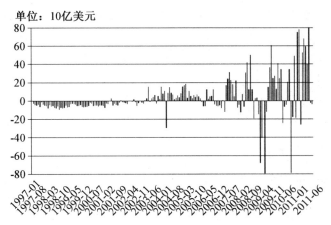

资料来源:CEIC。

图 10-3 中国面临的短期国际资本流动:外汇储备间接法

与方法一相比,方法二已经有了明显的进步。但方法二有一个重大缺陷,即忽视了外汇储备增加额并非完全由资本流入导致。例如,虽然中国的外汇储备分散投资于美元、欧元与日元资产,但最终以美元计价。这就意味着,即使当期没有任何资本流动,只要欧元对美元升值,那么以美元计价的欧元资产价值就会上升,这就会导致外汇储备增加。这种由于汇率变动而产生的"估值效应"应该在计算短期国际资本流动时剔除。再如,即使当期没有任何资本流动,但如果中国外汇储备在海外获得了投资收益,也会导致外汇储备增量上升。同理,在计算短期国际资本流动时,也应该把这部分未汇回的海外投资收益剔除。

方法三能够较好地解决上述问题,该方法可称为"外汇占款间接法"。该方法是以特定时期内外汇占款增量,减去贸易顺差与直接投资净流入。如前所述,在计算月度短期国际资本流动时,上述公式转变为"月度外汇占款增量—月度货物贸易顺差—月度实际利用外国直接投资规模"。图 10-4 显示了通过外汇占款间接法计算的 2000 年 1 月至 2011 年 6 月中国面临的短期国际资本流动。[①]比较图 10-3 与图 10-4,我们发现,两种方法在大的方向判断上是一致的,但是在小的波动与规模方面存在一些差异。相比之下,图 10-4 能够更好地反映本轮全球金融危机爆发前后中国面临的资本流入或流出压力。例如 2008 年上半年与 2011 年上半年,中国面临两轮大规模的短期国际资本流入。第一轮,热钱持续 7 个月流入(2008 年 1 月至 2008 年 7 月),累计规模 2188 亿美元,月均流入 313 亿美元。第二轮,热钱持续 11 个月流入(2010 年 8 月至 2011 年 6 月),累计规模 3315 亿美元,月均流入 301 亿美元。2008 年下半年,由于美国次贷危机愈演愈烈,短期国际资本

---

① 之所以没有与前面几种估算方法在估算时间上保持一致,是因为中国人民银行从 2000 年 1 月起才开始公布月度外汇占款数据。

持续流出中国(2008年10月至2009年1月,累计流出877亿美元,月均219亿美元)。2010年5月至7月,欧洲主权债务危机爆发之时,短期国际资本再度流出中国(累计流出299亿美元,月均100亿美元)。

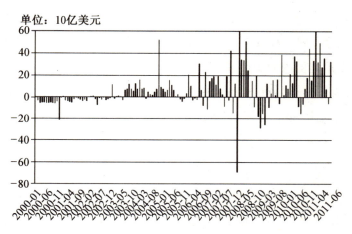

资料来源:CEIC。

图10-4 中国面临的短期国际资本流动:外汇占款间接法

最后,我们不妨作一个横向比较。如果用这三种方法来估算2009年至2010年间短期国际资本流动的规模,则错误与遗漏法的结果是流出1032亿美元,外汇储备间接法的结果是流入3188亿美元,外汇占款间接法的结果是流入2631亿美元。由此,笔者认为,外汇占款间接法的结果更加准确一些。

3

短期国际资本为何流入中国?

要解释短期国际资本为何流入中国,应该将相关原因区分为两大类:

一大类是推动短期国际资本流入中国的国际性因素,我们称之为推动因素(Pushing Factors);另一大类是吸引短期国际资本流入中国的国内因素,我们称之为拉动因素(Pulling Factors)。

中国短期国际资本流入的推动因素主要包括全球流动性过剩(Excess Liquidity)与低利率环境下的套利交易(Carry Trade)。所谓全球流动性过剩,是指全球范围内的货币或资金数量超过了实体经济的需要,从而使大量资金具有很强的投机性,针对潜在的套利机会伺机而动。全球流动性过剩意味着资金供过于求,这无疑会导致全球范围内利率偏低。由于各国资本账户并未完全开放,以及资本流动过程中存在各种有形或无形的障碍,导致各国的利率水平存在差异,因此就出现了从低利率国家借款之后把资金转移到高利率国家以赚取利差的套利行为,这被称为套利交易。美国次贷危机爆发之前,日元套利交易甚嚣尘上。这是因为自日本泡沫经济破灭后,日本央行长期实施零利率政策,导致日元贷款利率很低。因此,大量国际机构投资者借入日元贷款,将其兑换为其他货币后,转移至利率较高的国家套利。

全球流动性过剩是导致美国房地产泡沫膨胀进而造成美国次贷危机的罪魁祸首之一。然而,本轮全球金融危机爆发后,全球流动性过剩不仅没有削弱,反而变本加厉。危机爆发后,美联储与欧洲央行相继将基准利率调降至零利率水平。此后,发达国家央行还相继实施了量化宽松(Quantitative Easing)政策,这种政策的实质是央行在金融市场上购买各类金融资产,通过这种操作向市场上注入流动性。量化宽松政策在很大程度上相当于央行直接印钞票。也因此,美联储主席伯南克获得了"直升飞机上的本"的绰号。伯南克相信,当一个经济体面临系统性金融危机冲击时,中央银行家就应该站在直升飞机上向下撒钞票。发达国家实施的零利率政策与量化宽松操作加剧了全球流动性过剩。由于发达国家仍然饱受金融危机困扰,其国内有利可图的机会不多。在这一背景下,套利交易便大行其道,投资者们自然把目光投向遭受金融危机冲击的程度较弱、经济依然维持强劲增长的新兴市场经济体。由于中国经济在全球金融危机之后维持了一枝独秀的高速增长,中国自然也就成为短期国际资本虎视眈眈的目标。

而中国短期国际资本流入的拉动因素主要包括利差、人民币升值预期以及资产价格溢价预期。首先,如前所述,目前美欧日的基准利率在0%~1%左右,而中国一年期人民币存款基准利率为3.5%,这意味着人民币存款利率可能显著高于美元、欧元与日元的贷款利率。这就为短期国际资本的套利交易制造了强烈的动机。其次,自2010年6月19日人民币重新恢复对美元的渐进式升值以来,市场上已经形成了人民币对美元汇率每年大致升值5%的稳定预期。[①]因此,短期国际资本流入中国,除了能够获得利差之外,还能获得人民币汇率升值收益。再次,短期国际资本流入中国后,并不会老老实实地趴在银行账户上,而是会流入资产市场(包括股票市场、债券市场与房地产市场),因此,如果国际投资者预期中国A股市场或房地产市场的价格指数会不断上升,他们就有更强烈的动机把资金移入中国。

以上是对短期国际资本流动之拉动因素的客观描述,那么有没有相关研究证明,某些因素的确造成了短期国际资本大量流入中国呢?杨海珍等2009年的实证研究发现,驱动短期国际资本流入中国的主要因素包括房地产价格、流通股市值、人民币升值预期与利率。[②]张明于2011年发现,中

---

① 当然,汇率升值预期的变化很快。例如,2011年9月底,在欧债危机愈演愈烈之时,由于国际机构投资者担心中国政府会将人民币重新钉住美元甚至让人民币对美元贬值,市场上暂时出现了人民币汇率升值预期的逆转。一段时间内,香港离岸市场的人民币价格显著低于内地在岸市场的人民币价格。

② Yang Haizhen, Zhao Yanping and Ze Yujing. "Short-term Capital Flows in China: Trend, Determinants and Policy Implications", *Computational Science*, Vol 5545/2009, pp. 552—560,2009.

美利差与中国房地产价格上涨预期是吸引短期国际资本在 2000 年至 2010 年期间流入的最重要因素。[①]这些研究进一步印证了利差、升值预期与资产价格溢价预期吸引短期国际资本流入的观点。

4

短期国际资本流动给中国经济造成的影响

短期国际资本大量流入给中国经济造成的负面影响包括：外汇储备飙升、央行冲销压力增加、国内流动性过剩加剧、通货膨胀率与资产价格上升等。

首先，短期国际资本流入会造成中国外汇储备的加速累积。无论是短期国际资本通过经常账户的虚假贸易流入，还是通过资本账户的合格的境外机构投资者或外债流入，抑或是通过地下钱庄流入，只要投资者将外币兑换为人民币，就会造成外汇储备增长。例如，2011 年上半年，中国外汇储备净增长 2834 亿美元，其中经常账户顺差 878 亿美元，资本账户顺差 1839 亿美元，错误与遗漏项 117 亿美元。根据笔者之前的估算，按照外汇占款间接法计算的 2011 年上半年的短期国际资本流入为 2121 亿美元，占到外汇储备净增长的 75%。这意味着，短期国际资本流入成为 2011 年上半年中国外汇储备增长的主要来源。

其次，外汇储备增加的过程也是央行通过购买外汇储备而释放基础货

---

① 张明，《中国的短期国际资本流动：诱因与冲击——基于 2000 年至 2010 年月度数据的分析》，中国社会科学院世界经济与政治研究所国际金融研究中心，工作论文系列，NO. 2011W08，2011 年 5 月 17 日。

币的过程,如果央行不进行冲销操作,即如果央行不通过发行央行票据或提高法定存款准备金率来回笼因为购买外汇储备而释放的基础货币,那么外汇储备的增长就会加剧国内流动性过剩、推高通货膨胀率与资产价格。因此,过去10年内中国人民银行实施了大规模的冲销操作。如图10-5所示,从2002年起,中国央行开始通过发行央票的方式进行冲销;从2006

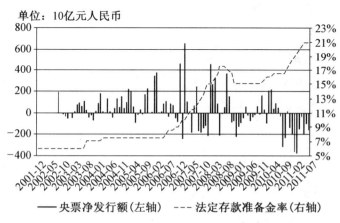

单位:10亿元人民币

——央票净发行额(左轴)   --- 法定存款准备金率(右轴)

资料来源:CEIC。

图 10-5 中国人民银行的冲销操作

年起,中国央行开始通过提高商业银行法定存款准备金率的方式进行冲销。通过实施大规模冲销,中国央行在外汇储备不断积累的同时避免了基础货币的过度发行。然而,冲销并不是没有成本的。无论是发行央行票据,还是提高法定存款准备金率,央行都需要支付相应的利率。2010年7月,央行票据未清偿余额一度高达4.75万亿元,按央行平均每年要向央票持有者支付大约3%的利息计算,这意味着当年央行支付的央票利息高达1425亿元人民币。可能正是因为发行央票的财务成本过高,我们才看到自2010年7月以来,央行一直在净回笼央票,截至2011年8月,央行已经成功地将央票余额下调至2.46万亿元。而在此期间,提高商业银行法定存款准备金率成为最主要的冲销工具,2010 年 7 月至 2011 年 8 月,法定存款准备金率由 16.5％进一步上调至 21.0％。央行之所以更加青睐于提高法定存款准备金率,是因为央行只为法定存款准备金支付 1.62％的利率,这显著低于发行央票的成本。然而,央行提高法定存款准备金率等于商业银行被迫放弃更加有利可图的存贷款利差,这意味着央行的冲销操作降低了商业银行的赢利水平,这其实也是冲销操作的隐性成本。

再次,冲销成本会随着冲销规模的增长而上升,这就意味着央行的冲销将变得难以为继,这样一来短期国际资本流入造成的外汇储备增长最终会加剧国内流动性过剩,进而推高通货膨胀率与资产价格。在此必须指出的是,短期国际资本流入从来都不是导致中国通胀率上升与资产价格泡沫的主要原因。这是因为,与国内货币信贷的增长相比,短期国际资本流入的规模可谓小巫见大巫。例如,2009 年,中国新增人民币贷款 9.6 万亿元,广义货币 M2 增量高达 13.5 万亿元,而同期内根据外汇占款间接法计算的短期国际资本流入仅为 691 亿美元(约为 4713 亿元人民币)。这说明,国内货币信贷增量一直是中国通货膨胀与资产价格泡沫的主要推手。然而,短期国际资本的流入也起到了火上浇油的作用。换句话说,国内货币与信贷的变动制造了中国通货膨胀与资产价格上涨的趋势,而短期国际资本流动则进一步强化了上述趋势。

最后,短期国际资本的流入固然会制造很多问题,然而,更令人担心的是,短期国际资本流入的突然停止甚至逆转。①如果短期国际资本一夜之

---

① 从历史经验来看,新兴市场国家面临的短期资本突然流出通常伴随着两方面因素。一方面是投资者判断新兴市场国家的汇率高估或资产价格泡沫已经难以为继;另一方面是美联储步入加息周期,加大了套利交易的成本。短期国际资本的突然流出实质上正是套利交易的平仓或者收缩。

间由流入转变为流出,则一国可能会面临资产价格显著下跌、本币面临贬值压力、外汇储备规模缩水、外债实际负担加剧等不利冲击。事实上,1997年至1998年的东南亚金融危机在很大程度上就与短期国际资本的突然大规模流出有关。尽管中国目前的外汇储备超过 3 万亿美元,中国政府有着足够的资源来应对短期国际资本的突然流出,但我们依然要对短期国际资本流动的逆转保持高度警惕。

短期国际资本是如何流入中国的?

中国政府要更好地管理短期国际资本流动,首先必须弄清楚,短期国际资本是通过哪些渠道流入中国的。短期国际资本的流入渠道可以概括为经常账户、资本账户与地下钱庄三大类。

经常项目下的贸易、收益和经常转移都可能成为短期国际资本流入的渠道。

短期国际资本通过货物或服务贸易进入中国的方式多种多样。例如,境内外贸企业既可以通过低报进口、高报出口的方式引入资金,又可以通过预收货款或延迟付款等方式将资金截留在国内,还可以通过编制假合同来虚报贸易出口。目前,"买单出口"已经成为短期国际资本通过贸易渠道流入中国的重要渠道。在国内已经出现了较大规模的买单出口市场,即由中介机构注册多家虚假外贸企业,获得外管局提供的出口收汇与进口付汇的核销单,然后出售给没有进出口权的企业与个人。外汇核销单的申领失控与倒卖,造成了大量的虚假贸易以及相应的短期国际资本流入。

将虚假贸易运用到极致的,或许是广东省社会科学院黎焕友教授对媒体披露的一个真实案例的主人公。一家境外公司与境内关联外贸公司签订一项外贸合同,约定外方提前三个月付款。三个月之后,中方以货物生产出现某些特殊原因为由,要求外方谅解并同意延迟三个月交货。再过三个月之后,中方又以原材料价格上涨为由,要求外方提高购买价格。在中外双方协商两个月后,双方同意以中方支付外方预付款10%为代价中止贸易合同。在上述虚假贸易纠纷中,双方利用国际贸易惯例,将境外资金合法引入境内并成功地滞留 8 个月,最终还将 10% 的投资收益免税汇出境外。

短期国际资本也可以通过收益项下的职工报酬以及经常转移进入中国境内。其中最值得重视的是短期国际资本借道捐赠流入。近年来,海外机构和个人对中国内地老少边穷地区的无偿捐助越来越多,然而这些无偿捐助本身可能伴随着附加条件。根据厦门大学张亦春教授的调查,部分海外捐助提出的要求可能是,承诺给某地无偿捐助 3000 万元,但是要求当地政府帮助境外机构从银行再汇兑 3000 万元。这种"有条件捐赠"的现象据说相当猖獗。2011 年媒体热炒的"郭美美事件",折射出中国红十字会等慈善机构的不良操作。这些慈善机构由于可以免交所得税,因此可以开出大量的捐赠收据,而这些捐赠收据则可以成为境外机构将短期国际资本合法转入境内的凭据。

资本项目下的外国直接投资、证券投资、贸易信贷和贷款等均可能成为短期国际资本流入的渠道。

由于中国地方政府一直对外国直接投资采取鼓励与吸引政策,外国直接投资的外汇既可以在银行开立现汇保留,也可以通过银行卖出。这就便利了短期国际资本以外国直接投资名义流入,通过银行兑换成人民币之后,再借助某些方式投资于中国股票市场及房地产市场。①

通过合格的境外机构投资者渠道对中国资本市场进行证券投资,是外资进入中国 A 股市场的合法渠道。然而,通过购买具有合格的境外机构投资者资格的海外金融机构未使用的投资额度,其他机构投资者的短期国际资本也可流入中国。

在我国现行制度下,并不要求外商投资企业的注册资本等于投资总额,不足部分可以用外债补足。这种模式被称为"投注差"模式。在这种模式下,外债逐渐成为短期国际资本进入中国境内的便捷通道。目前外商投资企业的外债主要有三个来源:一是国外银行提供的贷款;二是国外出口商、国外企业和私人的贷款;三是在华外资银行的贷款。其中第二项是最重要的外债来源。目前中国大陆对国际商业贷款的指标控制不是十分有效,对国内外商投资企业的外债也没有担保限制,因此短期国际资本可以通过外债形式进入中国境内。

短期国际资本通过地下钱庄进入中国的模式是,先将美元打入地下钱庄的境外账户,地下钱庄再将等值人民币扣除费用后,打入境外投资者的中国境内账户。地下钱庄的主要功能在于满足一些通过合法渠道无法进出中国国境的需要,例如洗钱和毒品交易引起的资金流动和大额换汇等。正是由于地下钱庄的"灰色"背景,使得一些国际著名机构在是否利用地下钱庄问题上持格外谨慎的态度。目前使用地下钱庄向境内注入资金的,以港台个人投资者居多。

然而令人警惕的是,某些外资银行甚至内资银行,也开始提供类似于地下钱庄的服务。具体操作程序是,首先,境外投资者将一笔美元存入某外资

---

① 2008 年以来,外管局对外商投资企业资本金的结汇管理变得更加严格,这是一个可喜的现象。

银行的离岸账户；其次，该外资银行的中国大陆分行以上述美元存款为抵押，为境外投资者在中国国内的关联机构提供相应金额的人民币贷款。以上两笔关联操作由于隐藏在外资银行庞大的存贷款业务中，很难被甄别出来。而且，由于外资银行不承担任何信贷风险，还可以赚取稳定的存贷款利差，因此外资银行提供此类服务的热情很高。鉴于外资银行相对于地下钱庄的透明度和可预测性，很多境外机构投资者开始选用此种渠道。

6

如何应对短期国际资本流入？

中国政府应对短期国际资本流入的策略，可以用"疏堵并举，增强内功"来形容。所谓"疏"，是指削弱短期国际资本流入的拉动因素，包括降低息差、分化人民币汇率升值预期、抑制资产价格泡沫等。所谓"堵"，是指针对短期国际资本的流入渠道，对症下药地采用管制措施。所谓"增强内功"，是指通过实施宏观审慎政策，降低金融脆弱性，增强中国金融机构应对短期国际资本流动冲击的能力。

从"疏"的方面来看，中国政府能够采取的潜在选项包括：第一，通过降息来缩小中美利差。然而，由于目前中国经济与美国经济处于不同的周期，中国正在面对通胀压力，而美国正在面对通缩压力，这决定了中国政府很难通过降息来与美联储保持一致。作为一个大型经济体，中国政府需要实施独立的货币政策。这个选择目前并不可取。第二，停止人民币升值或者分化人民币升值预期。由于中国依然面临国际收支的双顺差以及外汇储备的不断累积，停止人民币升值甚至让人民币对美元贬值的选择也并不可取。可以做的是，通过放宽人民币对美元日均汇率波幅来实现人民币对美元汇率的双向波动,从而削弱或分化市场上关于人民币只升不降的单边预期。增强人民币弹性应该成为未来人民币汇率形成机制的发展方向。第三,通过各种措施来抑制资产价格泡沫。我们很高兴地看到,当前中国政府实施的针对房地产行业的宏观调控正在缓慢地挤出泡沫。从遏制短期国际资本流动的角度考虑,这一政策应该继续保持,不能轻言放松甚至逆转。

从"堵"的方面来看,中国政府能够采用的潜在选项包括:第一,对合法流入的短期国际资本征税,国际范围内通常实施的税种包括无报酬存款准备金、资本利得税与资本流入预扣税等。第二,对通过各种途径非法流入的短期国际资本,则要对症下药地采取应对措施。一是对于虚假贸易渠道(即高报出口、低报进口),商务部、外管局与海关总署之间应该加强数据方面的合作,以甄别转移定价等虚假贸易;二是对于通过外国直接投资与投注差形式流入的短期国际资本,商务部、外管局与商业银行之间应该加强联网核查,以跟踪外商投资企业的资金结汇后是否进入了资产市场;三是加强对地下钱庄以及从事与地下钱庄类似业务的商业银行的打击与监管等。

从"增强内功"的方面来看,中国政府应该加强对商业银行等金融机构的宏观审慎监管。2003年以来,中国商业银行相继进行了股份制改造、不良资产剥离与海内外上市,治理结构、经营效率与风险管理有了长足进步。然而,美国次贷危机爆发之后,在中国政府的行政压力下,商业银行对地方投融资平台放出了天量贷款。由于基础设施投资同样可能存在产能过剩的问题,商业银行的上述贷款未来很可能会转化为新的不良贷款。在此背景下,短期国际资本的流动可能会进一步冲击商业银行的资产负债表。因此,如何进一步提高商业银行的资本充足率与风险管理能力,如何避免金融机构改革进程再次出现反复,是中国政府应对短期国际资本冲击面临的重要挑战。

事实上,自 2009 年下半年以来,短期国际资本的持续大规模涌入不仅是中国面临的问题,而且是几乎所有新兴市场经济体集体面临的问题。针对短期国际资本流入可能产生的破坏性后果,就连长期以来倡导资本自由流动的国际货币基金组织也改变了自己的看法,为新兴市场国家提出了应对短期国际资本流入的"三位一体"式的工具箱,它包括宏观经济对策(降息、本币升值、紧缩性财政政策)、宏观审慎监管政策(提高金融机构资本充足率、流动性覆盖比率、拨备水平,限制金融机构的杠杆率)与资本管制措施(既包括无报酬存款准备金率、资本流入预扣税与资本利得税等价格手段,也包括最短投资期限与配额限制等数量手段)。①不难看出,国际货币基金组织的相关建议与笔者提出的"疏堵并举、增强内功"其实是异曲同工的。

7

2012 年中国面临的短期国际资本流动展望

2012 年预计将是国际金融市场继续动荡、世界经济增长态势疲软的一年。欧洲主权债务危机如何演进依然是最受关注的问题。希腊是否会退出欧元区?"欧猪五国"的主权债务是否会大幅重组?主权债务危机的恶化是否会导致商业银行再度爆发危机?美欧日经济是否会再度陷入衰退?全球贸易摩擦是否会明显加剧?上述问题均具有高度不确定性,要作

---

① Ostry, Jonathan D. et al. "Managing Capital Flows: What Tools to Use", *IMF Staff Discussion Note*, NO. SDN/11/06, April 5, 2011.

出准确的预测并不容易。

然而,基于如下理由,笔者预期,中国在 2012 年将依然面临短期国际资本总体上流入的格局,尽管短期内资本流动的方向可能有所变化。首先,2012 年中国经济依然有望维持 8% 以上的增长,而预计美欧日经济只能维持 1%～2% 的增长。中外经济增长率的差距除了会影响投资者的预期之外,也会对利率、汇率与资产价格产生影响。其次,预计 2012 年中国的通胀率将至少高达 3%～4%,这意味着中国人民银行几乎没有什么降息空间。同时美联储在 2012 年上调基准利率的可能性很低,这意味着中美利差将继续维持下去。再次,预计 2012 年中国仍将维持显著的贸易顺差(我们将在第十一章详细讨论中国的外贸问题),中国依然可能继续面临国际收支双顺差格局,这意味着,如果没有大的不确定事件的冲击,2012 年人民币对美元汇率依然可能升值 4%～5%,人民币升值预期将持续存在;最后,不排除 A 股市场与中国房地产市场在 2012 年出现明显反弹,而反弹将重新制造新一轮资产价格溢价预期。

当然,中国政府会继续努力应对短期国际资本的流入。预计可能采取的措施包括:第一,央行放宽人民币对美元汇率的日均波幅(由正负 0.5% 上升至正负 1%),制造人民币汇率的双向波动,以分化人民币升值的单边预期;第二,继续维持针对房地产市场的宏观调控政策,避免房地产价格的快速反弹;第三,实施中性偏紧的货币政策,降低负利率的程度,控制货币信贷的过快增长,以防止资产价格再度出现泡沫;第四,增强外管局、商务部、海关总署与商业银行之间的信息交流与数据共享,以抑制通过贸易渠道与外国直接投资渠道流入的短期国际资本;第五,继续大力打击地下钱庄等违法违规的跨境资金流动。

第十一章
对外贸易风光不再？

  2011 年一季度，受全球金融危机影响，中国出现了 7 亿美元的贸易逆差，这是自 2004 第一季度以后，7 年来首次出现的季度贸易逆差。这一现象引发了市场的高度关注。正如国内某报纸所言："打着中国贸易顺差这个幌子对人民币汇率指手画脚的西方人士，似乎该要闭嘴休息一下了，因为再打下去就没有意义了——中国贸易已出现了由节余向赤字的转变。"①原商务部副部长、中国国际经济交流中心秘书长魏建国表示，2009 年中国的贸易顺差比 2008 年减少了 1000 亿美元，2010 年又进一步减少了 126 亿美元，2011 年一季度的贸易逆差则表明，"中国进出口并重、稳定出口、努力扩大进口的政策正在得到落实，外贸进出口基本实现了平衡，中国的对外贸易正朝着更加平衡的方向发展"。某学者表示："一季度外贸数据发出了比较积极的信号，表明人民币币值没有被低估，是合适的。中国不刻意追求顺差，某些国家对中国操纵汇率的指责不攻自破。"②

  2011 年二季度，中国的贸易顺差恢复到 467 亿美元，2011 年 7 月至 8 月的贸易顺差继续攀升至 492 亿美元。按此趋势推演下去，2011 年中国的贸易顺差可能依然接近 2010 年的 1845 亿美元。现在轮到美国人坐不住了。2011 年 10 月 11 日，美国参议员以 63 票赞成、35 票反对的表决结果，通过了《2011 年货币汇率监督改革法案》，该法案将允许美国政府对通过压低币值来补贴出口的国家征收反补贴关税。中美之间的贸易战再度"山雨欲来风满楼"。

  为什么中美两国政府都对中国贸易顺差的演变趋势高度关注？这与中美是非常重要的贸易伙伴，且中国一直对美国保持着显著的贸易顺差分不开。那么，中国当年为什么会走上出口导向的发展道路？中国对外贸易的现状如何？中国现在在出口什么、进口什么？谁在出口、谁在进口？什么因素会影响中国的出口增长？出口导向的发展策略是到了非要调整不可的关口吗？中国会在 2012 年成为一个逆差国吗？本章将试图回答上述问题。

---

① 中国联合商报，《逆差驾到：中国贸易逆差难改美国贸易趋势》，2011 年 4 月 15 日。
② 同上。

1

中国为何会选择出口导向的发展战略?

发展中经济体在经济起飞阶段通常会实施两种不同的发展战略:进口替代(Import-Substitution)与出口导向(Export-Oriented)。所谓进口替代,是指通过实施各种贸易保护主义措施来发展本国制造业,并逐渐以本国制造品替代外国制造品的发展战略。所谓出口导向,是指通过实施各种贸易鼓励措施来促进本国制造业发展,并逐渐以本国制造品出口来替代农产品与初级产品出口,并借以拉动经济增长的发展战略。

从20世纪50年代初到60年代中期,进口替代一直是大多数发展中经济体热衷实施的发展战略。毫无疑问,进口替代策略帮助发展中经济体保护和推进了国内民族工业的发展、建立了现代工业体系、促进了经济增长并降低了对进口的依赖。然而,进口替代发展战略的最大问题是缺乏国际竞争与扭曲资源配置。由于贸易保护主义措施阻断了国内市场与国际市场的联系,排除了来自国际市场的竞争,通常导致实施该战略的发展中经济体企业缺乏核心竞争力、经济在经历了一段时间的高增长后陷入停滞。长期以来实施进口导向发展策略的大多数拉美国家,其人均GDP从20世纪70年代以来几乎没有任何增长,就是明证。

从20世纪60年代中期开始,日本与"亚洲四小龙"(韩国、新加坡、中国香港、中国台湾)等经济体先后开始实施出口导向的发展战略。出口导向发展战略的要点包括:第一,在各种价格与税收方面为出口企业提供显性或隐性的补贴,以提高出口企业在国际市场的竞争力;第二,保持低估的本币汇率,以增强本国出口产品在国际市场的价格优势,并抑制进口增长;第三,在外向型制造业领域引入外资并大力发展加工贸易;第四,对出口企业从国外进口必需的原材料、中间产品、资本品与专利技术等实施减免税或放宽配额。出口导向发展战略的实施必然会导致高投资率,这需要实施该发展战略的国家或者具有较高的储蓄率,或者能够持续从外部引入资金。这可能是决定东亚国家能够走上发展之路,而大多数拉美国家依然困守于经济滞涨的重要原因。出口导向发展战略使得日本与"亚洲四小龙"经济迅速崛起并成长为发达经济体。之后"亚洲四小虎"(泰国、马来西亚、菲律宾、印尼)也相继走上了出口导向的发展之路。日本、"四小龙"与"四小虎"的持续高速增长被世界惊呼为亚洲奇迹(Asian Miracle)。

中国经济发展也经历了由进口替代向出口导向的转型。自 1949 年新中国成立以来到 1978 年改革开放前,中国实施的是具有浓厚计划经济色彩的进口替代发展战略。1979 年至 1991 年,中国经济处于由进口替代向出口导向转变的过渡阶段。自 1992 年邓小平"南方谈话"之后,中国大陆开始全面推进市场化改革进程,中国经济也全面走上了出口导向的发展之路。[1]中国之所以走上出口导向之路,一方面是因为,过去几十年的经验教训显示进口替代的发展道路已经走进了死胡同,另一方面则源于日本、亚洲"四小龙"与"四小虎"高速增长的示范效应。当然,作为一个大国,中国在出口导向发展之路上取得的成就也是惊人的,截至 2010 年,中国已经成为全球第一大出口国、全球第二大进口国、全球第二大经济体以及全球第一大外汇储备持有国(全球最大的官方债主)。

---

① 以上阶段划分引自马颖、李建波,《中国大陆与台湾从进口替代到出口导向的发展战略的比较》,http://cedr.whu.edu.cn/cedrpaper/200771793815.pdf。

2

中国对外贸易的现状

图 11 - 1 显示了 1979 年至 2010 年这 32 年间中国进出口与贸易顺差的变化。不难发现,2001 年底中国加入世界贸易组织是中国进出口增长的一个突破点。2001 年,中国的出口额与进口额分别为 2661 亿美元与 2436 亿美元,而 2010 年两者分别攀升至 1.58 万亿美元与 1.39 万亿美元,9 年间出口额与进口额分别增长了 4.9 倍与 4.7 倍!相比之下,中国贸易顺差高速增长的突破点则出现在 3 年之后的 2004 年。2004 年,中国的贸易易顺差仅为 321 亿美元,2008 年的贸易顺差攀升至 2981 亿美元,增长了

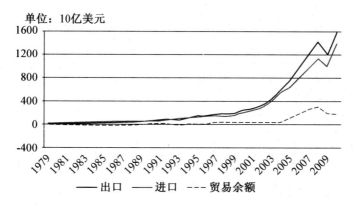

资料来源:CEIC。

图 11 - 1 中国对外贸易的增长状况

8.3 倍!尽管在全球金融危机爆发后,中国的贸易顺差在 2009 年与 2010 年有所回落,但依然高达 1957 亿美元与 1831 亿美元。中国加入世界贸易组织导致进出口贸易壁垒大幅减少、促进进出口加速增长并不难理解,那为什么中国的贸易顺差从 2005 年起出现了加速增长? 笔者认为,最重要

的一个原因,是中国的出口结构在 2004 年至 2005 年期间发生了重大变化,即由以劳动密集型产品为主转变为以资本密集型产品为主,笔者将在下一节更加详细地分析这一点。

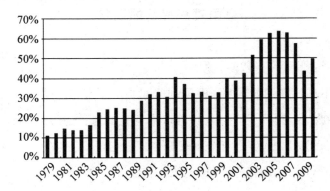

资料来源:CEIC。

图 11 - 2 中国的贸易依存度

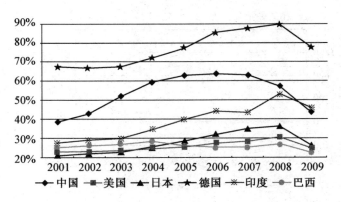

资料来源:CEIC。

图 11 - 3 主要大国贸易依存度的比较

几十年来中国进出口额持续快速增长的结果,是中国贸易依存度的不断上升。贸易依存度等于一国的进出口额之和与同期 GDP 的比率。该指标反映了特定经济体在全球贸易体系中的开放程度。如图 11 - 2

所示,中国的贸易依存度由 1979 年的 11%,最高上升至 2006 年的
63%,2010 年依然高达 50%。国际比较显示(图 11-3),2009 年中国的
贸易依存度(44%)远高于美国(25%)、日本(26%)与巴西(23%),略低
于印度(46%),明显低于德国(78%)。作为一个大型经济体,中国的贸
易依存度是相当高的。

众所周知,最终消费、资本形成与净出口是拉动一国 GDP 增长的"三
驾马车"。图 11-4 显示了 1979 年至 2010 年"三驾马车"各自对中国 GDP
增长的年贡献率。1979 年至 2010 年这 32 年间,净出口对 GDP 增长的年
均贡献率为 7%,其中 25 年贡献率为正。1994 年至 2010 年这 17 年间,净
出口对 GDP 增长的年均贡献率为 9%,其中 16 年贡献率为正。如果考虑
到与出口相关的固定资产投资,则出口行业对 GDP 增长的贡献更为显著。
这意味着自改革开放以来,出口导向的发展战略对中国经济的持续高增长
功不可没。

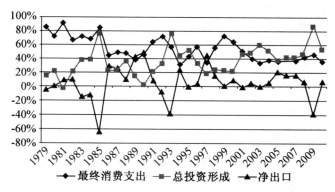

资料来源:CEIC。

图 11-4 "三驾马车"对中国 GDP 增长的年贡献率

图 11-5 显示了中国与各大洲的贸易状况。从图中不难看出,第一,
中国的贸易顺差几乎全部来自北美与欧洲。尽管中国对欧洲的出口已经

显著超过了中国对北美的出口①,但对北美的贸易顺差依然显著地高于对欧洲的贸易顺差②。这正是为什么中国出口企业高度重视美国市场,以及中美双边均对人民币对美元汇率高度敏感。第二,中国对亚洲保持着持续的贸易逆差。主要原因是中国大陆与日本、韩国以及中国台湾地区等亚洲经济体处于全球生产网络的不同位置。中国大陆目前扮演着"全球组装工厂"的角色,即从日本、韩国以及中国台湾地区等经济体进口中间产品、加工装配为最终产品后出口至欧美。这就造成了中国对亚洲国家保持持续

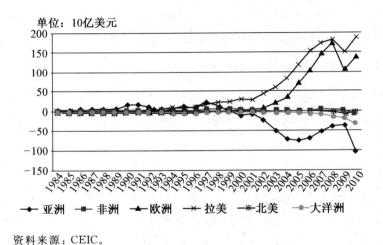

资料来源:CEIC。

图 11 - 5　中国对各大洲的贸易余额

逆差,但对欧美国家保持持续顺差的格局。第三,中国对大洋洲与非洲的贸易逆差近年来不断扩大,这反映了中国从澳大利亚以及众多非洲国家不断进口能源与初级产品(例如铁矿石)的格局。表 11 - 1进一步列示了中国最重要的进出口贸易伙伴国家和地区。位于欧美的美国、德国与英国,

---

① 2010 年,中国对欧洲的出口额为 3553 亿美元,中国对北美的出口额为 3059 亿美元。

② 2010 年,中国来自欧洲的贸易顺差为 1373 亿美元,来自北美的贸易顺差为 1889 亿美元。

以及位于亚洲的日本、韩国是中国内地当前最重要的出口市场(中国香港地区仅是一个从事转口贸易的中转站,中国香港地区从中国内地的进口最终主要出口到欧美国家)。日本、韩国与中国台湾地区是中国内地前三大进口来源地的事实充分说明,加工贸易进口在中国内地的进口中占据着重要地位。此外中国内地的其他三个重要的进口来源地分别为美国、德国与澳大利亚。从表11-1中也可以看出,中国内地对日本、韩国、澳大利亚以及中国台湾地区存在显著的贸易逆差,而对美国、英国以及中国香港地区存在显著的贸易顺差。

表 11-1　中国内地排名前六位的出口国(地区)与进口国(地区)(2010 年)

排名	出口国(地区)	占总出口比重	进口国(地区)	占总进口比重
1	美国	18%	日本	13%
2	中国香港地区	14%	韩国	10%
3	日本	8%	中国台湾地区	8%
4	韩国	4%	美国	7%
5	德国	4%	德国	5%
6	英国	2%	澳大利亚	4%

资料来源:CEIC 及笔者的计算。

表 11-2 显示了中国的省、市、自治区中排名前列的对外贸易大户。如果按照 2009 年的贸易顺差由高至低排序,则排名前六位的分别为上海市、广东省、浙江省、江苏省、深圳市与福建省,这六个省或直辖市的贸易顺差之和占到中国贸易顺差的 1/3。而在 2010 年,上述六个省或直辖市的贸易顺差之和占到中国贸易顺差的 2/3。这或许反映了上述地区的出口企业竞争力较强,从而能够在全球金融危机后的市场低迷期间占据更大的市场份额。该表同时也反映了,上述地区从出口导向的经济发展模式中获益最大。一个合理的推论是,这些既得利益者自然也会最强烈地阻挠中国经济增长模式的调整,例如抵抗人民币升值。

表 11－2　中国排名前六位的贸易顺差大省(直辖市)(2009 年与 2010 年)

排名	省(直辖市)	占中国贸易顺差的比重(2009 年)	占中国贸易顺差的比重(2010 年)
1	上海市	10％	25％
2	广东省	8％	19％
3	浙江省	6％	17％
4	江苏省	4％	—
5	深圳市	4％	10％
6	福建省	2％	5％
合计		34％	76％

资料来源：CEIC 及笔者的计算。

3

中国的进出口

按照国际贸易的大类来划分，贸易品可以分为初级产品(Primary Product)与制成品(Manufacture)两类。初级产品主要包括：食品与动物、饮料与烟草、其他原材料(除食品与燃料外)、矿石燃料与润滑油、动物植物油与油脂等五大类。制成品主要包括化工品、制造品、机器与运输设备、其他制造品等四大类。图 11－6 显示了中国出口产品与进口产品中制成品所占比重。中国出口产品中的制成品比重呈现出波动中上升的格局，它由 1993 年 1 月的 81％上升至 2011 年 8 月的 95％。恰好相反，中国进口产品中的制成品比重呈现出波动中下降的格局，它由 1993 年 1 月的 87％下降至 2011 年 8 月的 66％。这意味着中国的进口结构越来越偏向于初级产品，而出口结构几乎完全集中于制成品。这和中国进口原材料和中间成品、经过加工装配后出口制成品的"世界工厂"模式基本是一致的。

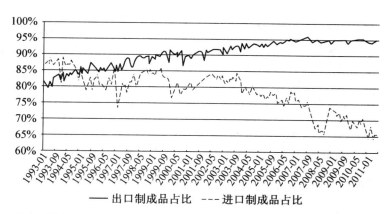

——出口制成品占比 ---进口制成品占比

资料来源:CEIC。

图 11-6 中国进出口结构的变化

为了更加深入地分析中国进出口商品结构的变动,我们不妨比较一下
1993 年 1 月与 2011 年 8 月中国进出口结构中各大类商品比重的变化。①
图 11-7 比较了两个时点中国出口结构的变化。几乎所有初级产品类别
的比重都显著下降了。而在制成品类别中,机器与运输设备的比重增长得

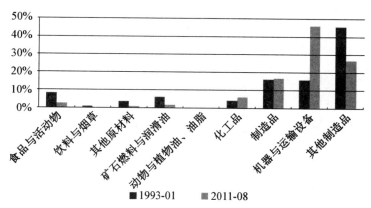

■1993-01 ■2011-08

资料来源:CEIC。

图 11-7 中国出口结构的变化

---

① 之所以选择 1993 年 1 月作为起点,是因为,中国政府从 1993 年 1 月才开始公布进出
口结构的具体商品种类月度数据。

最快,其次是化工品,而其他制造品的比重下降得较快。这表明,在中国的出口结构中,重化工品的比重已经显著增加了。图 11-8 比较了两个时点中国进口结构的变化。在初级产品中,矿石燃料与润滑油的比重增长得最快,其他原材料次之;在制成品中,制造品以及机器与运输设备的比重都显著下降。这一方面表明中国进口的能源与大宗商品比重在显著上升,另一方面表明中国进口的资本密集型产品的比重在显著下降。

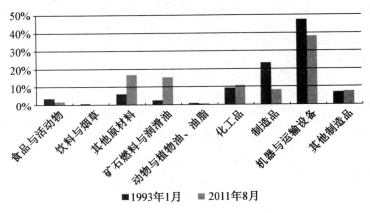

资料来源:CEIC。

图 11-8 中国进口结构的变化

中国进出口商品结构的变迁,折射出中国工业重心的嬗变:中国工业的重心已经由轻工业产品为主过渡至重化工业产品为主。钢铁行业是一个最明显的例子。2005 年之前,中国是一个钢铁的净进口国。2005 年中国的钢铁产量为 3.49 亿吨,占全球产量的 31%,而同年国内钢铁需求仅为2.5 亿吨,导致中国在 2005 年首次成为钢铁的净出口国。2010 年,中国钢产量接近 6.3 亿吨,占全球产量的 44%[①]。而根据中国钢铁工业协会在

---

① 该数据超过了欧盟 27 国钢产量之和(1.7 亿吨),也远远超过了日本(1.1 亿吨)、美国(0.8亿吨)与俄罗斯(0.7 亿吨)等其他产钢大国的产量。以上数据引自:金融界网站,《2010 年中国钢产量占全球 44.3%》,2011 年 3 月 17 日,http://stock.jrj.com.cn/2011/03/1719539484808.shtml。

2011 年 2 月 21 日发布的一份报告,中国 2011 年的钢铁产能将达到 8 亿吨。[①]

4

谁在出口？谁在进口？

图 11-9 显示了在中国的出口额中,不同所有制企业的出口额所占比重。20 世纪 90 年代中期以国有企业为主体的格局到目前已经演变为以外资企业为主体的出口格局。1995 年至 2010 年,国有企业出口额占比由 67% 锐减至 15%,而外资企业出口额占比由 32% 稳步攀升至 55%,其他企业(主要是集体企业与私营企业)出口额占比由 2% 上升至 30%。相同的趋势也发生在进口结构中,如图 11-10 所示,1995 年至 2010 年,国有企业

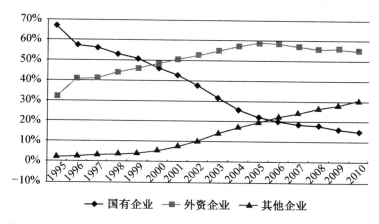

资料来源:CEIC。

图 11-9　国有企业、外资企业及其他企业出口额占比变化

[①] 经济观察网,《中国钢铁产能即将超过 8 亿吨》,2011 年 2 月 23 日,http://www.eeo. com. cn/industry/energy_chem_materials/2011/02/23/194102. shtml。

进口额占比由 50％下降至 28％，外资企业占比由 48％上升至 53％，而其他企业占比由 3％上升至 19％。不难看出，在出口与进口两端，目前外资企业都占据着半壁江山。此外，国有企业的出口占比虽然低于其他企业，但进口占比依然高于其他企业。这与国有企业在国内的布局调整有关，即从低利润率的出口行业（下游行业）中退出，同时增强对进口依存度较高的能源、资源类行业（上游行业）的垄断程度。[①]

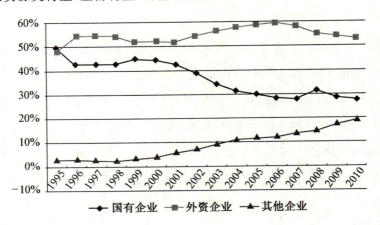

资料来源：CEIC。

图 11-10　国有企业、外资企业及其他企业进口额占比变化

对外贸易又分为一般贸易（Ordinary Trade）与加工贸易（Processing Trade）两大类。所谓加工贸易，是指一国通过各种不同的方式进口原料、材料或零件，利用本国的生产能力与技术，加工为成品后再出口，以获得增加值的贸易活动。常见的加工贸易方式包括"三来一补"（即来料加工、来件加工、来样装配与补偿贸易）与进料加工等。一般而言，一般贸易的附加值较高，而加工贸易由于处于"微笑曲线"的中段，因此附加值较低。目前在中国内地，很大一部分外资企业（尤其是台资企业与港

---

① 吴晓波，《国进民退的分界线》，FT 中文网，2010 年 3 月 11 日。

资企业)主要从事加工贸易。因此,外资企业在中国对外贸易中占据半壁江山的硬币另一面,自然是加工贸易在中国对外贸易中的比重很高。如图 11－11 所示,加工贸易出口额在中国出口额中所占比重,在过去 20年间基本上稳定在 50％～60％区间内;而加工贸易进口额在中国进口额中所占比重,在 20 世纪 90 年代后期一度高达 78％,但到目前为止已经下降至 43％。

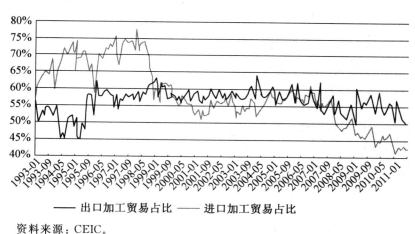

——— 出口加工贸易占比 ——— 进口加工贸易占比

资料来源:CEIC。

图 11－11 加工贸易的重要性

5

影响进出口的主要因素

中国的出口是外国居民或企业对中国产品的需求,中国的进口是中国居民或企业对外国产品的需求。根据需求理论,决定需求的因素主要包括需求者的收入与产品的价格。因此,影响中国出口的主要因素是外国的收入以及中国产品在外国市场的价格,而影响中国进口的主要因素是中国的收入以及外国产品在中国市场的价格。至于汇率对价格的影响,则要看汇率变动是否会影响到中国产品在外国市场的价格或外国产品在中国市场的价格,这被称为汇率的传递效应(Pass-through Effect)。例如,如果人民币升值1%导致中国产品在外国市场的价格上涨1%,这被称为完全的价格传递;而如果人民币升值1%并未导致中国产品在外国市场的价格上涨,这被称为零价格传递。香港金管局的一项研究表明,中国出口产品的汇率传递效应约为50%,这意味着如果人民币升值1%,中国产品在外国市场的价格将会上涨0.5%。[①]

图11-12显示了外部需求强弱(用经济合作与发展组织领先指数来模拟)与中国出口额同比增速之间的关系。不难发现两者之间具有相当强的正相关。例如,全球金融危机爆发后,当经济合作与发展组织(OECD)

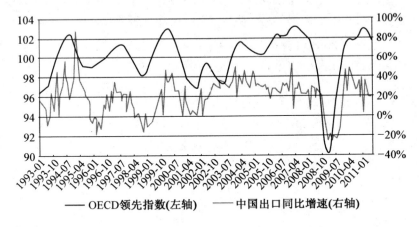

—— OECD领先指数(左轴)　　—— 中国出口同比增速(右轴)

资料来源:OECD,CEIC。

图 11 - 12　外需与出口增速

---

① Li Cui, Chang Shu and Jian Chang, *Exchang Rate Pass-through and Currency Invoicing in China's Export*, China Economic Issues, Hong Kong Monetary Authority, NO. 2/09, July 2009.

领先指数在2008年下半年至2009年初跌至谷底时,中国出口同比增速随即也跌入谷底。1993年1月至2011年7月,OECD领先指数与中国出口额同比增速之间的相关系数高达0.57。图11-13显示了人民币实际有效汇率强弱与中国出口额同比增速之间的关系。不难发现,两者之间具有相当显著的负相关。1994年1月至2011年8月,人民币实际有效汇率与中国出口额同比增速之间的相关系数为-0.40。中国社会科学院世界经济与政治研究所的一项研究表明,中国的出口收入弹性高达2.31%,而出口价格弹性仅为-0.65%。[①] 这意味着,如果中国产品在外国市场的价格上升1%,中国的出口额仅会下降0.65%。而如果外需下降1%,中国的出口额将会下降2.31%。再考虑到人民币升值1%只会导致中国产品在外国市场的价格上升0.5%(根据上述香港金管局的研究),这意味着如果人民币升值1%,中国的出口额只会下降0.33%。以上计算生动地表明,中国

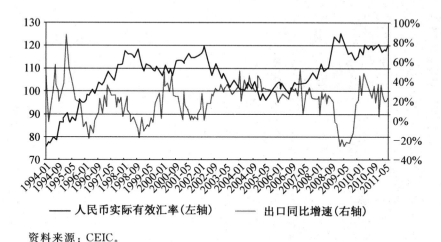

—— 人民币实际有效汇率(左轴)　　—— 出口同比增速(右轴)

资料来源:CEIC。

图11-13　人民币实际有效汇率与出口增速

---

① 姚枝仲、田丰、苏庆义,《中国出口的收入弹性与价格弹性》,《世界经济》,2010年第4期。

出口额的变动更多地取决于外部需求的变动,而非人民币汇率的变动。①

图 11-14 显示了内部需求强弱(用工业增加值同比增速来模拟)与中国进口额同比增速之间的关系。不难发现,两者之间具有很强的正相关。这意味着中国经济增长越快,中国进口增长得越快,反之亦然。图11-15 则显示了人民币实际有效汇率强弱与中国进口额同比增速之间的关系。图中显示,两者呈现出一定的负相关,即人民币实际有效汇率越强,中国进口额增长越慢,这与经济理论无疑是相违背的。从上述分析中我们可以得出两个结论:第一,与人民币实际有效汇率相比,内需在更大程度上决定了中国进口增速;第二,中国进口增速与人民币实际有效汇率之间的相关性,显著低于中国出口增速与人民币实际有效汇率之间的相关性。

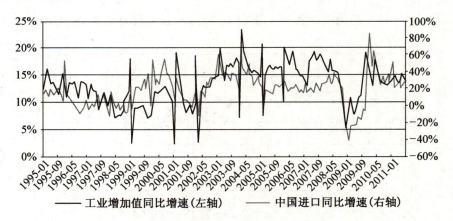

资料来源:CEIC。

图 11-14 内需与进口增速

---

① 然而,这并不意味着,人民币升值不能降低中国的贸易顺差。中国官员经常用以下事实来证明人民币升值无助于改变中美贸易顺差,即 2005 年 7 月至 2008 年 7 月人民币对美元升值 21%,但中国对美国的贸易顺差不降反升。从笔者刚建立起来的分析框架来看,这一结果发生的原因无非是同期内美国经济增长强劲,外需的走强完全抵消了人民币升值对中国出口的负面影响。

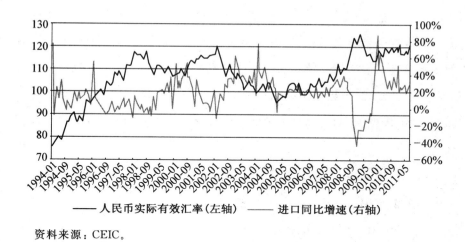

———— 人民币实际有效汇率（左轴）   ———— 进口同比增速（右轴）

资料来源：CEIC。

图 11 - 15   人民币实际有效汇率与进口增速

6

出口导向的发展战略为什么需要调整？

从国际经验来看，历史上但凡实施出口导向发展策略的经济体，在经历数十年的高速增长后，通常都会主动或被动地调整发展策略。日本经济在经历战后数十年的高增长后，在 20 世纪 80 年代中后期形成了泡沫经济。泡沫破灭之后，日本经济陷入长达 20 年的低增长。亚洲"四小龙"与"四小虎"在 20 世纪 90 年代中后期也受到了东南亚金融危机的冲击，其中韩国、菲律宾、泰国、印度尼西亚受到的冲击尤为剧烈。中国香港地区先后两次经历投机性资本冲击，马来西亚通过重新加强资本项目管制来应对危机，而新加坡与中国台湾地区受到的冲击相对较小。事实上，早在东南亚金融危机爆发之前，一些著名的国际经济学家[例如阿林·扬（Allyn

Young)、刘遵义、克鲁格曼等]就先后预言所谓的"东亚奇迹"在很大程度上是由高投资率驱动的,一旦国内投资的效率下降或者融资出现问题(例如资本外逃),实施出口导向的经济体就难免遭遇危机。

笔者认为,之所以中国的出口导向战略需要调整,是因为当前中国已经面临"内忧外困"的格局。中国的发展战略调整既有内部动力,也有外部压力。

先看内忧。第一,过去几十年中国的出口高增长,在很大程度上是因为人为压低了国内土地、劳动力、资金(利率与汇率)、能源、资源与环境的成本,使得中国出口商品的价格显著低于真正的比较优势决定的价格,从而增强了中国出口商品的价格竞争能力。然而,这种人为压低出口价格而带来的出口增长本身意味着资源的错误配置,即原本贫穷的中国人,花了很大代价去补贴购买中国出口商品的富裕的外国人。李众敏、何帆2006年的计算表明,在2004年中国进口的石油与天然气中,分别有21%与37%是用于对国外的再出口。[①]这相当于我们以高价进口能源,之后再以低价出售包含能源成本在内的最终产品。毫无疑问,这样的贸易做得越多,中国人的福利损失越大。

第二,中国一直被认为具有廉价劳动力优势,这是因为富裕的农村劳动力不断向城市转移,在很长时间内,城市非熟练劳动力的供应被认为是无限的,因此多年来中国农民工的工资并没有明显增长。然而,自2007年以来,中国沿海省份屡现"民工荒",2009年至2010年中国沿海农民工工资普遍显著上涨,这说明中国劳动力过度供给的局面正在发生变化。尽管关于中国的"人口红利"还能维持多久这个话题,经济学和人口学界存在显

---

① 李众敏、何帆,《中国能源进口与再出口分析》,中国社会科学院世界经济与政治研究所,工作论文。

著争议,但中国人整体年龄结构的老龄化是不容置疑的。这意味着如果劳动生产率没有大的提升,未来中国劳动力的工资将会不断上涨,从而削弱中国出口产品价格竞争力的一大基础。

第三,利率与汇率的持续低估显著阻碍了资源的有效配置,加剧了当前中国的结构失衡。长期为负的实际利率意味着资源从居民部门向政府与企业部门的强制转移,长期偏低的汇率抑制了中国居民的购买力。在国民收入的初次分配中,居民收入增速长期低于政府税收与企业利润增速,这导致最终消费占 GDP 的比率一路下降。然而,仅凭高投资率与出口是不能实现经济的持续增长的,要调整中国的经济结构,利率与汇率的市场化成为当务之急。而一旦利率和汇率向均衡水平回归,中国出口的价格竞争优势又将被极大地削弱。

第四,中国不仅具有持续的贸易顺差,而且具有持续的资本账户顺差。这一方面意味着,中国通过对外贸易积累的资金并未用作积极的海外直接投资,另一方面也意味着,中国通过外国直接投资引入的资金并未有效地用作进口。双顺差的结果是中国外汇储备的不断累积,而外汇储备的绝大部分又被通过购买发达国家国债的方式,贷给发达国家政府。目前,美欧日等发达经济体都面临着政府债务危机的困扰,未来他们都有通过本币贬值或者提高国内通货膨胀率的方式来降低真实债务负担(隐性地赖账)的可能性。这意味着,我们通过透支国内各种资源或者以很高成本引入外资而积累起来的外汇储备,在未来面临着巨大的价值缩水风险。在当前的全球金融市场上,拥有超过 3 万亿美元外汇储备的中国政府要进行多元化投资并不容易,所以必须防止外汇储备的进一步累积。为实现这一目标,调整出口导向的发展战略就成为当务之急。

再看外困。第一,当中国经济规模较小时,全球经济还能够吸收中国的出口;而当中国经济已经超过日本成为全球第二大经济体时,全球经济能否继续吸收中国出口,开始成为一个问题。这必然造成中国出口什么,什么降价;中国进口什么,什么涨价的格局。换句话说,由于中国经济的规模已经如此庞大,中国必将面临贸易条件(即一单位出口能够换回几单位进口)不断恶化的局面。在这一背景下,继续依赖对外贸易来拉动经济增长的能力就会明显下降。

第二,本轮全球金融危机之后,主要发达国家的金融体系与实体经济均受到严重冲击,他们普遍面临信贷紧缩、失业率高企与政府债务危机的困扰。未来几年内,预计发达经济体都会维持低增长格局。如前所述,考虑到中国的贸易顺差百分之百来自欧洲与北美,而外需又是影响中国出口增长的最重要因素,因此,未来几年中国出口增长不容乐观。

第三,历史经验表明,全球经济增长低迷之时,就是全球贸易保护主义卷土重来之日。当美欧日等发达经济体增长堪忧、必须寻找各种渠道来刺激增长,同时千方百计寻找经济增长低迷的替罪羊之时,人民币汇率自然会成为全球关注的焦点。未来,发达国家一方面会加大要求人民币升值的压力,另一方面也会加大针对中国出口产品的贸易保护主义措施。毫无疑问,中国出口将面临相当暗淡的前景。

7

2012 年中国外贸的发展趋势以及中国政府的对策

中国的年度贸易顺差在 2008 年达到 2981 亿美元的历史性峰值,2009年下降为 1957 亿美元,2010 年进一步下降为 1831 亿美元。2011 月年 1至 8 月,中国的贸易顺差为 953 亿美元,预计全年贸易顺差将达到 1500 亿美元以上。笔者认为,2012 年中国仍将维持贸易顺差,但全年贸易顺差可

能继续下降至 1000 亿美元左右。作出上述预测的理由包括：第一，全球
金融危机仍在肆虐，主要发达经济体预计将维持 1％～3％ 的低增长，而主
要新兴市场经济体经济增长也明显下降，中国出口将继续面临外需萎缩的
局面；第二，2012 年中国经济预计仍将维持 8％ 左右的增速，这意味着中国
的进口仍将较快增长；第三，预计 2012 年人民币仍将维持对美元 5％ 左右
的升值，尽管人民币有效汇率的变动具有较大的不确定性，但如果全球金
融市场继续动荡，在金融机构"去杠杆化"以及"安全港效应"①的驱使下，
美元可能保持对欧元等货币的强势，因此人民币实际有效汇率可能出现较
大幅度升值。考虑到目前中国的 GDP 已经接近 6 万亿美元，1000 亿美元
的贸易顺差意味着中国的贸易顺差与 GDP 之比将会降至 2％ 以下，中国
的对外贸易将继续趋于平衡。

　　面对贸易顺差的不断下降，中国政府应该采取何种对策呢？首先，中
国政府应该乐于看到这一点，因为实现国际收支基本平衡本来就是"十二
五"规划的重要目标之一。贸易顺差的下降一方面有助于遏制外汇储备的
继续增长，另一方面也有利于倒逼国内的结构调整。中国政府没有必要过
于紧张，以至于再次通过提高出口退税的方式来刺激出口增长。其次，如
果出口部门不景气，针对非熟练劳动力的就业问题，中国政府应该通过大
力促进服务业发展来吸收出口部门释放出来的就业压力。由于服务业的
劳动密集程度远高于现在我国的出口行业，只要服务业能够较快增长，失
业就不会成为大问题。然而，目前中国很多高利润率的服务业都被国有垄
断企业把持（例如电信、铁路、金融、医疗、教育等），要大力促进服务业发

---

　　① 安全港效应：由于经济、政治、法律风险等因素导致对国内和国外资产偏好不同，如
本国居民出于担心本国经济、政治等政策的不稳定，他们可能会选择持有国外资产。——编
者注

展,中国政府就必须打破国有企业的垄断,向民间资本开放这些行业。再次,中国政府应该抓住全球金融危机提供的时间窗口,加快进行国内的结构调整,将中国经济增长引擎由投资与出口拉动,转变为国内消费拉动。这就意味着要改变在国民收入初次分配领域的"国进民退"、"企进民退"局面,真正提高居民收入占国民收入的比重。最后,中国政府应该加快实现国内要素价格的市场化(包括利率与汇率的市场化),从而让更具弹性、更加自由的价格信号来引导资源配置,从而提高中国经济增长的效率与可持续性。

第十二章
中国经济的石油之殇

历史证明,无论多么强大的国家,总有自己的"阿喀琉斯之踵"。工业革命以来,世界各国的经济发展无不伴随着巨量的能源消耗,特别是化工能源消耗。英国如此,美国如此,德国和日本的经济崛起也是如此。为了保障经济发展所需能源,一些国家甚至不惜开动战争机器掠夺他国资源。

新中国建立之初,中国的第一代领导人就遭遇了能源困境。1978年中国经济开始起飞之时,能源约束也成为中国的"阿喀琉斯之踵"。中国的煤炭资源丰富,煤炭消费在整个能源消费中占据主导地位。而在快速增长的石油消费方面,由于国内石油产量的增长速度较慢,石油供应的压力长期困扰着中国的决策者们,这也成为中国经济长期可持续发展的最大困境。中国之迅速发展是在全球核恐怖平衡和经济全球化的背景下发生的经济现象,相对于英国、美国以及第二次世界大战后德国、日本的迅速发展,中国发展的能源成本更高,能源困境更为突出。这种困境,既是外部环境所致,也是中国经济的发展模式所致。

1993年,中国首次成为石油净进口国;1996年,中国首次成为原油净进口国。随后,中国原油和石油对外依存度①呈现出迅速增长的发展趋势。2010年,中国的原油进口对外依存度已经超过一半。国际能源署(IEA)预测这种快速增长的趋势将会继续保持。国际油价的快速上涨使我国面临着石油进口成本大幅提高的巨大压力,并且通过产业链传导导致国内石油相关产业产品价格的上升,加速了通货膨胀,对宏观经济平稳运行造成很大冲击。对外依存度的上升以及高油价严重影响了我国的石油安全。决策者们越来越担心,极端情况下可能出现的石油供应中断极有可能打破中国发展所面临的战略机遇期。鉴于此,本章将以我国石油对外依存度不断提高为主线,从石油供给、石油价格、石油需求以及石油市场改革等几个方面入手,剖析中国经济的石油之殇,探究能源困境的解决之道。

---

① 石油对外依存度是指原油加成品油总和的对外依存度,不包括液化石油气、石蜡等石油产品,这些石油产品在我国石油进口量中的比例很小。

231

供 应 之 忧

　　我国在 1993 年成为石油净进口国,1996 年成为原油净进口国。随后,我国石油进口量逐年增大,对外依存度迅速提高。从数据来看,从 1993 年到 2010 年,我国石油产量年均增长 2.1%,而石油消费量年均增长 6.6%,我国原油和石油对外依存度呈现出迅速增长的发展趋势。2008 年,我国石油对外依存度首次超过 50%,达到 51.3%;2009 年,我国原油对外依存度首次超过 50%,达到 51.2%;2010 年,我国石油对外依存度达到 54.8%,原油对外依存度达到 53.7%。尽管对于原油对外依存度警戒线并没有一个统一的说法,但一般而言,超过 50% 的原油对外依存度是一个重要标志,也应该引起高度关注。早在 2008 年,《全国矿产资源规划》就曾预测,到 2020 年我国原油对外依存度将达到 60%;中国社会科学院发布的《能源蓝皮书 2010》预测我国原油对外依存度 10 年后将达到 64.5%。美国能源信息署(EIA)预测,2020 年我国石油对外依存度为 62.8%、2025 年将达到68.8%。这些预测都显示出 10 年以后我国 2/3 以上的石油需求将依赖国际石油资源的供给。而以往的经验告诉我们,这些预测往往都是低估的。参见图 12-1。

　　目前,中国的石油产量可能已经进入了重要的平台期,增产乏力。自 20 世纪 50 年代发现大庆油田以后,中国石油工业进入快速增长的"青春期",10 年左右的时间建成了东部石油工业基地,包括松辽盆地、渤海湾盆地以及苏北、汉江等小盆地油田。20 世纪 80 年代后中国石油工业进入稳步发展的"壮年期",1984—2005 年的 20 余年间,中国石油可采储量和产量平均年增长率分别为 0.33% 和 1.87%。值得注意的

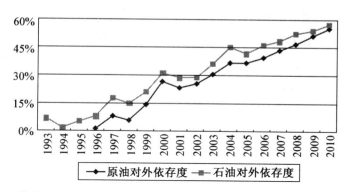

资料来源：国家海关总署、BP能源统计（2011年）。

图 12 - 1　我国原油和石油对外依存度

是，进入 21 世纪后，中国剩余可采储量长期停滞、新增探明地质储量采收率低、老油田减产，影响着我国石油产量的稳步增长。2003 年大庆油田原油产量为 4840 万吨，这是 27 年来首次降到 5000 万吨以下。但可喜的是，20 世纪 80 年代中期以来，我国重视石油产区的战略替代，实施了稳定东部、发展西部和加强海上的方针。在此期间东部可采储量虽有所下降，但西北和海上的增产使全国储、产量均有所上升。西北和海上产区近几年仍保持较快发展，新一轮陆上深层领域开发和深海油气开发将对中国石油作出新的贡献。

　　然而，随着勘探开发进程的深入，我国东部老油田基本进入高含水期，开发成本高；中西部和海上的石油产量接替较为迅速，保证了全国石油产量的平稳，但是仍未取得较大的突破；深海油田的勘探开发工作受到国际环境以及技术手段方面的因素而停滞不前。有观点认为，我国已经进入石油产量增长的平台期[①]，这个平台期的高峰产量可能维持在每年 2 亿吨左

---

　　① 王月、曹湘红、冯连勇，《我国经济和社会发展中必须重视石油峰值问题》，《中国能源》，2009 年 4 月。

右。可以肯定的是,在没有大的储量发现的情况下,我国石油产量增长乏力的情况将继续保持。参见图 12-2、图 12-3。

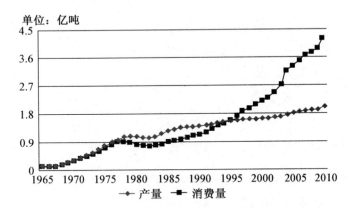

资料来源:BP 能源统计(2011 年)。

图 12-2　我国原油供需变化

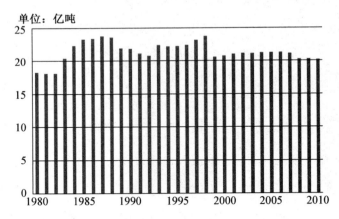

资料来源:BP 能源统计(2011 年)。

图 12-3　我国石油探明可采储量变化趋势

从国家的角度来看,立足国内仍然是保障石油供应的基本出发点。2008 年完成的新一轮油气资源评价显示,我国石油远景资源量 1086 亿吨、地质资源量 765 亿吨、可采资源量 212 亿吨,勘探尚处于早中期。从资源前景上看,国内仍有大量的油气资源等待发现。开发和利用先进技术、深入石油资源的勘探开发,将使我国陆上石油资源仍有取得突破的可能。

从油田产量接替的角度来看,我国东部大油田基本上都属于老油田,因此合理规划老油田产量、推动其可持续发展是十分必要的。但是,老油田在经过长时间的开采后,产量下降不可避免,因此应积极做好西部油田的接替工作。目前,正是通过中西部地区和海上油田产量较为顺利的接替,我国石油产量才能够维持在一个较为稳定的水平。但是面对我国石油消费越来越高的现实,产量接替工作仍需加大力度。

"十二五"期间,国家油气供应的基本思路是继续建设大型油气基地。2011 年全国能源会议上,时任国家能源局局长的张国宝先生所做的主题报告明确提出了"十二五"期间保障国家油气供应的基本思路。对于石油供应,按照"稳定东部、加快西部、发展南方、开拓海上"的原则,有序推进国内原油勘探开发,努力使国内原油产量稳定在 2 亿吨左右;鼓励增加风险勘探开发投入。对于天然气发展,按照"稳定东部、加快西部、常规和非常规并举"的思路,加大鄂尔多斯、川渝、塔里木等重点产气区的勘探开发;抓好主力气田增产,加快建设塔里木、西南、长庆三个年产量 200 亿方级大气田;积极开发海上天然气资源;加快开发煤层气、页岩气等非常规天然气资源。对于炼油工业布局,"十二五"期间国家将完成约 1 亿吨新增炼油能力建设,基本形成以中俄、中哈、中缅三个能源通道炼化产业带,以及环渤海、长三角、珠三角三个炼油集聚区为主体的"三带三圈"炼化产业发展新格局;到 2015 年,全国一次原油加工能力达到 6 亿吨,成品油年产量达到 3.1 亿吨。

表 12-1　世界主要国家石油探明可采储量

国　　家	探明可采储量（亿吨）	占世界总量的比例
沙特阿拉伯	363.3	19.1%
委内瑞拉	304.3	15.3%
伊朗	188.2	9.9%
伊拉克	155.2	8.3%
科威特	139.8	7.3%
阿联酋	129.8	7.1%
俄罗斯	106.0	5.6%
中国	20.2	1.1%

资料来源：BP 能源统计（2011 年）。

　　值得关注的是，近年来，中国近海油气产量快速上升。2010 年中国近海油气产量已经超过 5000 万吨油当量[①]，其中原油 4000 万吨。海洋石油是中国未来石油的重要来源，前景将是十分可观的。除了近海石油勘探开发外，深水油气资源的勘探开发也应抓紧时间进行部署。我国深水油气资源主要集中在南海，其是世界四大海底储油区之一，地质储量初步评估达到 570 亿吨，而属于我国疆域内的油气资源达到 350 亿吨，被誉为"第二个波斯湾"。深水油气资源的勘探开发是当前世界石油工业发展的主流趋势。2010 年前，巴西石油的储量增长已经到达一个平台期，储量增长不断趋缓，但是深水石油资源的勘探开发使巴西一跃成为石油净出口国。参见图 12-4。目前，我国石油探明可采储量同样出现增长乏力甚至缓慢下跌的局面，南海深水油气资源的开发将极有可能扭转这种局面。

————————

　　① 油当量：按标准油的热值计算各种能源量的换算指标，中国又称标准油。1 千克油当量的热值，联合国按 42.62 兆焦计算。——编者注

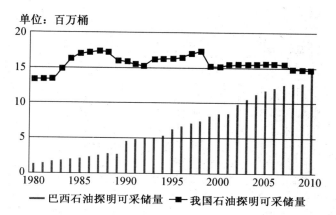

单位：百万桶

—— 巴西石油探明可采储量 —■— 我国石油探明可采储量

资料来源：BP 能源统计（2011 年）。

图 12－4　巴西和我国石油探明可采储量变化趋势

　　然而,南海深水资源面临着被多方瓜分的危险。20 世纪 70 年代后,由于南海发现丰富的油气资源,周边马来西亚、越南、菲律宾等国纷纷不顾历史事实,强占南海岛屿和油气资源。南沙海域石油勘探开发“万家灯火”,却没有我“华灯”一盏,我国在南沙海域尚未获得一滴石油。对南海油气资源的勘探开发,可能会面临被周边国家抵制的风险。因此,南海深水油气资源的勘探开发需要国家从外交、军事、经济等层面同步推进,才能实现顺利开采。

　　目前,国际市场已经成为我国石油供应的主要来源,并且在石油消费预期增长的情况下,这种局面有望得到延续。我国的原油进口来源相对集中,中东地区是我国最大的原油进口来源,进口比例长期维持在 47％左右,2008 年这一比例曾达到 50.1％。除中东外,非洲也是我国主要的原油进口来源之一。从 1999 年开始,非洲成为我国仅次于中东的第二大原油进口来源,2010 年我国从该地区进口的原油比例占我国进口石油总量的 29.6％。前苏联地区是我国第三大原油进口来源,2010 年的进口比例为 10.8％。西半球和亚太同样也是我国重要的石油进口源,但进口量相对较小。见图 12 - 5。

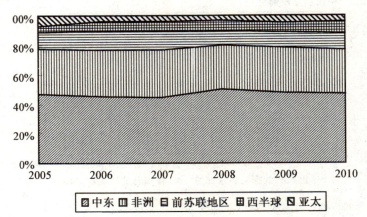

资料来源：国家海关总署。

图 12 - 5　我国原油进口来源分布

从国家分布看,沙特阿拉伯是目前我国最主要的石油进口来源国,
2010 年进口比例达到 18.6％;安哥拉紧随其后,2010 年进口比例为
16.5％。除此之外,伊朗、阿曼、俄罗斯、苏丹、伊拉克等都是我国重要的石
油进口来源国,但是比例都在 10％以下。见表 12 - 2 和图 12 - 6。

表 12 - 2　2010 年我国主要的原油进口来源国

国　　家	进口比例
沙特阿拉伯	18.6％
安哥拉	16.5％
伊朗	8.9％
阿曼	6.6％
俄罗斯	6.4％
苏丹	5.3％
伊拉克	4.7％
哈萨克斯坦	4.2％

资料来源：国家海关总署。

中东和非洲地区属于全球政治敏感区域,发生动荡的可能性较高,政治风险较大。2010 年以来,"茉莉花革命"波及中东数个国家,加剧了该地区政局动荡的风险。非洲地区是全球主要石油进口国的重要能源接替区,这越来越成为世界大国政治棋局上的重要考量因素。原北非国家苏丹在 2010 年 7 月已经分裂成苏丹和南苏丹两个独立的国家,这对我国在该地区的石油作业以及从该地区进口石油是一个很大的考验。一些西方国家出于自身利益的考虑,也在加强对这一地区的政治和军事影响。

资料来源:美国能源部信息署(EIA)。

图 12－6　2010 年中国的石油进口来源国和进口量(千桶每天)

2

运　输　之　痒

"十一五"期间,中国已初步建成非洲、中亚—俄罗斯、南美洲、中东和亚太五个海外油气合作区。尽管谈判一波三折,中途几经反复,但事关能源安全的中俄原油管道和中亚天然气管道建成投运,中缅油气管道开工,深圳等沿海液化天然气（LNG）接收站建成投运，中国陆上西北、东北、西南和海上四大能源进口通道的战略格局基本形成。参见图 12 - 7。按照目前的设想，"十二五"时期，中国将建设好现有陆上东北、西北和西南三大通道，保障中俄原油管道、中亚天然气管道、中哈原油管道的运输安全，加快中缅油气管道建设。

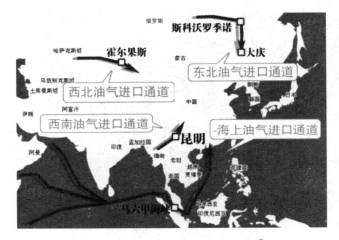

图 12 - 7 我国油气进口通道建设[①]

　　中国的绝大部分的原油进口依然是通过海上运输实现的。同时，由于我国进口石油 75％以上来源于中东和非洲地区，因此，通过海上运输的进口原油绝大部分要通过马六甲海峡，对马六甲海峡的依赖性很强。马六甲海峡位于马来半岛与苏门答腊岛之间，是中东和非洲通向东亚地区的必经之路，也是世界上最繁忙的海上运输通道之一。从战略上讲，马六甲海峡是中国的能源运输和军事软肋之一。马六甲海峡最窄之处宽度仅有 37 千米，这使得该地区海盗频发，威胁着过往船只的安全。但是，近年来随着马来西亚、新加坡和印度尼西亚等周边国家的共同打击，海盗势力得到非常

---

① http://wccdaily. scol. com. cn/epaper/hxdsb/html/2009－06/20/content_67923. htm

有效的遏制。

当然,马六甲海峡并非连接印度洋和东亚的唯一通道。在岛屿密布的东南亚,连通的水道有很多,譬如印尼的巽达海峡(Sunda Strait)、龙目海峡(Lombok Strait)、望加锡海峡(Makassar Strait)等。与马六甲海峡相比,巽达海峡浅而窄,不适合大型轮船的航行,因此目前很多船只只能从马六甲海峡通过。龙目海峡由于水深深于马六甲海峡,故成为巨型油轮通行的黄金水道。过分地炒作马六甲海峡的运输风险,没有必要。

目前,我国东北中俄原油管道已经建成输油。西南中缅原油管道正在紧锣密鼓的建设之中,这条管道设计输送原油能力达到 2200 万吨/年,可以降低我国对马六甲海峡的依赖程度。有学者认为,我国的东北、西北、西南三条陆上油气管道建成投产后,可以承担我国 40% 的油气进口量;传统的经马六甲海峡的海上运输通道承担的油气进口量将有望从目前的 80% 以上降至 60%。

3

油 价 之 痛

随着石油市场和金融市场的相互渗透,石油已经不单单是传统意义上的工业燃料,其金融属性越来越明显。金融危机后,石油的金融属性大大增强。由于国际资本的追逐,石油价格已经不再仅由石油供需决定,国际金融市场上对石油的买卖头寸成了决定石油价格的主要因素。正因为如此,石油安全问题已由单纯的"供应安全"逐渐演变为"供应安全"与"价格安全"并存的局面,石油已经化身为金融市场里的一个交易标的物。由于石油金融化,世界石油市场已经从实体经济中的货物买卖交易演化成虚拟经济中的金融交易,成为世界金融市场的重要组成部分。在世界经济全球化的今天,全球金融市场任何一个角落的些许波动都会蔓延到其他地区,对其他经济体产生影响;而金融市场的高风险性决定了这种波动发生的概率很大,这就会导致油价的波动;而油价的频繁波动更会带动国际大宗商品价格的剧烈波动,从而对各国经济产生影响。2003—2008年,国际油价经历了石油工业诞生以来最长的一次上涨周期,国际油价最高涨至147美元/桶。在这一石油牛市中,以欧佩克(OPEC)为代表的产油国积累了大量的石油收益,也成为国际金融市场流动性泛滥的重要原因。参见图12-8、图12-9。

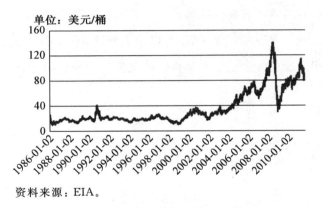

单位:美元/桶

资料来源:EIA。

图 12 - 8 国际油价波动历史[①]

　　欧佩克国家虽然拥有石油供给的垄断权,却没有石油定价的垄断权。纵观国际石油定价权的演变,国际石油定价机制经历了从西方垄断寡头石油公司定价,到欧佩克定价,再到以石油期货市场价格作为定价基准的转变。也就是说,石油金融化,已经使石油价格的决定因素逐步脱离供需基本

---

　　① 约定俗成的"国际油价"指的都是 WTI 原油价格,即美国西得克萨斯轻质原油。
——编者注

面,转向金融市场。目前,伦敦国际石油交易所交易的北海布伦特(Brent)原油是全球最重要的定价基准之一,全球原油贸易的50％左右都参照布伦特原油定价。全球每年巨量的石油期货合约交易量,通过现货市场的交易量只有20亿吨左右,且石油期货合约大部分都没有进行实物交割。

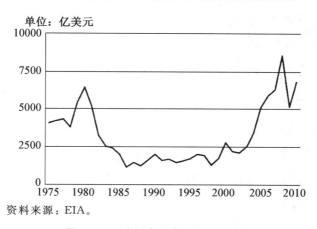

资料来源：EIA。

图12-9 欧佩克国家历年石油收益

以美元为结算货币的定价方式,使石油的供给和定价相分离。欧佩克国家在获得大量美元收益后继续向欧美金融市场进行再投资,形成石油美元回流机制,最终使石油美元转化为金融美元。这种"石油—美元"挂钩机制以及美国在国际金融市场上的强大地位使美国政府和美国的大型投资银行在世界石油市场上具有巨大的影响力。在上一轮石油牛市中,美国的投资银行高盛、花旗、摩根士丹利、摩根大通起到重要的作用。

石油"定价权"是一个模糊笼统而又具有一定民粹主义色彩的词汇。在石油市场上,没有任何一个国家拥有对价格的控制权。中国人在强调定价权和话语权的时候,实际上是强调增强对于市场剧烈波动带来的风险防范以及增强中国这个需求大国对世界石油市场的影响力。

防范风险和增强影响力的根本途径在于金融市场发展,其中最重要的是建立人民币计价的石油期货市场。2011年9月底,笔者在宁夏银川参加中国—阿拉伯国家经贸论坛能源和金融分论坛时便指出,我国目前的资本管制限制了石油期货市场的建设,大型石油企业由于监管和体制逻辑也不愿意参与石油期货市场,这给我们石油期货市场的建立带来了很大障碍。

应对价格波动风险、保障石油供应,建立石油银行也是一个不错的思路。除了已有的向石油企业提供贷款的商业银行以及向石油企业提供政策支持的政策性银行外,可以考虑建立支持石油企业对外投资和购买石油储备的石油银行。建立石油基金的政策建议多年前已经被提出,但这个建议至今没有具体实施过。实际上,中国完全可以利用部分外汇储备建立石油基金:一是国家财政设立石油企业勘探开发基金,为石油企业走向"深水"和海外提供风险勘探资金来源;二是设立石油投资基金,积极参与国际石油市场交易,获得收益;三是设立石油稳定基金,保证石油工业的稳定发展,降低石油价格波动对国民经济的冲击。

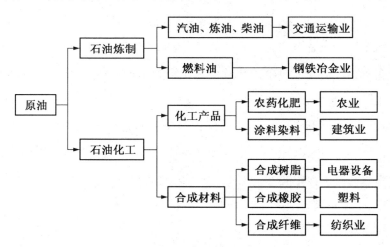

图 12 - 10　石油产业链示意图

由于工业社会严重依赖于石油,因此,通过产业链的传导,油价波动能够影响到国家社会生活的方方面面。参见图 12 - 10。尽管如此,油价波动对一个国家国民经济的影响程度还与该国的产业结构和产业政策有密切的关系。一个国家通过产业结构调整,发展清洁能源产业和低耗能产业,能够有效地减少对石油的依赖,从而降低油价波动对经济的冲击。另外,油价波动对一个国家的影响程度也会受到石油定价机制、货币和财政政策、汇率政策以及能源消费结构等政策的影响。

中国的原油定价机制经历了由国家控制定价、双轨制定价和与国际市场接轨定价三个阶段。与国际市场接轨定价起始于 1998 年 6 月 1 日。具体内容为:原油价格由基准价和贴水两部分构成,基准价按国际市场接近品质原油的离岸价加关税确定,国际油价参照新加坡普氏报价计算,由国家发展和改革委员会每月定期公布;贴水部分由买卖双方根据国内原油运杂费、油种品质差价以及市场供求情况协商确定。[①] 在原油价格与国际接轨的情况下,由于每年我国要从国际市场上进口大量的原油,因此需要花费大量的外汇,并直接面临着油价波动的风险。

我国现行的成品油定价机制由国务院在 2008 年 11 月颁布的《国务院关于实施成品油价格和税费改革的通知》和国家发展和改革委员会 2009 年 5 月印发的《石油价格管理办法(试行)》确定。其基本内容是:我国成品油价格继续与国际市场有控制地间接接轨,国内成品油出厂价格以国际市场原油价格为基础,加国内平均加工成本、税金和适当利润确定,汽、柴油实行最高零售价。[②] 当国际市场原油连续 22 个工作日移动平均价格变化超过 4%时,相应调整国内成品油价格,同时规定两次调价间隔不少于 10 天[③],加工利润率随着国际市场原油平均价格上升将依次递减,直至按加工零利润确定成品油价格。

---

① 董秀成,《国内成品油价格改革现状、问题和思路》,《中国能源》,2005 年第 9 期。
② 中华人民共和国国务院,《国务院关于实施成品油价格和税费改革的通知》,国发〔2008〕37 号。
③ 中国国家发展和改革委员会,《石油价格管理办法(试行)》,发改价格〔2009〕1198 号。

　　应该说,随着成品油定价机制的逐步完善,我国成品油价格越来越与市场接轨,但是仍处于政府管制价格之中。成品油价格管制消化了国际油价波动对我国经济的部分影响,我国经济走势与国内成品油价格的关系更为密切。有研究表明,由于成品油价格管制,世界油价波动对我国通货膨胀率显性影响不大,但对我国通胀产生了较大的潜在压力。参见图12-12、图12-13。

资料来源:国家海关总署。

图 12-11　我国原油进口额

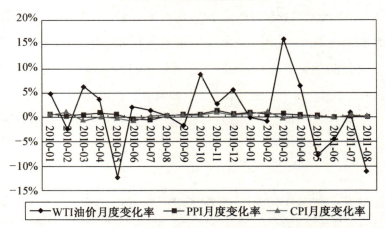

资料来源:WTI 油价资料来源于 EIA,PPI(生产者物价指数)和 CPI 数据来源于 Wind。

图 12-12　WTI 油价变化与我国相关经济指数变化关系

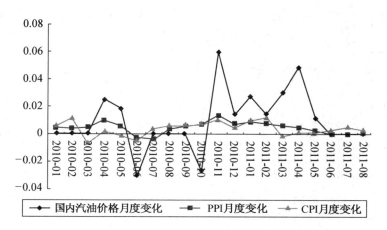

资料来源：Wind。

图 12－13　国内汽油价格变化与我国相关经济指数变化关系

　　从国际油价与我国大宗商品价格指数以及部分大宗商品价格指数的
走势来看，两者的相关性还是较为明显的。参见图 12－14。从具体行业来
说，农业、交通运输业、物流等行业在油价大幅上涨时生产成本快速增加；
汽车制造业则受到油价的间接影响，当油价大幅上涨时，会明显对汽车行

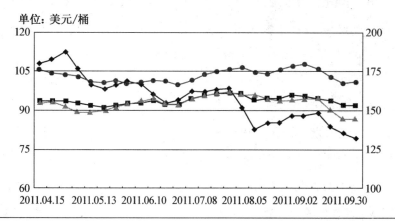

资料来源：EIA、www.chncpi.com。

图 12－14　国际油价与部分大宗商品价格走势

业产生抑制作用;石油天然气开采业自然会随油价飙升而赢利丰厚;石油化工行业竞争激烈,成本难以向下游产业转嫁,油价上涨直接导致石化企业生产成本上升而利润下降。油价波动对不同行业的影响程度与各个行业在石油产业链上的地位和各自的市场结构有关。

可以预见的是,随着成品油定价机制市场化改革的深入,油价波动对我国物价的冲击将越来越大,国际油价上涨将导致成本推动型通货膨胀的压力逐步加大,对通货膨胀的隐性影响也将逐渐显现,中国经济将越来越受到国际油价波动的影响和冲击。

4
需 求 之 惑

1993 年之前,我国国内石油产量在满足国内消费需求的情况下还能够提供出口;此后,由于经济高速发展,石油需求犹如脱缰之马。2000 年,中国石油消费量占全球消费量的 6.3%,到 2009 年石油消费量已达到 10%。到 2010 年,我国石油消费已经达到 4.29 亿吨,是 2001 年的 1.87 倍,10 年间增长了近 1 倍;是 1993 年的 2.94 倍。目前,我国已经稳居世界第二大石油消费国,仅次于美国。

特定发展时期的产业结构及粗放式经济增长方式也导致了石油消费在经济快速发展的时期过度增长。从大多数国家的发展历史来看,粗放型增长方式是其工业发展初期的共同特征。这种发展模式,不惜一切代价强调经济发展,忽视环境保护、人类社会的可持续发展,从而与当今人类社会强调的注重气候变化、提倡节能减排格格不入。从各国的对比来看,我国单位能源消费所产出的 GDP 水平远低于日本、德国等发达国家,甚至低于同样处于快速发展中的印度。参见图 12-15、图 12-16。

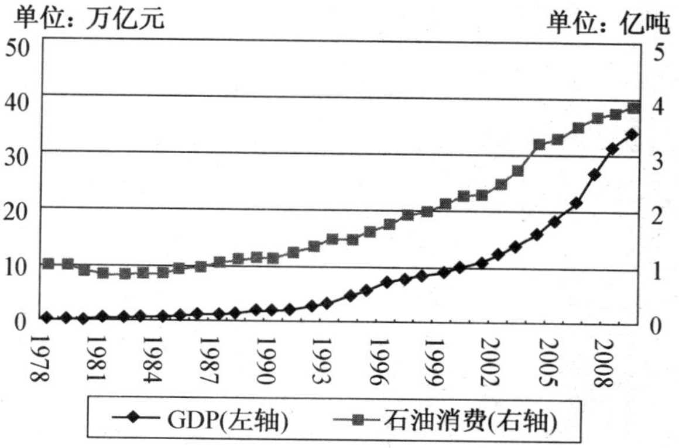

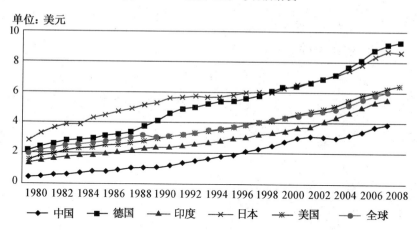

资料来源：国家统计局、BP 能源统计（2011 年）。

图 12-15　我国 GDP 与石油消费

资料来源：世界银行。

图 12-16　单位能源消费所产出的 GDP 水平

同时，高速的能源消费导致我国成为二氧化碳排放大国，如图 12-17
所示。2006 年，我国已经成为全球二氧化碳排放量最多的国家。2010 年
我国二氧化碳排放量达到 83.3 亿吨，占全球二氧化碳排放的 25.1%。

当前，全球应对气候变化已经成为一种政治思潮和道义制高点。经济

可持续发展和应对气候变化的国际责任都要求我国转变经济增长方式、调整产业结构。为了实现目标,我国需要降低传统化石能源的消费比例,实现传统化石能源的清洁化利用,摆脱严重依赖能源资源"高投入、高产出"的发展模式,提高能源利用效率,从而降低能源的潜在需求。

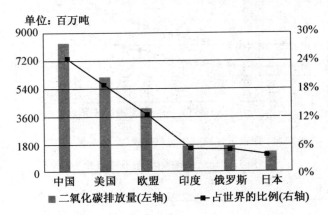

单位:百万吨

■ 二氧化碳排放量(左轴)　　—■— 占世界的比例(右轴)

资料来源:BP 能源统计(2011 年)。

图 12 - 17　世界主要国家 2010 年二氧化碳排放量

历史上,一些发达国家通过产业结构调整,逐步摆脱对传统化石能源的高度依赖,降低石油对经济的影响,取得了很好的效果。以日本为例,该国由于严重依赖于进口石油,石油安全长期受到威胁;日本政府以此为契机,促使国内企业走低能耗、高效率之路。日本的汽车工业素以节油为名,与这种产业政策不无关系。

高油价给中国带来输入性通货膨胀压力,但这种输入性通货膨胀实质上是一种"吸入性通货膨胀",与我国产业结构不合理、粗放式经济增长方式直接相关。本质上,是因为中国经济所处的特定阶段和发展模式导致了对资源能源的掠夺式消费。因而,要降低油价波动对我国经济的影响、降低对资源能源消耗的严重依赖,就要真正地转变经济发展方式,真正地走低碳高效的新型工业化道路。

"十一五"期间,国家重点强调了以节能减排作为调整经济结构、转变发展方式的突破口和重要抓手。在"十二五"规划中,明确提出了到 2015 年我国一次能源消费总量目标控制在 40 亿～42 亿吨标准煤的目标。目前,国家能源局已经就控制能源消费总量给全国各省市自治区分解能源消费总量指标。笔者对依靠单一的行政手段而不用价格手段来控制能源消费的前景并不看好。价格不动,只控制数量,要么没有意义,要么只有统计意义。"十一五"最后两年,很多地方统计上虽然完成了节能减排指标,但由于使用行政手段数量控制,能源消耗实际并未减少,只是在统计数字上能源消耗减少了。

在可预见的未来,化石能源仍然是世界和中国能源消费结构中的主导能源。非化石能源的发展严重依赖于化石能源价格的变化。2011 年以来,全球清洁能源指数跌入谷底,一些在纽约股市上市的中国新能源企业的股票甚至创出了历史新低。非化石能源无论在经济性还是在使用的便捷性,甚至在清洁性上,都与传统化石能源相去甚远。

中国的非化石能源行业是在"三驾马车"政策推动下发展起来的。这"三驾马车"的政策是:强制的清洁能源标准(到 2020 年中国初级能源的 15％来自非化石燃料)、强制的能效标准(到 2010 年末 GDP 能源利用效率比 2005 年增长 20％,到 2015 年末 GDP 能源利用效率要提高 16％)、强制的碳强度标准(到 2020 年,单位 GDP 二氧化碳排放要比 2005 年下降 40％～45％)。

化石能源和非化石能源相对价格的变化,给非化石能源发展蒙上了阴影,也给中国的能源政策带来了巨大挑战。

改 革 之 困

　　相比于我国石油供需迅速发展,我国石油市场改革进程相对比较缓慢。价格改革是石油行业改革的重中之重。中国现行的成品油定价机制虽然在一定程度上抵消了国际原油价格波动的影响程度,但是政府对价格的管制造成了石油下游市场信息的失灵,不利于市场的正常发展。2008年成品油价格改革虽然开启了市场化进程,但是并没有完全打破政府定价的模式。在国内成品油市场的特定市场结构之下,国家应当考虑将定价权下放至企业,由政府设定价格监测区间,进行必要的价格干预。企业定价,一来可以使垄断企业通过价格竞争弱化垄断地位;二来大量的民营企业参与定价能够及时反映市场变化,弱化垄断定价的可能。

　　2011年三季度以来,新的成品油定价机制又在酝酿之中。由于2008年的方案在运行过程中暴露出调价周期过长、加剧市场波动等问题,未来定价机制的基本思路是在现行体制机制框架内,围绕缩短调价周期、加快调价频率,改进成品油调价操作方式以及调整挂靠油种等方面。但政府对成品油价格的监管不会放弃。然而,政府对价格管制过多必然造成价格扭曲,损害市场主体的利益,譬如我国天然气进口价格远远高于国内价格,导致进口企业不得不亏损进口。

　　目前,我国能源监管体制建设尚处于起步阶段,油气行业没有专门的监管机构,而是分散在多个政府部门之中。参见图12-18。这就产生了两个问题:一是高度管制的油气行业拥有很多抱怨,抱怨政府管制过宽,难以发挥油气企业的主观能动性;二是存在着局部监管缺位的现象,一些该监管的问题没有得到监管。

笔者曾参与油气行业主管部门一些重要报告的起草。不同部门对于其他部门的管理权限并不愿意涉及,尽管也觉得有些管理或改革十分必要,但在出台方案时,囿于部门权限划分,这些方案往往是残缺的或者是不完全的,有些则无法触及改革的根本问题或手段。在我国油气行业迅速发展的情况下,特别需要建立现代化的监管体系,这是油气行业逐步市场化的需要,也是提高我国油气产业竞争力的需要。

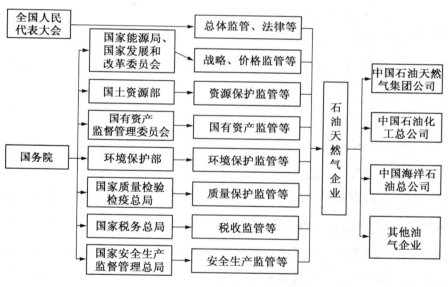

图 12 - 18 我国油气行业监管情况

生产要素价格改革对于中国经济的转型和可持续发展至关重要。由于各种原因和阻力,生产要素价格改革进展十分缓慢。以资源税为代表的改革可能是一次新的生产要素价格改革的起点。我国资源税征收始于1984 年,其目的是调节资源开采中的级差收入、促进资源合理开发利用。从 1994 年开始,资源税开始实行从量定额征收的办法。然而,资源价格的高涨使得从量税额难以反映出资源的稀缺性。低廉的资源价格,使得我国粗放型发展模式一直难以转变。2011 年 9 月 21 日,经过一年多的试点后,国务院决定对《中华人民共和国资源税暂行条例》作出修改,在现有资源税从量定额计征基础上增加从价定率的计征办法,调整原油、天然气等品目资源税税率。这意味着,石油、天然气按 5% 从价征收成为法定计税依据,并将在全国推广;但其他应税资源品目的计税依据依然采用从量定额。笔者希望,以资源税改革为契机,进一步推动生产要素价格改革,奠定中国可持续发展的重要基础。

6

前 景 之 繁

2012 年,由于全球经济复苏前景仍然处于不确定当中,石油市场的发展趋势也十分复杂。笔者预计石油需求将进一步减缓,供应保持充裕,库存仍然处于较高水平,剩余产能不会大幅度下降,国际油价缺乏强劲的上涨动力。但是,廉价石油时代确实已经过去,国际油价不可能回到三四十美元那样的水平。由于经济的不确定性所导致国际油价的短期剧烈波动仍然有出现的可能。但总体而言,笔者判断,石油行业将进入一个新的时期,既不同于金融危机前的石油大牛市,也不同于 1986—2001 年的石油大熊市,而是一个温和增长或微弱增长的阶段。与石油行业相关的勘探开发、炼油化工、远洋运输、油田服务、工程建设等都将受到影响。中国经济受到国际油价高涨冲击的可能性大大下降,这恰恰是调整政策、实施改革、摆脱对资源能源掠夺式消费的绝好机会。笔者希望,我们能够抓住这个机会。

第十三章
"一万年来谁著史"
—— 历史长周期视角的中国经济变迁及其演进

　　1843 年,大清帝国道光二十三年,李鸿章遵父命赴京,意气风发,途中写下《入都》诗十首,其诗句"一万年来谁著史,三千里外欲封侯"广为传诵。

　　当时的清帝国,尽管经济规模占全球经济的 1/3,但已难掩颓势,落日余晖。李鸿章赴京的前一年,第一次鸦片战争结束,大清帝国与英国签订了丧权辱国的《南京条约》,被迫开埠通商,赔款 2100 万白银,割让香港岛给英国。李鸿章决心救国于水深火热之中。他组淮军,平洪乱,剿捻匪,兴洋务,办外交,建海军;但甲午战败,声名狼藉;东南互保,做困兽之斗。观有清一代,李鸿章也算功勋卓著之重臣。然而,个人的才识无法阻止历史的滚滚洪流,李鸿章殚精竭虑一生也没有"挽狂澜于既倒,扶大厦之将倾",终究也摆脱不了"大清裱糊匠"的命运。梁启超在《李鸿章传》中称,"敬李鸿章之才","惜李鸿章之识","悲李鸿章之遇"。

　　李鸿章去世后的这 110 年间,中国经历了长期的革命和建设,开始逐渐回归到她在世界上曾经的位置。2011 年,中国的经济总量占全球经济的比重已经接近 10%。2011 年是平年,却注定是不平静的一年。2011 年 2 月 14 日,正值中国农历正月十二,日本公布了 2010 年 GDP 数据,日本 2010 年名义 GDP 为 54742 亿美元,比中国少 4044 亿美元。中国正式取代日本成为全球第二大经济体,终结了日本对于世界第二经济大国宝座长达 42 年的垄断。消息的公布给本已喜庆热闹的春节平添几分喧嚣,海外媒体纷纷发表评论和看法,感慨中国的经济发展速度,国内反应倒是颇为平静。中国的获奖感言代表作之一,《环球时报》社评《对兔年中国抱一颗平常心》这样评论道:

　　2011 年是中国正式"加冕"世界第二大经济体后的第一年。它的其中一个含义是,中国已经是有相当力量的国家,但我们发现,无论对付天灾、消除国内的不满,还是增加世界

对我们的理解,中国的力量都捉襟见肘,相对于更大的目标而言,我们甚至有可能出现新的
力量亏空。中国离一个"理想国"还很遥远,因此我们不仅要尽量走快点,还要避免在路上自
己跟自己过不去,或者逼自己,或者妄自菲薄。

在成为世界第二大经济体之后两个月内,一些机构已经把中国经济总量超越美国的时
间缩短为5年。2011年4月11日国际货币基金组织(IMF)发布2011年4月版《世界经济展
望》,在世界经济展望(WEO)数据库中大胆预测,若按照购买力平价(PPP)估算,中国经济将
于2016年超越美国。国际货币基金组织预测,到2016年,中国的经济规模将增加到18.976
万亿美元,超出同期美国经济规模0.168万亿美元;中国的经济规模将达到全球总量的
18%,届时美国经济占全球的份额将会萎缩到17.7%。在图13-1中,国际货币基金组织用
数据模拟了中国经济规模是怎样用5年时间从世界第二登上第一宝座的。这一预测结果就
像扔下了一颗重磅炸弹,再次触动海外媒体的神经。德国《时代周报》说,人们将见证一场
"扣人心弦的世界历史转折";《华尔街日报》说,"我们正在见证美国经济霸权的终结";甚至
有外媒把2016年称为"中国世纪元年"。

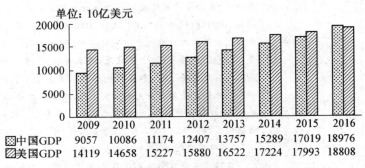

单位:10亿美元	2009	2010	2011	2012	2013	2014	2015	2016
中国GDP	9057	10086	11174	12407	13757	15289	17019	18976
美国GDP	14119	14658	15227	15880	16522	17224	17993	18808

资料来源:国际货币基金组织,世界经济展望数据库,2011年4月。

图 13-1　以购买力平价测算的中国和美国 GDP 规模

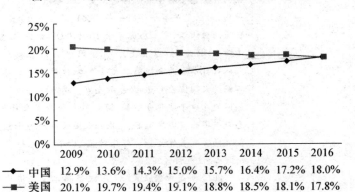

	2009	2010	2011	2012	2013	2014	2015	2016
中国	12.9%	13.6%	14.3%	15.0%	15.7%	16.4%	17.2%	18.0%
美国	20.1%	19.7%	19.4%	19.1%	18.8%	18.5%	18.1%	17.8%

资料来源:国际货币基金组织,世界经济展望数据库,2011年4月。

图 13-2　以购买力平价测算的中国和美国 GDP 占全球份额

　　国家之间经济总量的较量就好比是一场没有终点的马拉松比赛,持续了千年,还在继续。就如龟兔赛跑的故事,在持续千年的经济总量马拉松比赛中,中国就好比是骄傲的小兔,领跑了千年便止步停歇,一觉醒来早已今非昔比,被"乌龟们"狠狠地甩在了后面;30年前开始以加速度奋起直追,以短跑的方式长跑,以冲刺的爆发力提速,追赶上一个个参赛选手;现在仅次于美国,重登第一的梦想也是指日可待。

　　面对中国的复兴,"中国威胁论"、"中国独秀论"、"中国崩溃论"等言论纷纷粉墨登场,言辞夸张。"捧杀"和"棒杀"中国的背后真相究竟怎样? 没有终点的马拉松比赛近况如何? 未来又将如何? 古人云:"以史为镜,可以知兴替。"千年的马拉松比赛,中国几经沉浮。笔者感叹李鸿章之才,也为他的人生际遇悲哀,因此,选用他的《入都》诗句作为本篇的题目,希望从一个历史长周期的视角来重新审视中国经济的变迁,并展望未来。今天,我们站在过去通往未来的桥梁上,希望能从历史中寻找到某些问题的答案,并以此献给关注中国经济未来发展的读者朋友们!

1

中国经济在世界历史上的数千年辉煌

　　华夏文明源远流长,黄河流域与尼罗河流域、两河流域、印度河流域、爱琴海并称人类五大文明发源地。古代中国与古代巴比伦、古代埃及和古代印度并称世界四大文明古国。[①] 古代中国第一个世袭王朝是距今 4000 多年的夏朝(公元前 21 世纪—公元前 16 世纪)。今天,我们很难通过比较经济规模去了解中国在公元前世界经济中的地位,但世界中心城市的转移却能让我们窥一斑而知全豹。城市是经济社会发展的主要载体与空间,中心城市的繁荣程度是反映国家经济实力的重要标志。

　　表 13 - 1 带我们回到公元前 2000 年以来的世界城市规模排名,城市

---

　　① "四大文明古国"为目前中国学术界公认的说法,但没有得到国际学术界的公认。有学者认为"四大文明古国"的说法并不规范,不该说"国"而应标为"文明地区"。目前国际公认的五大文明摇篮为古巴比伦、古埃及、古印度、古中国、古希腊。——编者注

的人口规模虽然不能完全代表城市的经济情况,但至少可以反映城市的繁荣程度。这份几经转载获得的资料,可谓是历史跨度最长的"城市竞争力评价"排名。放眼望去,再熟悉不过的中国城市映入眼帘。尽管古时候世界的城市数量不多,但是要在全世界的城市中脱颖而出排名三甲,也绝非易事。

从城市规模的排名可以看到,古代中国的城市在公元前1000年就进入前三甲;到1850年清朝没落时,北京仍位居榜眼;期间只有两次未有城市上榜,一次是公元前430年,当时是中国历史上的战国时期,另一次是公元361年匈奴攻占长安结束西晋时代。可以说,古中国的中心城市领先全球的纪录保持了2850年,也反映了中国在世界经济舞台上的辉煌历史。

从公元前1000年到公元1850年,中国榜上有名的城市,不仅人口规模大,而且几乎都称得上是"国际性大都市"。自两汉时期以来,长安是陆上丝绸之路的枢纽城市:从长安向东通往朝鲜;向西经河西走廊、今新疆地区,通往中亚、西亚,直到欧洲。杭州也是历史悠久的贸易港,尤其是宋朝被迫南迁后将新都设在杭州,杭州的对外贸易由此发展兴旺。据史料记载,南宋时,与中国有贸易关系的国家已达50多个,进出口商品已达几十种。自唐、宋以来,广州一直是海外贸易的重要港口。根据元成宗大德八年(1304)刊印的《南海志》中有关市舶的记载,当时与广州发生贸易关系的国家和地区,已达140处以上。这些国家和地区,东起菲律宾诸岛,中经印尼诸岛、印度次大陆,直到波斯湾沿岸地区、阿拉伯半岛和非洲沿海地区。[1]

---

① 有关《南海志》的记载出自陈高华著的《元史研究论稿》中"元代的海外贸易"篇,中华书局1991年版,99页(原文载于《历史研究》1978年第3期)。

表 13－1　公元前 2000—公元 1975 年部分时期世界上最大的三座城市

时间	第一	第二	第三
公元前 2000 年	乌尔	孟菲斯	底比斯
公元前 1600 年	阿瓦里斯	巴比伦	赛塔布尔
公元前 1200 年	孟菲斯	卡他斯萨斯	多尔库里加扎
公元前 1000 年	底比斯	西安	洛阳
公元前 800 年	底比斯	西安	洛阳
公元前 650 年	尼尼微	临淄	洛阳
公元前 430 年	巴比伦	叶西阿图	雅典
公元前 200 年	长安	巴特那	亚历山大里亚
公元 100 年	罗马	洛阳	塞琉西亚
公元 361 年	君士坦丁堡	泰西封	巴特那
公元 500 年	君士坦丁堡	泰西封	洛阳
公元 622 年	泰西封	长安	君士坦丁堡
公元 800 年	巴格达	长安	洛阳
公元 1000 年	科尔多瓦	开封	君士坦丁堡
公元 1200 年	杭州	非斯	开罗
公元 1350 年	杭州	北京	开罗
公元 1500 年	北京	毗阇耶拿伽罗	开罗
公元 1600 年	北京	君士坦丁堡	亚格拉
公元 1700 年	君士坦丁堡	江户	北京
公元 1800 年	北京	伦敦	广州
公元 1850 年	伦敦	北京	巴黎
公元 1900 年	伦敦	纽约	巴黎
公元 1950 年	纽约	伦敦	东京
公元 1975 年	东京	纽约	大阪

资料来源：威廉·麦克高希，《世界文明史》，新华出版社 2003 年版，第 12 页。原书引用坎德勒·特舍斯，《四千年城市发展史》。

通过对世界主要地区的人口数量、经济总量和人均收入水平在公元
1—1000 年间的变化作对比,可以看出,在公元纪元的头一个千年里,世界
的人口和经济发展主要集中在中国和印度这两个东方古国。参见图
13-3、图 13-4、图 13-5。但在这 1000 年里,中国几乎没有实现人口的增
长,经济总量的扩张微乎其微,人均收入水平也没有很大变化。美国经济史
学家麦迪森的研究证实,从公元前 1 世纪到公元 5 世纪罗马帝国衰落之前,
中国总体经济发展水平要低于欧洲。但是到了公元 1000 年,在罗马帝国衰
落之后,欧洲的收入水平出现了大幅度的下降。因此我们可以看到西欧当时
较为繁荣的几个国家在这 1000 年里表现出较为明显的衰退,意大利和希腊
无论是在人口增长、经济规模还是经济水平上都出现了大幅度的下降。

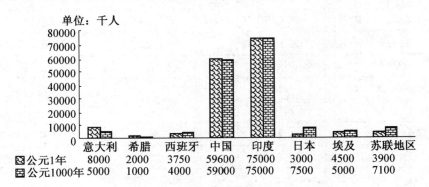

图 13-3　公元 1—1000 年世界主要地区人口

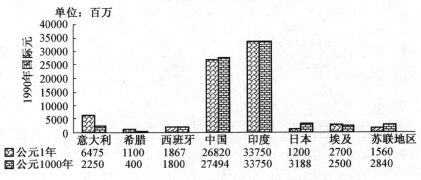

图 13-4　公元 1—1000 年世界主要地区 GDP 总量

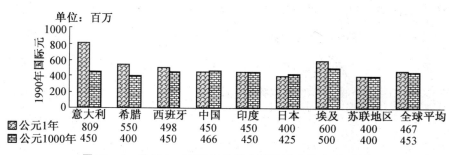

图 13 - 5 公元 1—1000 年世界主要地区人均 GDP 水平

注：图 13 - 3～图 13 - 5 中的印度是分治前的印度，是今印度、孟加拉国、巴基斯坦之和。

资料来源：图 13 - 3～图 13 - 5 均来自《世界经济千年统计：公元 1—2006 年》（安格斯·麦迪森著）。

许多历史研究表明，公元 1000 年以后，也就是宋朝开始时，中国进入了一个经济繁荣发展的阶段。麦迪森对公元纪元的第二个千年中国的经济表现作出如下评价：早在公元 10 世纪，中国在人均收入上就是世界经济中的领先国家，而且这个地位一直延续至 15 世纪。在技术水平上，在对自然资源的开发利用上，以及在对辽阔疆域的管理能力上，中国都超过了欧洲。在此后的三个世纪中，欧洲才在人均收入、技术和科学能力上逐渐超过了中国。

2

大分流：晚明之后的经济停滞和衰退

到了 19 世纪和 20 世纪的上半叶，当世界经济明显加速增长之际，中国却衰退了。美国加利福尼亚大学尔湾分校历史与东亚语言文学教授彭慕兰（Kenneth Pomeranz）在其代表作《大分流：欧洲、中国及现代世界经济的发展》中指出，18 世纪以前，东西方处在基本同样的发展水平上，西方并没有任何明显的和独有的内生优势；18 世纪末 19 世纪初，历史来到了一个岔路口，东西方之间开始逐渐背离，分道扬镳，此后差距越来越大。彭慕兰把这个东西方分道扬镳的过程称为"大分流"（The Great Divergence，中文也作"大分岔"）。彭慕兰认为，美洲新大陆的开发和英国煤矿优越的地理位置是西方世界兴起的重要原因。还有很多学者从货币流动、产权制度、文化传统以及偶然因素导致的路径依赖等方面去解释"大分流"。

德国著名经济史学家贡德·弗兰克（G. Frank）在其代表作《白银资本——重视经济全球化中的东方》中也指出，5000 年的世界体系中心是亚洲不是欧洲，而中国则是亚洲的核心。古代中国由盛转衰的根本原因是晚明时期起白银取代了纸钞，确立了银本位的货币体系。[①] 在银本位时代，巨大的白银内需拉动了外银流入，美洲和世界其他地方生产的白银，有一半流向了中国。由于中国的白银货币供给严重依赖进口，封建王朝政府对货币供应量的调控能力大为削减。到 17 世纪时，美洲白银产量下降，世界白银供应突然匮乏，中国出现了严重的经济危机。后来中国又因为经济发达、人口过剩而抑制了生产技术的革新，并出现了两极分化等社会危机。欧洲逐渐崛起，中国却江河日下。崛起的欧洲，又通过战争的方式从中国把白银抢走。

英国著名学者李约瑟（J. Needham）在其编著的 15 卷《中国科学技术史》的第一卷中提出了著名的"李约瑟难题"："尽管中国古代对人类科技发展作出了很多重要贡献，但为什么科学和工业革命没有在近代的中国发生？"李约瑟认为，中国在冶金学和造纸术领域领先西欧上千年，而印刷术

---

① 万历九年（1581 年），一代明相张居正在全国范围内推行"一条鞭法"赋役改革，将历朝历代主要以实物征缴的田赋、徭役和其他杂税折成银两缴纳，确立了白银的本位货币地位，古代中国进入银本位制时代。

也领先西欧 700 年。按照马克思的观点,火药这一中国的伟大发明将西欧诸国的封建骑士社会炸得粉碎;指南针给西欧的外探险家们指明了方向,为资本主义海外扩张立下汗马功劳。有学者提出,"在 14 世纪中叶,当时位居世界头号强国的中华帝国无论在科技水平还是教育和资本积累方面都达到了西欧工业革命前夕的程度。事实上,催生西欧工业革命的技术基础基本上全都来自中国"。[①] 1993 年诺贝尔经济学奖得主美国经济史学家诺斯(D. North)认为,正是产权制度的出现和发展,有效保障有形产权和无形产权,激励了智力投资和生产发明。在工业革命时期,西欧的发明家大量涌现,推动技术创新的浪潮一浪高过一浪。诺斯认为,产权制度创新是工业革命发生的充分条件,而这一前提恰好被古代中国所遗漏。

还有一种观点认为中国没有产生近代科学与中国人的传统文化有关,认为中国传统文化抑制了科技的发展,以儒家、道家为代表的主流文化过分强调道德修养而轻视科学发明,同时传统文化思想束缚个人的创造力,不利于科学创新的发展。在大家热火朝天的讨论中西方"大分流"的原因时,也有声音认为,发生在西欧的工业革命不是一种规律性的历史进化结果,这一切都是偶然现象导致的不同结果。与其说工业革命是历史的必然,还不如说它只是一种十分偶然的现象。千年文明古国的兴衰应视为历史的常态,而西方的兴起却需要特别解释。

从经济规模来看,从公元 1—1820 年,中国始终大于西欧,但是从人均 GDP 的角度看,中国的经济呈现一条缓慢上升的曲线。参见图 13-6、图 13-7。在公元 4 世纪至 13 世纪,中国的发展水平高于西欧。从 14 世纪起一直到 19 世纪,很长一段时间内中国经济水平停滞不前,而西欧表现积极。西欧的人均 GDP 在公元 10 世纪左右处于谷底,由于罗马帝国灭亡,

---

① 蒲勇健,《来自诺斯的启示》,《知识经济》,2001 年第 1 期。

西欧整体经济崩溃,其经济水平明显低于公元 1 世纪时。但是经过漫长的复兴,14 世纪时,西欧的人均 GDP 水平超过了处于世界领先水平的中国。在西欧各国陆续开辟通往美洲和亚洲贸易通道的时期,明朝和清朝推行闭关锁国政策,郑和下西洋成为中国海洋外交的绝唱,与西方的国际贸易和知识交流日益萎缩,这种故步自封的国际孤立阻碍了经济增长。麦迪森对此评论道:"这一决定使中国隔绝于 15 世纪以来世界上大规模的海外贸易扩张,而这一扩张正是使资本主义企业在欧洲得以迅速发展的一个关键因素。"

单位:百万

	1	1000	1500	1600	1700	1820
中国	26820	27494	61800	96000	80800	228600
西欧	14433	10925	44159	65508	80827	158860

资料来源:《世界经济千年统计:公元 1—2006 年》(安格斯·麦迪森著)。

图 13-6　公元 1—1820 年中国与西欧 GDP 总量比较

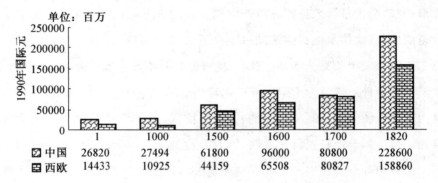

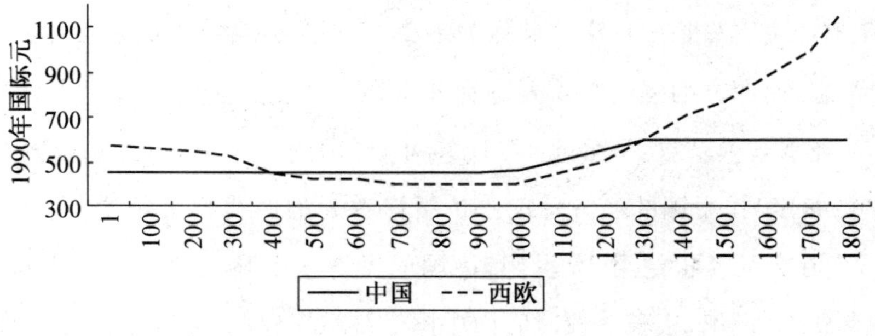

注:部分年份数据缺失,根据趋势估算填充,因此此算是趋势示意图。
资料来源:《世界经济千年统计:公元 1—2006 年》(安格斯·麦迪森著)。

图 13-7　公元 1—1820 年中国与西欧人均 GDP 水平比较

尽管解释"大分流"并非本篇的任务,但每念及此,不免为中国丧失机会、停滞不前而感到追悔和悲哀。18 世纪 60 年代英国工业革命开始,清朝还沉浸在中国封建社会的最后一个盛世——康乾盛世,这一时期被史学家称为"落日的辉煌"。到 1840 年英国工业革命基本完成时,英国成为世界第一个工业国家,清朝政府则内忧外患,积重难返,江河日下。从中国人均 GDP 的长期趋势来看,从 1820 年到新中国成立前,中国的人均 GDP 水平一直在 1820 年的水平之下,也就是说,经济增长不仅仅是停滞,而且是衰退。参见图 13 - 8。与此同时,西方国家纷纷加入工业革命的行列,到 19 世纪末,许多国家先后都完成了第一次工业革命。第一次工业革命使英国成为了"日不落帝国",德国、法国和美国等国家的实力也大为增强。

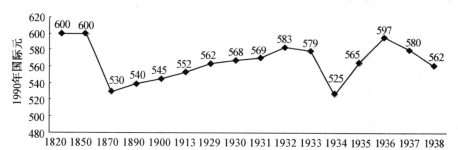

资料来源:麦迪森,《中国经济的长期表现(公元 960—2030)》,上海:上海人民出版社,2008 年版,第 168 页。

图 13 - 8　1820—1938 年中国人均 GDP 水平

英国完成工业革命后,生产力大大增加,产品数量也大大增加,中国成为英国理想的商品倾销地。由于中国出产的茶叶、丝绸、瓷器等奢侈品在欧洲市场十分受欢迎,造成英国贸易逆差。为了获得贸易收益,英国商人走私鸦片到中国以支付茶叶及其他中国商品。鸦片对经济社会的危害日趋严重,1839 年清朝政府委任钦差大臣林则徐在广东虎门集中销毁鸦片,这就是"虎门销烟"事件。这件事情成为了 1840 年爆发的鸦片战争的导火索。从鸦片战争开始,一系列丧权辱国的不平等条约和割地赔款拉开了外国侵略者瓜分中国的序幕,中国从此进入了一个万劫不复的屈辱时代。据资料统计,从 1841 年至 1949 年中华人民共和国成立之前的 109 年间,中国对外先后订立了 1175 项条约[①],在这 1175 项条约中,有几百项不平等条约,表 13-2 列举的仅仅是对中国影响深远的几十项不平等条约。

表 13-2　清朝重要不平等条约一览表

签署年份	和　约	签署国
1841 年 5 月 27 日	广州和约	中英
1842 年 8 月 29 日	南京条约	中英
1843 年 7 月 22 日	南京条约补充条款	中英
1843 年 10 月 8 日	虎门条约	中英
1844 年 7 月 3 日	望厦条约	中美
1844 年 10 月 24 日	黄埔条约	中法
1858 年 5 月 28 日	瑷珲条约	中俄
1858 年 6 月 13 日	天津条约	中俄
1858 年 6 月 18 日	天津条约	中美
1858 年 6 月 26 日	天津条约	中英
1858 年 6 月 27 日	天津条约	中法
1858 年 11 月 8 日	天津条约补充	中英
1860 年 10 月 24 日	北京条约	中英
1860 年 10 月 25 日	北京条约	中法
1860 年 11 月 14 日	北京条约	中俄

---

① 高放,《近现代中国不平等条约的来龙去脉》,《南京社会科学》,1999(2),第 18～28 页。该文中指出王铁崖教授所编《中外旧约章汇编》,列入该书目录的条约,共计 1182 件,其中除最初 7 件订于 17、18 世纪外,其余均为 1840 年鸦片战争以后所订立。

续　表

签署年份	和　约	签署国
1864 年 10 月 7 日	勘分西北界约记	中俄
1868 年 7 月 28 日	增续条约	中美
1869 年 10 月 23 日	新修条约普后章程	中英
1871 年 8 月 13 日	修好条约	中日
1874 年 10 月 31 日	北京条约	中日
1876 年 9 月 13 日	烟台条约	中英
1879 年 10 月 2 日	里瓦几亚条约	中俄
1881 年 2 月 24 日	伊犁条约	中俄
1884 年 5 月 11 日	会议简明条款	中法
1885 年 4 月 18 日	天津条约	中日
1885 年 6 月 9 日	新约	中法
1885 年 7 月 18 日	烟台条约续增专条	中英
1887 年 12 月 1 日	北京条约	中葡
1890 年 3 月 17 日	印藏条约	中英
1894 年 3 月 7 日	华工条约	中美
1895 年 4 月 17 日	马关条约	中日
1895 年 11 月 8 日	辽南条约	中日
1896 年 3 月 6 日	胶澳租借条约	中德
1896 年 6 月 3 日	密约	中俄
1898 年 6 月 9 日	展拓香港界址专条	中英
1901 年 9 月 7 日	辛丑条约	八国联军
1904 年 9 月 7 日	续定印藏条约	中英
1905 年 12 月 22 日	满洲善后协约	中日

资料来源:荣孟源,《中国历史大辞典·清史卷(下)》,上海辞典出版社,1992 年版,第 110~136 页。

表 13 – 3   中国经济规模在世界的地位

年份	中国经济规模占全球比重	国家排名	第一名国家
1	25.4%	3	意大利
1000	22.7%	2	印度
1500	24.9%	1	中国
1600	29.0%	1	中国
1700	22.3%	2	印度
1820	33.0%	1	中国
1870	17.1%	1	中国
1900	11.1%	2	美国
1913	8.8%	2	美国

资料来源:《世界经济千年统计:公元 1—2006 年》(安格斯·麦迪森著)。

　　尽管从 1840 年开始中国遭受了鸦片战争、中法战争、甲午战争、八国联军侵华等战争的破坏,中国的 GDP 仍居世界前列。表 13 – 3 梳理了公元 1—1913 年中国经济规模在世界排名中的位置,从表中可见,在 19 世纪,中国的经济总量仍位居世界第一,直到 20 世纪初才退居第二。从经济总量来看,在封建王朝没落时,中国仍然是世界经济大国。

　　然而,经济总量大国并不一定是经济强国。美国耶鲁大学历史系教授保罗·肯尼迪在其著作《大国的兴衰》中提供的数据表明,到 1860 年英国第一次工业革命完成 20 年左右时,英国的生铁产量占世界的 53%,煤和褐煤的产量占世界的 50%,其现代工业的生产能力相当于全世界的 40%～50%,人均工业化水平是中国的 15 倍。财经作家高连奎在其《中国大形势》中证实,1861 年至 1894 年间开展的洋务运动赶上了第一次工业革命,采煤、炼钢、铁路、火车、轮船、纺织等产业基本上赶上了西方国家水平。而 19 世纪 70 年代至 20 世纪初科学技术和工业生产能力再次飞跃发展的第二次工业革命,在连年战乱的中国基本上没有发生。西方列强在掀起第二次工业革命浪潮后,经济和军事实力大为增强,生产能力的扩张急需在世界范围内开拓更为广阔的商品市场和原料产地,促使其加紧推行殖民政策。19世纪末,帝国主义掀起强占"租借地"和划分"势力范围"的瓜分狂潮。参见图13-9。

图13-9　法国明信片上列强瓜分中国的漫画

　　两次鸦片战争后清朝腐朽没落,中国的白银潮水般外涌,清朝政府不仅需要花费大笔军费,并且要支付巨额战争赔款,这些都加重了其对普通百姓的盘剥。清政府的捐税,年年增加,加之外国廉价工业品冲击传统家庭手工业,使得广大人民失去生计甚至陷入绝境。全国各地此起彼伏地爆发反清反帝武装起义,清朝统治集团也逐渐意识到可以"借洋助剿",镇压国内人民的反抗,洋务运动由此兴起。

　　在"自强""求富"的口号下,洋务运动开拓了一代学习西方知识的好风气,在国家权力的推进下完成了中国的第一次工业革命。但官僚集团以国家垄断的手段求富求强,结果导致经济上出现严重的国进民退,使得救亡图存之路误入歧途,洋务运动也无法逃脱失败的结局。在"法国不胜而胜,中国不败而败"的中法战争中,取得中法战争的"不败"可谓是洋务运动多年努力的成果,但是"败"也暴露出洋务运动的政治弊端。

尽管甲午中日战争的失败宣告了洋务运动的彻底失败,但是有识之士寻找强国之路的努力没有停止。戊戌变法是晚清改革派挽救民族危机的又一次尝试,标志着从学习西方科学技术到学习西方政治制度的转变。可惜新政从颁布之日到变法失败,才历时 103 天,史称"百日维新"。洋务运动和戊戌变法都是晚清的有识之士为救国图强向西方寻找道路的重要探索,但从西方引进先进科技和思想观念,都有着弊端,就是不触动专制统治的根基,因而无论是自强运动还是改良主义都难以完成使命,甲午战争的惨败和戊戌政变分别给两者画上遗憾的句号。至此,改良主义被抛弃,救亡图存者被逼上革命道路。中国的爱国志士彻底认清,要结束清朝专制统治,要想改变中国命运,只有革命一途。

3

民国时期中国经济的艰难前行

1911 年辛亥革命成功推翻了清朝的统治,结束了中国 2000 多年来的封建社会,开创了近代中国的民主革命。1912 年中华民国成立,但权力旋即转入以袁世凯为首的北洋政府之手。辛亥革命之后,西方的民主共和思想已经成为政治主流。北洋政府解除了民间兴办企业的限制,鼓励私人创办实业,在一定程度上为资产阶级发展经济扫除了障碍,奏响了私人资本工业发展的序曲。

1914—1921 年,第一次世界大战及战后几年,中国工业获得了近代最为显著的增长,资产阶级在中国大地上热火朝天地发展民族经济,企业利润极为丰厚,被誉为民族资本主义工业发展的"黄金时期"。1914 年爆发的第一次世界大战为中国民族经济的发展创造了一个有利环境。欧洲帝国主义列强纷纷被卷入战争漩涡,生产能力都集中在军火生产上,无暇顾及民用商品的生产,因此无力向中国倾销大量商品。并且,交战各国因战争需要反要增加民用工业品与军需物资的进口,中国的出口随之急剧增长。同时,国内持续不断地开展"提倡国货抵制外货"运动,广大群众爱国热情空前高涨,纷纷争购国货,抵制洋货,为开拓国货市场创造了有利的条件。国际国内形势的变化给中国的民族工业发展打开了一丝"夹缝",正是这一线生机,成就了中国民族工业发展的"黄金时期"。参见图 13-10、图 13-11、表 13-4。

单位:1000关两

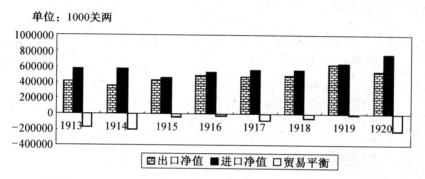

数据来源:郑友揆,《中国的对外贸易和工业发展(1840—1948 年)——史实的综合分析》,上海社会科学院出版社,1984 年,第 336～337 页。

图 13-10　第一次世界大战前后中国进出口货值

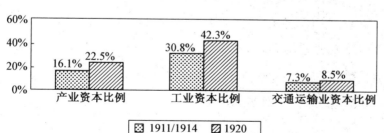

数据来源:吴承明,《近代中国资本集成和工农业与交通运输业总产值的估计》,《中国经济史研究》,1991(4)。

注:图中数据根据文章整理计算得出。尊重原文安排,1911/1914 沿用文章格式,外国资本为 1914 年,官僚资本为 1911 年,民族资本为 1913 年,故以 1911/1914 表示。

图 13-11　1911—1920 年民族资本占产业资本的比重变化

表 13 - 4　1913—1921 年私人资本工业各部门资本额增长情况比较

(单位:万元)

	1913 年	1921 年	增长量	发展速度	年均增长率
棉纺业	1423	9842	8419	691.64%	73.95%
面粉业	885	3257	2372	368.02%	33.50%
缫丝业	1603	2253	650	140.55%	5.07%
卷烟业	138	1680	1542	1217.39%	139.67%
水泥业	285	880	595	308.77%	26.10%
火柴业	294	746	452	253.74%	19.22%

数据来源:黄逸平、虞宝棠,《北洋政府时期经济》,上海社会科学院出版社,1995 年版,第 114 页。

关于“黄金时期”之后的工业发展情况众说纷纭。一种观点认为,原本在第一次世界大战中无暇东顾的欧洲列强在战后卷土重来,中国民族工业连一丝喘息的机会都没有,恢复昔日受到压迫的状态。早在 20 世纪 30 年代初,就有人提出这一观点,这一时期“我国工业已到山穷水尽之地步”。[①]另一种观点认为,1419—1929 年中国民族工业的发展“可称之为充分发展时期”,在 1929 年以后才“陷于凋敝之境”。[②] 新中国建立以后,国内经济史学界普遍认为,1922 年以后“中国民族工业就永久结束了暂时繁荣而陷入长期萧条”。[③] 但是经济学史学家吴承明教授对此提出异议,认为私人资本工业在整个 20 世纪 20 年代还是有所发展的,萧条和危机仅发生在1922—1924 年的某些行业中,其他行业仍有发展。[④]

---

① 龚骏,《中国新工业发展史大纲》,上海商务印书馆 1933 年,第 113、118 页。
② 朱斯煌,《民国经济史》,上海银行学会 1948 年,第 249、254、256 页。
③ 于素云,《中国近代经济史》,辽宁人民出版社 1983 年,第 270 页。
④ 吴承明,《中国资本主义的发展述略》,载《中华学术论文集》,中华书局 1981 年,第334~336 页。

回顾这段历史,我们发现,相比大战时期及战后初期,西方列强在当时对中国市场的掠夺确实是变本加厉,民族工业企业面临着很大的压力。1925 年爆发的五卅运动掀起了抵制洋货的怒潮,大大减轻了外资企业对民族工业的排挤和压力。可以说,这一阶段民族工业虽然没有"黄金时期"繁荣,但是还在继续发展。

1927 年国民政府定都南京,次年于形式上统一了中国,基本结束了军阀混战的局面,南京国民政府也获得了国际承认,成为中国唯一合法的政府。国民政府于建国后开始致力于经济发展,直到 1937 年被日本发起全面侵华战争所中断,这期间就是国民政府时期的"黄金十年"。尽管国民政府时期仍是战乱频仍、"城头变幻大王旗"的时代,但 1927—1936 年间经济发展迅速,社会变化巨大。资料显示,1931—1936 年间中国工业成长率平均高达 9.3%。1935—1937 年,国内工商业以 20% 左右的增长率高速发展,1936 年 1 月甚至出现了空前的几百万美元的贸易顺差。1927—1937 年间,中国的公路通车里程从 3.2 万公里增长到 11.6 万公里,新建成铁路 7895 公里。[1] 1937 年,全国银行存款总数将近 40 亿元,比 1931 年增加了近 1 倍。[2] 社会生活的变化也令人耳目一新,在许多大城市,现代风格的大楼、密如织网的大道、系统遍布的水电供应、明显改善的环境卫生,以及电影、汽车、收音机、卷烟、西餐、西服等,林林总总,莫不透露着现代化的气息。[3]

可惜这段时间赶上了史上最为严重的全球性经济衰退——"大萧条"。

---

① 中国社会科学院经济所,《中国近代经济史研究资料(5)》,中国社会科学出版社,1985 年版,第 70 页。

② 许纪霖、陈达凯,《中国现代化史(第一卷)》,上海三联书店,1995 年版,第 447 页。

③ 秦正为,《萌动与选择:20 世纪 30 年代中国社会的现代化走向》,《党的文献》,2010 (4),51~55。

1929 年经济危机首先在美国爆发,随即席卷整个资本主义世界。这场经济危机虽然没有在中国发生,但是对中国民族工业产生了致命的影响。经济危机发生后,西方列强为转嫁经济危机,一方面援引不平等条约向中国输入资本,纷纷在华设厂,企图控制中国的经济命脉,加紧向中国市场倾销商品。从 1930 年到 1936 年,西方列强对华投资额呈现增长趋势,1930 年为 34.87 亿美元,1936 年增长到 42.85 亿美元。[①] 另一方面,各国奉行"各自求生"、"以邻为壑"的贸易保护主义政策,民族工业企业出口困难。在经济危机的冲击下,原本就处于幼稚期的民族工业无法与成熟的外资企业相抗衡,很多民族企业陷入窘境,奄奄一息。为了提升与外国资本的竞争能力,民族资产阶级通过兼并、联营等活动,不断集中和扩展产业资本,积蓄民族企业生存和发展的力量。但是民族资本主义的挣扎最终是"胳膊拧不过大腿",敌不过官僚资本主义以国家资本进行产业垄断。抗战开始后,国民政府加强了资源委员会的权力,利用政治特权强行集中产业资本和金融资本,垄断国家经济命脉,将中国经济推上了国家垄断资本主义的轨道。

纵观近现代的中国,无论是北洋政府的"黄金时期",还是国民政府时期的"黄金十年",中国的经济建设虽是略有长进,但经济基本面满目"硬伤",金融风暴频发,恶性通胀失控。金融史学家洪葭管先生曾总结,近代历史上旧中国金融风暴有 10 次之多:1866 年在美国南北战争期间因世界棉业危机引发的金融风潮、1883 年因倒账严重爆发的金融风潮、1897 年因高息揽存酿成的贴票风潮、1910 年橡皮股票风潮、1911 年因清朝灭亡政局变更票号集中倒闭、1916 年中交停兑风潮、1921 年信交风潮、1934—1935

---

① 吴承明,《帝国主义在旧中国的投资》,人民出版社,1955 年版,第 52 页。

年白银风潮、1947 年黄金风潮和 1948—1949 年的法币、金圆券崩溃危机。[①] 而发生在新中国成立前国统区的恶性通胀[②]是 20 世纪出现过的两次最为著名的恶性通胀之一,1949 年新中国成立前国统区金圆券的发行量折合法币高达 2038374000000 亿元,上海的物价总指数由 1937 年 6 月的 100 上升为 36366×10^{11}。[③] 抗日战争时期,国民党军队节节败退,中国东部地区工业重地和金融中心步步沦陷;抗战胜利之后,国共内战一打又是四年。新中国是在战争废墟上重建国家。

4

新中国经济60年

计划经济的 30 年,是国家严格管制经济的 30 年,是有政府无市场的 30 年。新中国建立初期,工业和基础产业极端落后,又受到长年战争的持续破坏,社会生产能力严重不足。国内物资匮乏,国外贸易封锁,加之自抗日战争以来的恶性通胀,经济十分脆弱。从 1949 年 4 月到 1950 年 2 月,全国连续发生 4 次大规模的涨价风潮。政府通过统一全国货币、统一全国财政收支、统一全国物资调度、统一全国现金管理等财政金融手段,一举平抑市场物价,结束了长达 12 年的恶性通货膨胀。从 1949 年 10 月到 1952 年底的国民经济恢复时期,工业、农业、交通运输业在这短短 3 年间得到迅

① 洪葭管,《前事不忘后事之师——从中国近代金融风潮谈金融危机》,《上海金融报》,2008 年 7 月 21 日。

② 另一次则发生在第一次世界大战后的德国,这两次通货膨胀都被作为恶性通货膨胀的典型例子载入史册。1923 年德国的纸币马克流通量达到 496×10^{18} 的天文数字,价格指数由 1922 年 1 月的 100 上升到 1923 年 11 月的 10^{13}。

③ 贺水金,《论国民党政府恶性通货膨胀的特征与成因》,《上海经济研究》,1999(6)。

速恢复。我国从 1953 年起开始实行第一个为期 5 年的国民经济发展计划,开展经济建设和对农业、手工业和资本主义工商业的社会主义改造;到 1956 年,基本完成了"三大改造"任务,建立了以公有制为基础的社会主义经济制度,1957 年超额完成了"一五"计划所制定的各项经济任务。

1958 年,在"赶英超美"的奋斗目标指引下,"大跃进"由一场荒唐的闹剧演变成了一场历史悲剧。从 1959 年开始中国进入了"三年困难"时期。统计年鉴数据显示,1960 年中国总人口数量净减 1000 万,1961 年又净减 348 万,这 1348 万仅仅是公布的总人口的净减数字,尚未考虑人口的自然增长。

国民经济尚未得到喘息,1966 年"文化大革命"爆发。"十年浩劫",给经济建设和社会发展造成极大的干扰和破坏。在长时间的内乱中,经济发展缓慢,人民生活水平没有改善,文化建设不进反退。十年"文革"对经济的损害远不及对文化教育界的破坏,这场动乱迫害了很多知识分子和科研人员,而本该在校园接受教育的青少年把青春年华浪费在阶级斗争运动中,使得"文革"之后的许多年,我国在文化科技等知识领域的断层和缺口一直未能填补,影响极为深远。

回顾新中国成立后的第一个 30 年,期间进行了抗美援朝战争和中印边界自卫反击战,西方国家对中国进行大规模的禁运,中国在国际上处境十分孤立。经历了"大跃进"和"文化大革命",中国的经济和政治体系几近崩溃。[①]

在"赶超战略"的驱使下,新中国成立后,国内集中有限的生产资源,重点投向工业部门,借助苏联对中国工业建设提供的资金、技术和设备援助,

---

① 对"大跃进"和"文化大革命"的描述选自麦迪森在《中国经济的长期表现(公元 960—2030 年)》第二版中的生动评价,上海人民出版社,2008 年版,第 59 页。

采取了重化工业起步的超常规道路,实行"优先发展重工业"的战略。1958
年,中国工业总产值首次超过农业总产值,当年农业和工业产值的比重为
34.4：37.0。1960 年中苏关系破裂,苏联终止对中国工业的援助,使得
大批工业投资项目半途而废,给我国的经济建设造成了重大损失,工业
在国民经济中的比重从 1960 年的 44.5% 骤降到 1961 年的 31.9%。苏
联撤走大批专家,留下一个基础工业的烂摊子,中国人开始自力更生地
大搞工业建设。尽管有十年动乱的严重干扰,国民经济不时偏离正轨,
工业经济发展历经大起大落,但中国终于成功地构造了相对独立、比较
完整的基础工业体系,步入了工业化初级阶段,为后来的改革开放打下
了工业基础。参见图 13 - 12。

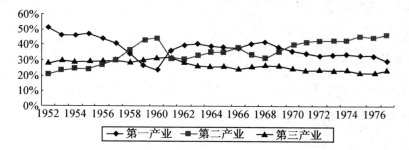

数据来源:国家统计局国民经济综合统计司编,《新中国 60 年统计资料汇编(全
国篇)》,中国统计出版社,2010 年版。

图 13 - 12　1952—1977 年中国产业结构变动

　　尽管代价极大,但计划经济 30 年中,中国从一个十分落后的农业国转
变成工业体系和国民体系较为完备的工业国。1977 年的国内生产总值是
1952 年的 4.74 倍,人民生活水平得到极大改善,1977 年的人均 GDP 是 25
年前的 2.86 倍。但是从世界经济的发展浪潮来看,第二次世界大战后国
际局势趋向缓和,正是经济发展绝佳的时间窗口,以日本为首的其他东亚
国家从 20 世纪 50 年代开始经济起飞,持续几十年的高速增长,创造了"东

亚奇迹"。第二次世界大战之后,日本只用了 7 年的时间,经济水平就恢复到战前的最高水平;用了 25 年的时间,就登上世界第二经济大国的宝座,把同样在废墟上重建的中国远远甩在身后(见图 13-13)。中国却游离于国际边缘,与世界经济发展相脱节,尤其是"大跃进"和"文化大革命"对经济建设的破坏,使得中国错失一次又一次宝贵的经济发展机遇。中国不仅没有实现"赶英超美"的梦想,其追赶发达国家的路程反而变得更加遥远。

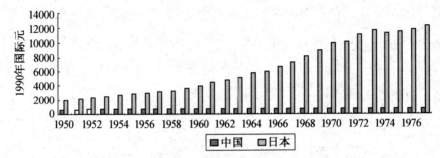

数据来源:《世界经济千年统计:公元 1—2006 年》(安格斯·麦迪森著)。

图 13-13 1950—1977 年中日人均 GDP 对比

改革开放的 30 年,是国家放松管制的 30 年,是政府权力逐步退出市场的 30 年。"文化大革命"后的中国经济已经处于崩溃的边缘,国家财政负债累累,人民生活处于贫困水平。改革开放,一定程度上是财政压力引起的制度变迁。1978 年 12 月 18 日至 22 日,十一届三中全会在北京召开,这次会议给中国的经济发展带来了重大转折,从"以阶级斗争为纲"转到"以经济建设为中心"的轨道上,实行对内改革和对外开放的经济政策。

改革开放 30 多年来,中国经历了两次重大的"回潮"期。第一次发生在 20 世纪 80 年代末 90 年代初。当时,东欧剧变、苏联解体,国内经济改革遇到困难,改革开放面临"回潮"。邓小平"南方谈话"奠定了继续推进改革开放的基调,成为 20 世纪决定中国命运的重大事件。随后召开的中国共产党第十四次全国代表大会,确定了我国经济体制改革的目标是建立社会主义市场经济体制。中国的改革开放事业又被拉上了正确的轨道。

20世纪90年代以来,非公有制经济迅速发展,曾经一度辉煌的集体企业每况愈下,原来的"集体企业"或是退出市场舞台,或是改成股份制企业或股份合作制企业,到2010年仅剩下0.92万个集体企业。21世纪以来,非公有经济占全国工业总产值的比重已经大大高于国有企业和集体企业。第三产业也走出受到抑制的状态,迅速发展起来,其占GDP的比重从1978年的23.9%持续上升到43.0%。参见图13-14、图13-15。

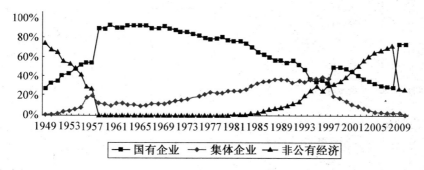

数据来源:2009年以前的数据来自《新中国60年统计汇编(全国篇)》,2009年和2010年数据来自CEIC中国经济数据库。

图13-14 新中国成立以来公有制与非公有制经济工业总产值结构演进

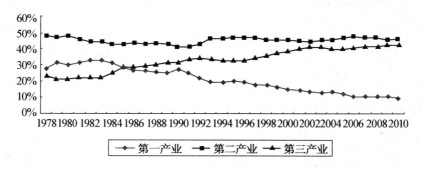

数据来源:2010年以前的数据来自《中国统计年鉴2010》,2010年数据来自《2011年中国统计摘要》。

图13-15 1978—2010年中国产业结构变动

第二次"回潮"发生在 21 世纪最初几年。企业改革是改革开放的重要领域,国有企业的改革经历了复杂而激烈的过程。由于改革开放进程中出现了发展和收入不平衡等问题,一些人对改革开放持怀疑态度。而辩论双方都扛起改革大旗反对对方。这一争论以最高领导层在十七大报告中"毫不动摇地坚持改革方向"的表态而告一段落。

30 多年来,中国是世界上发展最快的经济体。扣除通胀因素,从 1978 年到 2010 年 GDP 实际增长了 20.6 倍,平均每年增长 9.9%;人均 GDP 增长了 14.7 倍,平均每年增长 8.8%。值得一提的是,这段时期并非是全球经济的起飞阶段,世界经济的增长速度放缓许多。但是中国抓住了三次重要的外部机会,曾经"赶英超美"的梦想看似遥不可及,转瞬间,到 2010 年中国的经济规模已超越日本,仅次于美国。

第一次机遇是 20 世纪七八十年代,西方国家滞胀,经济大调整,产业转移。第二次世界大战后美国开始向日本转移劳动密集型产业,随后"亚洲四小龙"抓住机遇,先后融入到国际产业分工体系中,由此开启了东亚经济奇迹。尽管中国错过了这一极佳的经济起飞时间,但是在改革开放后,中国牢牢抓住了国际产业转移的浪潮。20 世纪 70 年代,美、日等发达国家在两次石油危机和世界性经济危机的影响下开始着重发展技术密集型产业,东亚产业也将自身已失去比较优势的劳动密集型产业转向其他国家。逐渐走上改革开放之路的中国开始积极融入到国际产业分工体系中,凭借劳动力价格优势以及巨大的市场潜力,紧抓东亚产业转移契机,在大力吸引外资的同时积极发展出口导向型经济,中国经济初步起飞。

第二次机遇是 20 世纪 80 年代末 90 年代初,柏林墙倒塌,苏东剧变,两阵营对峙结束,全球统一市场形成,新一轮经济全球化开始。中国先后开放了深圳等 4 个经济特区,1984 年开放了广州、上海等 14 个沿海开放城市,随后又设立了长江三角洲、珠江三角洲、环渤海经济开放区,增设海南经济特区、上海浦东开发区,形成了全方位、多层次、宽领域的对外开放格局。中国对外开放的优惠政策和良好格局吸引了大量国际资本到中国投资建厂,同时,中国引进先进的科学技术和管理经验,进行现代化建设。1991 年外商直接投资相当于国内生产总值的比重达 1.1%,到 1994 年激增到相当于经济总量 6% 的规模,外商直接投资活动日趋活跃。参见图 13-16。

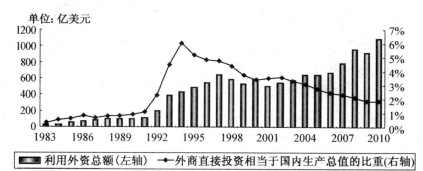

数据来源:2009 年以前的数据来自《新中国 60 年统计汇编(全国篇)》,2009 年和 2010 年数据来自《2011 中国统计摘要》。

图 13-16 中国利用外资表现

第三次机遇是 2001 年中国正式加入世界贸易组织。在经济全球化进一步深化的背景之下,中国融入世界经济的进程加快,逐渐成为亚洲、欧美、非洲、拉丁美洲等许多国家的重要贸易伙伴。参见图 13-17。2001 年加入世界贸易组织,放松了其他国家对中国低廉的劳动力密集型产品的限制,尽管时不时还是会受到其他国家的贸易制裁,但是中国对外贸易有着突飞猛进的增长。"911 事件"后恐怖主义迫使大国加强合作,欧美空前团结,中国与美国的经济合作紧密,中国获得了较为宽松的国际环境。中国社会科学院工业经济研究所《中国工业发展报告》称,发达经济体的许多企业把劳动力密集型甚至是高新科技生产线转移到中国大陆。广东、浙江、江苏的一些地方成为了世界磁头、机箱、覆铜板、驱动器、高级交流电容器等部件的世界生产基地之一。在亚洲,中国已成为继日本后最大的个人计算机生产基地。

数据来源:2009 年以前的数据来自《新中国 60 年统计汇编(全国篇)》,2009 年和 2010 年数据来自《2011 中国统计摘要》。

图 13－17　中国对外贸易表现

从经济波动的剧烈程度来看,改革开放 30 年中国经济基本避免了经济的大起大落。从 1953 年起开始大规模的工业化建设到改革开放之前,中国经济经历了 5 个经济周期。从图 13－18 中可以看到,在 5 个经济周期中有 3 次"大起大落",每次"大起"经济增长率都在 20％左右,每次"大落"经济增长率都很低,有两次甚至出现了负增长,1961 年的经济低谷经济增长率为－27％。在计划经济体制下,经济波动主要受政府计划左右,经济在浓重的政治背景中扩张收缩,导致经济波动大。1978 年的经济体制改革为计划经济时代剧烈的经济波动画上了句号。从经济数据的表现来看,改革开放后经济经历了 5 个周期。与计划经济时代相比,经济的波动幅度趋于缩小,经济周期也从"古典型"转型为"增长型"经济周期。古典型经济周期在经济衰退时表现为经济总体水平出现负增长,而增长型经济周期在经济衰退时仍是正增长,只是增长幅度下降,经济总量在增长。改革开放以来,市场经济取代计划经济调控经济,经济增长仍然有所波动,但即使在经济周期的谷底,我国经济仍保持一定的速度在增长。

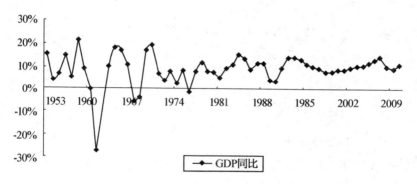

数据来源:2009 年以前的数据来自《新中国 60 年统计汇编(全国篇)》,2009 年和 2010 年数据来自《2011 中国统计摘要》。

图 13 - 18　1953—2010 年中国经济增长趋势

今天的中国经济,与世界经济的联系越来越紧密,受外部环境变化的影响越来越大,与世界经济的波动越来越趋同,其繁荣与衰退的特征与其他经济体越来越一致。作为资本和商品双输出双顺差国家,中国对世界经济的影响也越来越大。中国离不开世界,世界也离不开中国。中国与世界,特别是主要经济大国需要加强沟通交流,了解彼此的需要和关切。世界需要习惯中国的日益强大,中国也需要承担作为大国的经济责任和政治责任。

5

世界经济重心的转移和中国经济的未来

全球力量的中心从大西洋两岸转移到了远东。这并不是说大西洋两岸的国家将会崩溃,而是说他们将失去 500 年来的统治权。

——美国战略家布热津斯基

当历史学家回顾我们所处的时代,可能会发现几乎没有任何国家的经济发展可以像中国的崛起那样引人注目。可是,当他们进一步放开历史视野时,他们将看到那不是一个崛起,而是一个复兴。如今,中国可能正在变成世界上最大的经济体。然而,昔日它曾经享此殊荣,那不过就是 100 多年以前的事情。

——安杰尔·格尔拉(Angel Gurría)①

在纪元的第一个千年,亚洲是世界经济的重心,无论是人口还是经济总量分布,亚洲都占据超过世界一半的规模。参见表 13 - 5、表 13 - 6。从公元 1000 年左右开始的 700 年中,中国一直是世界上最大的经济体,古代中国的陶瓷和丝绸风靡全球。历史学家们说,到 1730 年时,中国的制成品产量还达到世界的 1/3。中国目前在全球制造业中所占的份额约为 12%。尽管亚洲尤其是中国的经济规模在世界的比重一直很大,但是从 17 世纪起,世界经济的重心就开始渐渐向西方转移。

---

① 引自经济合作与发展组织秘书长安杰尔·格尔拉为《中国经济的长期表现(公元960—2030 年)》所作序言的开篇语。

表 13－5　公元 1－1000 年世界经济总量分布

	国家 GDP(百万 1990 年国际元)		占世界经济总量比例		年均复合增长率
	公元 1 年	1000 年	公元 1 年	1000 年	公元 1－1000 年
欧洲	17949	16365	17.0%	13.5%	－0.01%
西方后裔国	448	748	0.4%	0.6%	0.05%
拉丁美洲	2240	4560	2.1%	3.8%	0.07%
亚洲	76735	85815	72.8%	70.8%	0.01%
非洲	8030	13720	7.6%	11.3%	0.05%
全球	105402	121208	100.0%	100.0%	0.01%

注：在麦迪森的著作中,把美国、加拿大、澳大利亚和新西兰称为"西方后裔国"。
资料来源：《世界经济千年统计：公元 1－2006 年》(安格斯·麦迪森著)。

表 13－6　公元 1－1000 年世界人口分布

	人口数 (年中千人)		占世界总人口比例		年均复合增长率
	公元 1 年	1000 年	公元 1 年	1000 年	公元 1－1000 年
欧洲	33700	39160	14.9%	14.6%	0.02%
西方后裔国	1120	1870	0.5%	0.7%	0.05%
拉丁美洲	5600	11400	2.5%	4.3%	0.07%
亚洲	168400	182600	74.6%	68.3%	0.01%
非洲	17000	32300	7.5%	12.1%	0.06%
全球	225820	267330	100.0%	100.0%	0.02%

注：在麦迪森的著作中,把美国、加拿大、澳大利亚和新西兰称为"西方后裔国"。
资料来源：《世界经济千年统计：公元 1－2006 年》(安格斯·麦迪森著)。

14－16 世纪的文艺复兴运动之后,欧洲开始走上近代化的道路。伴随着新大陆的发现、世界航路的改变,荷兰的海外势力得到充分发展,成为第一个称雄世界的欧洲国家。在 18 世纪 60 年代,英国发起工业革命,生产技术水平得到跨越式提高,经济获得飞速发展,并成为世界上第一个真正意义上的工业国家,确立了它当时在世界经济中的领导地位,"日不落帝国"成为了世界经济的中心。

19世纪以来,英国工业革命的先进技术逐渐传播到欧美的先进国家,其他西方国家也掀起了产业革命的浪潮,世界经济格局呈现群雄并起的局面。19世纪末20世纪初,世界经济中心已经开始从英国逐渐向美国转移,美国于1894年工业产值超过英国,跃居头号经济强国,美国经济规模开始了独步全球的纪元。参见表13-7。

表13-7　世界经济重心兴衰过程

发展阶段	Ⅰ.中国	Ⅱ.荷兰	Ⅲ.英国	Ⅳ.美国
崛起	4—10世纪	1575—1590年	1789—1815年	1897—1913年/1920年
兴盛	10—13世纪	1590—1620年	1815—1850年	1913/1920—1945年
成熟	14—15世纪	1620—1650年	1850—1873年	1945—1967年
衰落	15—16世纪	1650—1672年	1873—1897年	1967—

资料来源:部分改编金德尔伯格,《世界经济霸权(1500—1990)》,商务印书馆,2003年版,第78页。

第二次世界大战之后,世界格局总体趋于稳定,欧洲复兴,美国独霸,德国和日本在废墟上再度崛起。计划经济30年,虽然给中国经济打下了重化工业的基础,但中国为此付出的代价是极其高昂的,中国经济在世界经济中的地位在改革开放之前总体呈现下降趋势。当中国走上改革开放之路的时候,"亚洲四小龙"、"亚洲四小虎"相继实现经济起飞,印度也在20世纪90年代以后实现快速崛起。中国的迅速发展并非特例,也不是一个单独的现象,而是在经济全球化的大背景下发生的。中国在世界经济中的地位,直到 20 世纪 90 年代才出现了持续的上升。参见图 13 - 19。

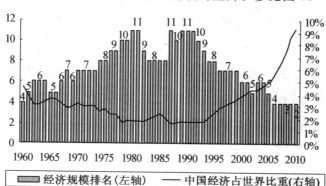

数据来源:世界银行世界发展指标(WDI)数据库。

图 13 - 19　中国在世界经济的地位变迁

　　作为世界第二大经济体,中国是世界经济史上最贫穷的经济大国。中国的人均 GDP 与世界富国相去甚远。即使中国的经济保持强劲增长并在经济规模上超过美国,中国的人均 GDP 水平也只能达到世界平均水平。参见图 13 - 20。21 世纪初期,仍然是中国的重要发展机遇期,但我们也不得不承认,这一时期也是一个社会矛盾高发期、经济风险高发期。历史上,因为发展战略失误、社会问题以及外部冲击而导致经济长期停滞低迷的国家数不胜数。

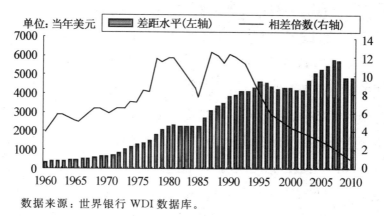

数据来源:世界银行 WDI 数据库。

图 13 - 20　中国与世界人均 GDP 差距分析

《金融帝国》的作者迈克尔·赫德森认为,1945—2010年的时代已经接近尾声,以美元为中心的区域和非美元区的格局将被打破,未来世界体系的形成取决于旧有秩序是向哪个方向分化。2008年全球金融危机以来,全球化发生逆转,美国面临着经济衰退的风险;欧洲经济停滞,还面临着债务风险;日本仍在沉睡,昔日引领全球经济的三大经济体自顾不暇,全世界都缺领导力,而经济高速增长的中国被寄予了厚望。中国能否力挽狂澜?

加入世界贸易组织是中国领导人作出的融入世界经济、适应经济全球化的重要决定。此后,中国与全球主要经济体结为重要贸易伙伴。在"与狼共舞"的时代里,中国不但没有被"狼外婆"吃掉,反而成为了全球化最大的受益者之一。在金融危机之前的几年里,中国对外贸易依存度在60%以上,贸易顺差额逐年攀升。金融危机来临后,全球自由贸易体系受到极大冲击,贸易保护主义抬头,外部环境不再宽松。今天的中国经济已经严重依赖出口,2010年对外贸易依存度仍有50%,而欧洲和美国分别是中国的第一和第二大出口地。不难想象,如果欧美深陷衰退难以自拔,中国制造就失去了最大的市场,势必难以独善其身。

全球化逆转,外需高速增长的黄金年代已经过去,中国经济的传奇要延续下去,我们只能从对内改革着手。美国经济学家萨克斯把改革比作砍小狗的尾巴,渐进式改革是一节一节地砍,而"休克疗法"是一刀砍断。萨克斯等人主张,要改革就必须完全推行市场经济,断绝公有制和计划经济;而中国的渐进式改革,保留了小狗尾巴的一部分,剩下的部分可以一节一节砍。经济学家陈志武则认为,先进行经济改革,让很多人尝到好处,然后等经济发展好了,再来进行政治改革。听起来这种渐进式的改革应该是很好的,很遗憾的是,第一步也许是没问题的,但这个时候要再进行改革,动力就不像原来想象的那么大了。杨小凯也在林毅夫提出"后发优势"时"不合时宜"地提出"后发劣势"问题。他认为,落后国家对发达国家的模仿可以分为两种形式,一种是模仿制度,另一种是模仿技术和工业化的模式。落后国家模仿技术比较容易,模仿制度比较困难,因为要改革制度会触犯一些既得利益,因此落后国家会倾向于技术模仿,在短期内可以取得很好的发展,但是从长期来看会留下许多隐患,甚至可能会导致改革失败。不幸的是,今天的中国正面临"后发劣势"。

尽管中国的渐进式改革受到国际社会的广泛关注,中国也成为很多国家改革效仿的对象,"中国模式"、"北京共识"成为国际论坛的热门词汇,中国人也曾一度沉浸在伟大复兴的美好前景之中。但是我们必须看到,近十年来,一些领域的改革几乎陷入停顿,有的甚至出现了倒退。当前,推动中国经济发展的内在驱动力,经济社会变革的制度红利基本释放完毕,中国现在缺的是改革的动力,或者说形成改革动力的力量。我们可以说,中国当下具备改革共识,因为我们正处于一个"人心思变"的时代,每个社会阶层都在强调改革,也都认识到改革是中国未来发展的真正出路。但是,我们也可以说,中国当下不具备改革共识,因为一些强势阶层没有改革动力,并对一些领域的改革设置障碍。

如果没有类似工业革命的技术革新或者是重大的制度变革,中国的经济奇迹将难以为继。中国的改革之路已经到了需要从增量改革为主、存量改革为辅的阶段过渡到存量改革为主、增量改革为辅的阶段。所谓中国模式,是一个历史现象,并不是一个固定不变的现象。中国模式的核心是回归常规、常识,弱化特色、特例。只有在未来,中国模式的内涵才可能更加丰富。中国未来的发展源泉,在于继续推进经济的市场化,推动社会政策的广泛覆盖和公平正义,推动国家制度建设。

俾斯麦时代的德国由于资本在急剧发展扩大过程中,完全无视周围的环境,在工业和商业发展的中心,到处是失业、贫困、饥饿、流浪、乞讨、偷窃、恶劣的劳动和社会条件,当时非常突出的一个矛盾就是激烈的阶级斗争。为生活所迫的工人们组织起来,除了实行有限的经济互助以外,还开展了争取权利的政治斗争。当时的资产阶级面临无产阶级革命的挑战。在这种时局下,德国很多学者深感问题的严重,他们既不赞成曼彻斯特派的自由放任主义,也不相信激进的社会主义革命运动可以解决问题。就社会政策在德国的产生而言,俾斯麦起了关键的作用,他对国家职能有比较现代化的理念。他说:"国家不应该被认为是现存秩序的简单的守护人,现代国家的逐步进化要求国家应该不断完成其维护现存权利的使命,同时也应该通过适当制度的建立,积极主动地改善全体成员的福利。"俾斯麦以"铁血政策"统一了德国,建立起了统一的国内大市场,同时首创了德国式的社会保障制度——俾斯麦模式,俾斯麦之后的德国迅速崛起成为欧洲的强国。

回顾 19 世纪以来大国崛起的经济增长轨迹,正如金德尔伯格的发现,似乎一个国家的发展也是有生命周期的:从经济起飞到经济发展阶段,再到经济的成熟、停滞甚至走向衰退。一般来说,大国的崛起都有其经济霸权尤其是具有竞争优势的产业的支撑,而每次经济的飞跃都有时间期限,最多持续二三十年的高速增长。美国经历了两次高速增长期,一次是工业革命完成后 19 世纪 80 年代到 20 世纪初期,第二次是第二次世界大战后到 20 世纪 60 年代的所谓资本主义黄金时期,这两次持续高速增长均不过二三十年。日本和"亚洲四小龙"创造的"东亚奇迹"大约是 30 年左右,1990 年左右日本资产价格暴跌,这个曾经是世界上最具活力的经济体进入了"失去的 20 年"。同样,中国的经济发展也不可能一直行驶在高速公路上,未来中国经济能否实现新的"惊险的一跃",还需要更加艰苦卓绝的探索。

从历史的长周期来看,中国目前的经济规模只是恢复到了 1913 年时

在世界的经济地位,2010 年中国 GDP 占世界的 9.32%,麦迪森测算 1913
年这个值为 8.83%。但麦迪森同样的测算方法用在 1820 年得出,中国
GDP 占世界的比重达到了 32.9%。即使中国如国际货币基金组织(IMF)
所预测的,按购买力平价方法测算,2016 年超过美国成为第一大经济体,
届时中国经济占世界的比重能达到 18%,与 1820 年经济规模占据世界
1/3 的成绩仍相去甚远,中国的复兴之路仍将是"路漫漫其修远兮"。

　　如果一切顺利,中国经济将有望在可预见的未来回归其在历史上曾经
的辉煌,世界经济的重心也将再次转向东方。作为中国学者,我们希望世
界经济重心完成自西向东的转移,也希望我们这一代人能够完成书写新的
历史的重任。

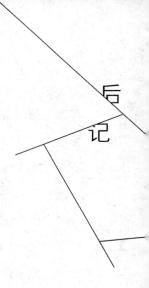

如何不浪费这次危机？

写作这样一本全面讨论中国经济的书很难。

一是当前全球经济和中国经济不确定性很多，扑朔迷离，大家对形势的判断分歧很大，观点各不相同。因此，本书只能尽量做到和而不同，求同存异。既把大家达成共识的结论介绍给读者，也尽量保留四位作者对不同问题的独到看法。

二是在四位写作者在物理空间上分处"两岸四地"。管清友在北京，傅勇在上海，程实和张明虽在北京供职，但目前一位在安徽挂职，一位在美国访学。好在互联网给我们提供了最便捷的联系方式，日常的交流和讨论都是通过电子邮件、MSN（微软网络服务）、博客和微博。我们向来认为，对那些基于新的技术和商业模式的现代传播手段要了解和使用，因为这是经济领域中的重要标志性现象。

三是时间比较紧张。从构思写作到成稿，不过几个月时间。在这几个月时间里，四位作者几乎动用了所有的业余时间以及节假日和休息日。好在我们在书中所涉及的内容都是几位作者长期关注的领域，而我们在之前的交流中也多次交换过观点。

写作这本书的初衷有二：一来是系统梳理一下我们关于中国经济过去几年和未来几年发展趋势的基本看法；二来在经济运行的重要结点和政

策的转折时间,给出我们的判断和备选方案。本书撰写期间,我们经过多次讨论确定写作提纲,并就有关问题进行了重点讨论,还曾就有些问题发生过激烈的争论并彻夜长谈。

作家柳青在他的名著《创业史》中说:"人生的道路是很漫长的,但要紧处常常只有几步。"今后几年,就是中国经济发展的"要紧处"。走好了这要紧处的几步,中国经济可能迎来新的发展机遇;走不好,可能面临重重困境。从根本上来说,我们都不希望浪费这次危机,都希望汲取金融危机前后中国经济政策的经验教训,并以此为契机,继续推动中国的改革、发展和转型。

尽管本书各章节包含了我们四人的观点,但每一章节的执笔人的写作风格有很大不同,想必读者已经注意到这一点。我们曾经设想把写作风格尽可能统一,后来考虑再三,此议作罢。既然在观点上我们可以做到和而不同、求同存异,那么在写作风格上我们也希望保持各自的特点。每个人在写作的时候,都是按照自己的方式来表达观点,写作的风格变化可能会损害其表达的观点。因此,在统稿时,除一些技术上的修改以及观点上的商榷外,我们没有去变动每一章节的写作风格。一位网名叫"书童"的朋友曾经这样评价我们这一代经济学人——"国内很多年轻经济学者研究的领域虽不同,文章却各具特色。像管清友专注里的猜想,傅勇严谨里的彷徨,张明潇洒中的失落,程实浪漫中的疑惑等,都整体地反映了年轻学者的出色才华和共同层面的困扰。他们带来了从纯数学模式中孵化出来的惊喜……"

我们这一代经济学人,很幸运接受了系统的国民教育,并都取得了博士学位。与上一代经济学家相比,这一代人的专业领域更加清晰。我们既有清高的理想抱负,也有现实的压力;既想以自己所学改变些什么,又时常感到无力改变;我们有时候很洒脱,有时候很纠结,有时候很彷徨,有时候很无奈。我们能做到的，就是王安石在《游褒禅山记》里面说得那句话："尽吾志也而不能至者，可以无悔矣，其孰能讥之乎？"因此，这本书也算是我们四人为了理想以及"改变些什么"的初衷所做的一点尝试。

本书由管清友和蓝狮子财经出版中心的王留全主持策划。前言、第六章、第十二章、第十三章、后记由管清友执笔，第二章、第四章、第五章、第七章由傅勇执笔，第一章、第三章、第八章由程实执笔，第九章、第十章、第十一章由张明执笔，管清友负责修订和统稿。

值得一提的是，尽管版税微薄，但我们四人还是一致决定，将本书版税所得的一半用于公益或慈善事业捐款。我们将在本书出版后联系社会化的公益或慈善机构，为那些需要帮助的人们略尽绵薄之力，表达我们的一点心意。我们四人商定，今后如再有机会共同著书写作，所得版税的一半仍将用于公益或慈善事业。我们不能改变大事，却可以从身边做起，做些力所能及的小事。

感谢对本书出版给予支持的朋友、师长和家人。需要特别说明的是，虽然四位作者分属于不同机构，但本书内容仅为个人观点，与所在机构无关。囿于阅历和学术水平，书中错误和遗漏在所难免，文责由作者承担。

图书在版编目(CIP)数据

刀锋上起舞：直面危机的中国经济/管清友等著. —杭州：浙江大学出版社，2012.3
ISBN 978-7-308-09673-7

Ⅰ.①刀… Ⅱ.①管… Ⅲ.①中国经济—研究 Ⅳ.①F12

中国版本图书馆 CIP 数据核字（2012）第 026118 号

刀锋上起舞：直面危机的中国经济

管清友　傅　勇
程　实　张　明　著

策 划 者	蓝狮子财经出版中心
责任编辑	徐　婵
出版发行	浙江大学出版社
	（杭州市天目山路 148 号　邮政编码 310007）
	（网址：http://www.zjupress.com）
排　　版	杭州大漠照排印刷有限公司
印　　刷	杭州丰源印刷有限公司
开　　本	710mm×1000mm　1/16
印　　张	20
字　　数	248 千
版 印 次	2012 年 4 月第 1 版　2012 年 4 月第 1 次印刷
书　　号	ISBN 978-7-308-09673-7
定　　价	45.00 元

《第四次金融大爆炸》

作　　者：王德培
定　　价：48.00元
ISBN：978-7-308-09846-5

　　本书从次贷危机形成的深层原因说起，回顾剖析了历史上三次金融大爆炸的起因、经过和结果，创新性地预测指出，未来的第四次金融大爆炸将在中国发生。

　　作者从各个角度分析了这一预测的可靠性，并对这次金融大爆炸的可能产生的地点、将造成的影响以及中国在不远的将来如何应对这一机遇做出了详尽入微的分析和预测。对中国如何避免像日本被爆炸"炸伤"，如何抓住机遇将中国发展成为继英国伦敦金融城和美国华尔街之后的又一全球金融中心给出了自己的分析和建议。